第2辑

长三角教育现代化
监测评估专题研究

长三角教育现代化监测评估中心◎编著

华东师范大学出版社
·上海·

图书在版编目（CIP）数据

长三角教育现代化监测评估专题研究. 第 2 辑／长三
角教育现代化监测评估中心编著. —上海：华东师范大
学出版社,2023
（长三角教育现代化监测评估研究丛书）
ISBN 978 - 7 - 5760 - 4305 - 1

Ⅰ.①长… Ⅱ.①长… Ⅲ.①长江三角洲—地方教育
—教育现代化—研究 Ⅳ.①G527.5

中国国家版本馆 CIP 数据核字（2023）第 230585 号

长三角教育现代化监测评估专题研究（第 2 辑）

编　　著　长三角教育现代化监测评估中心
策划编辑　彭呈军
责任编辑　白锋宇
特约审读　富俊玲
责任校对　陈梦雅　　时东明
装帧设计　卢晓红

出版发行　华东师范大学出版社
社　　址　上海市中山北路 3663 号　邮编 200062
网　　址　www.ecnupress.com.cn
电　　话　021 - 60821666　行政传真 021 - 62572105
客服电话　021 - 62865537　门市（邮购）电话 021 - 62869887
地　　址　上海市中山北路 3663 号华东师范大学校内先锋路口
网　　店　http://hdsdcbs.tmall.com

印 刷 者　上海邦达彩色包装印务有限公司
开　　本　787 毫米×1092 毫米　1/16
印　　张　13.75
字　　数　292 千字
版　　次　2024 年 1 月第 1 版
印　　次　2024 年 1 月第 1 次
书　　号　ISBN 978 - 7 - 5760 - 4305 - 1
定　　价　96.00 元

出 版 人　王　焰

（如发现本版图书有印订质量问题,请寄回本社客服中心调换或电话 021 - 62865537 联系）

"长三角教育现代化监测评估研究丛书"编委会

主编

梅 兵 桑 标

副主编

张 珏 李伟涛 张文明

编委（按照姓氏笔画排序）

丁沁南　马晓娜　王中奎　王湖滨　公彦霏　甘媛源

刘 晶　李宜江　杨 矞　杨文杰　汪开寿　陈越洋

季诚钧　周 明　周 玲　周林芝　夏 彧　潘 奇

梅兵

华东师范大学党委书记

教育经济宏观政策研究院院长

长三角教育现代化监测评估中心主任

长三角教育现代化是推进中国式教育现代化的开路先锋

习近平总书记在党的二十大报告中指出，从现在起，中国共产党的中心任务就是团结带领全国各族人民全面建成社会主义现代化强国、实现第二个百年奋斗目标，以中国式现代化全面推进中华民族伟大复兴。国家教育现代化既是国家现代化的重要组成部分，又是重要驱动力。国家教育现代化发展具有阶段性特点。一般而言，在不同的现代化发展阶段中，国家教育现代化目标超前国家现代化目标 15 年左右。2010 年，党中央、国务院发布《国家中长期教育改革和发展规划纲要（2010—2020 年）》，提出到 2020 年基本实现教育现代化；2019 年，党中央、国务院发布《中国教育现代化 2035》，提出到 2035 年总体实现教育现代化。党的二十大再次明确全面建成社会主义现代化强国"两步走"的战略安排：从 2020 年到 2035 年基本实现社会主义现代化；从 2035 年到本世纪中叶把中国建成富强民主文明和谐美丽的社会主义现代化强国。

中国式现代化是中国共产党领导的社会主义现代化，既有各国现代化的共同特征，更有基于自身国情的中国特色。"中国式"的意义在于强调走中国特色社会主义现代化道路，而不是亦步亦趋，跟在发达国家的后面走他们的老路。中国式现代化是以人民为中心的，是党和国家各项事业高质量发展的社会主义全面现代化，必然包括中国式教育现代化。中国式教育现代化是解决中国教育改革发展问题的本土化、特色化选择和方案，是中国式现代化的关键组成部分，对全面实现社会主义现代化具有基础性、先导性、决定性的地位和作用。中国式教育现代化为实现中国式现代化提供了坚实基础。

长三角是我国经济发展最活跃、开放程度最高、创新能力最强的区域之一，在国家现代化建设大局和全方位开放格局中具有举足轻重的战略地位。长三角是我国重要的科技创新的策源地、人才集聚高地和教育现代化发展先行区。它对整个国家教育现代化发展起到强有力的支撑作用，具有加快推进中国式教育现代化的担当意识，为全国教育现代化发展提供样本和动力，对其他区域教育现代化具有示范引领和带动作用。长三角教育现代化应担负起率先在若干领域深化协作、重点发力的重任，充分发挥长三角教育现代化的重要引领功能和作用，着力落实国家重大战略任务，勇当推进中国式教育现代化的开路先锋。

长三角教育现代化是推进教育、科技、人才三位一体发展的试验田

党的二十大报告首次把教育、科技、人才进行"三位一体"统筹安排、一体部署，并且单独列章阐述，强调"教育、科技、人才是全面建设社会主义现代化国家的基础性、战略性支撑"。必须坚持科技是第一生产力、人才是第一资源、创新是第一动力，深入实施科教兴国战略、人才强国战略、创新驱动发展战略，开辟发展新领域新赛道，不断塑造发展的新动能新优势。这充分体现了在新时代新征程中，教育的基础性、先导性、全局性地位和作用，也预示着新时代新征程上正确认识并处理好三者关系，共同服务中国式现代化的内在要求。在教育、科技、人才三者的互动发展体系中，教育是基础，科技是动力，人才是主体，科技强国、人才强国系于教育强国。三者以有机联系的整体，共同支撑科教兴国战略、人才强国战略、创新驱动发展战略的实施，共同支撑社会主义现代化强国的建设。由此，一是要加快建设高质量教育体系，促进教育优质均衡发展，办好人民满意的教育；二是要健全新型举国体制，建成世界主要科学中心和创新高地，加强基础研究和原始创新，推进关键核心技术攻关，实现高水平科技自立自强；三是要加快建设世界重要人才中心，坚持人才是第一资源，在全面提高拔尖创新人才自主培养质量的同时，不断深化改革，扩大人才对外开放，聚天下英才而用之。

长三角人口规模、经济总量、各级教育体量等方面，都在全国占据较大的比重。覆盖沪苏浙皖的长三角常住人口约占全国总人口的六分之一，经济总量约占全国的四分之一。长三角的各级教育体量很大，在校博士、硕士研究生合计近 70 万人，占全国研究生在校规模的比例超过五分之一；本专科在校生超过 500 万人，占全国的比例超过 15%；高中阶段及以下各级教育合计超过 3 300 万人，占全国的比例超过十分之一。根据第七次全国人口普查数据，长三角区域每 10 万人中拥有大学文化程度的人口已经超过 1.8 万。尤其在新发展格局中，长三角具有人才富集、科技水平高、制造业发达、产业链供应链相对完备和市场潜力大等诸多优势。新时代我国教育进入新的发展阶段，教育面貌正在发生格局性变化。党中央、国务院印发《中国教育现代化 2035》，提出"到 2035 年，总体实现教育现代化，迈入教育强国行列"的总体目标，并把长三角列为重要的区域教育创新试验点之一。推动长三角整体率先实现教育现代化，是打造教育、科技、人才三位一体统筹高质量发展的试验田，探索形成富有效率、更加开放、联动发展的三位一体发展机制，为全国其他区域提供经验和示范，服务国

家发展大局。

率先实现长三角教育现代化是讲好中国故事、
展现中国教育智慧的生动载体

长三角一体化发展是习近平总书记亲自谋划、亲自部署、亲自推动的国家重大战略，是着眼于实现"两个一百年"奋斗目标、推进新时代改革开放形成新格局而作出的重大决策。长三角一体化发展战略概括为"一极三区一高地"："一极"是指通过一体化的发展，使长三角成为全国经济发展强劲活跃的增长极；"三区"是指成为全国经济高质量发展样板区、率先基本实现现代化引领区、区域一体化发展示范区；"一高地"是指成为新时代改革开放的新高地。长三角区位优势明显，国际联系紧密，协同开放水平较高。尤其是在加快形成以国内大循环为主体、国内国际双循环相互促进的新发展格局中，长三角区域也一直是改革开放前沿阵地。

长三角教育资源丰富，拥有上海张江、安徽合肥 2 个综合性国家科学中心，全国约四分之一的"双一流"高校、全国重点实验室、国家工程研究中心等汇聚于此。与此同时，长三角近年来在建设高质量教育体系等方面持续发力，以高品质的教育资源为长三角教育现代化注入新动力。长三角率先实现区域教育现代化是党中央、国务院对长三角一体化发展提出的重要目标任务，是长三角在国家经济社会和教育现代化发展大局中重要地位与引领作用的具体体现，是长三角实现一体化高质量发展、促进全体人民共同富裕的坚强支撑。

党的二十大报告提出，"加快构建中国话语和中国叙事体系，讲好中国故事、传播好中国声音，展现可信、可爱、可敬的中国形象"。推动长三角率先实现教育现代化是讲好中国故事、展现中国教育智慧的生动载体。教育部围绕落实党和国家重大战略部署，领导实施长三角教育现代化监测评估，是加快推进区域教育现代化、建设高质量教育体系、探索大国教育治理现代化新途径以及落实建设教育强国战略目标的重大行动和创新之举。同时，在改革探索最活跃、发展动力最澎湃的长三角进行教育现代化监测评估，有利于总结凝练中国区域教育治理现代化特色；有利于加强教育监测评估方面的国际交流合作，在世界舞台上介绍中国教育面貌发生的格局性变化，讲好中国式教育现代化故事；有利于向全球教育治理发出中国声音，分享中国教育发展的成功经验。

开展长三角教育现代化监测评估是教育治理现代化的生动体现

2018 年 11 月，习近平总书记在首届中国国际进口博览会开幕式上指出，支持长江三角洲区域一体化发展并将其上升为国家战略。2019 年 12 月，党中央、国务院印发《长江三角洲区域一体化发展规划纲要》，明确提出长三角"率先实现区域教育现代化"的目标，并指出其实现路径就是"研究发布统一的教育现代化指标体系，协同开展监测评估，引导各级各类学校高质量发展"。

协同开展长三角教育现代化监测评估是《长江三角洲区域一体化发展规划纲要》明确提出的重点工作，旨在通过建立科学可行的指标体系和开展区域协同监测评估，引导和促进长三角加快实现教育现代化。这是我国推进区域教育现代化监测评估的首次尝试，也是新时期新阶段引导和激励区域教育高质量发展的重要路径选择，对促进长三角教育一体化，引领带动全国教育高质量发展，进一步丰富和完善大国教育治理现代化理论与实践，以及积极贡献中国方案、中国智慧，具有重要的现实意义和深远的历史意义。

针对新时代我国区域和整体教育发展的新需求、新变化、新特点，从系统化、多样化、动态化、法治化等多个维度，基于为加快推进区域教育现代化提供制度性支持与保障的重大需要，2019 年以来，按照国家推动长三角一体化发展领导小组办公室的部署，教育部牵头，会同国家发展改革委、上海市、江苏省、浙江省、安徽省按职责分工负责，依托一市三省教育研究机构，联合研发了长三角教育现代化指标及 2025 年对应的监测评估目标值。基于此，2021 年 4 月，教育部正式发布《长三角教育现代化指标体系（试行）》（教发函〔2021〕57号）。2021 年 8 月，长三角教育现代化监测评估工作正式启动。在长三角教育现代化监测评估领导小组办公室的协调推动下，沪苏浙皖一市三省教育行政部门协同联动，依托教育经济宏观政策研究院"长三角教育现代化监测评估中心"，系统开展长三角教育现代化监测评估工作，科学分析长三角教育现代化发展水平、政策设计和制度创新成效以及改革发展经验。这是一项重要而艰苦的工作，且基本没有先例可循，一定还存在若干不足，希望借助研究报告的出版征得各界诸君的指点帮助，以促进实现把监测评估制度建设作为提升教育治理现代化重要抓手的目的，不断总结经验教训，完善区域教育现代化监测评价技术手段和监测评价制度，为推进大国教育治理现代化作出新的贡献。

桑标

上海市教育科学研究院院长

教育经济宏观政策研究院常务副院长

长三角教育现代化监测评估中心主任

长三角教育现代化监测评估以服务科学决策、 精准施策为宗旨

党的二十大报告强调"教育、科技、人才是全面建设社会主义现代化国家的基础性、战略性支撑"。中国式现代化赋予中国式教育现代化以新的历史使命与发展路径。实现中国式教育现代化要着力构建高质量教育体系,开展教育现代化监测评估工作是推进教育高质量发展的重要途径和抓手。在前期监测评估工作的基础上,"长三角教育现代化监测评估中心"以党的二十大精神为指引,聚焦一体化和高质量发展,深入推进长三角教育现代化监测评估工作,协同沪苏浙皖一市三省教育行政部门、高校和科研机构等,优化监测评估方法和机制,深化监测评估相关专题研究,对长三角教育现代化目标达成程度进行监测评估,综合分析长三角教育现代化进程、成效与影响因素,为科学判断和把握区域教育现代化发展提供可靠支撑。同时,对长三角一体化教育联动发展状况进行监测评估,为推进长三角一体化教育联动发展建言献策。对一市三省教育现代化特色发展进行监测评估,分析判断各地教育现代化发展水平与进展、目标实现程度以及与经济社会发展的适应程度,挖掘特色与典型案例,总结教育现代化发展进程中的优势与经验,诊断不足与短板等问题,为科学决策、精准施策提供参考。

长三角教育现代化监测评估具有深厚的研究基础

2019 年以来,按照国家推动长三角一体化发展领导小组办公室的部署,教育部牵头,会同国家发展改革委、上海市、江苏省、浙江省、安徽省按职责分工负责,依托一市三省教育研究机构,联合研发了长三角教育现代化指标及 2025 年对应的监测评估目标值。基于此,2021 年 4 月,教育部正式发布《长三角教育现代化指标体系(试行)》(教发函〔2021〕57

号）。2021 年 6 月，教育部发展规划司委托上海市教育科学研究院与华东师范大学联合承建的教育经济宏观政策研究院发函，牵头组织实施长三角教育现代化监测评估。2021 年 8 月，长三角教育现代化监测评估领导小组办公室组织召开监测评估工作启动会，正式启动长三角教育现代化监测评估相关工作。

上海市教育科学研究院（简称"上海市教科院"）隶属于上海市教育委员会，是从事教育科学、人力资源开发和社会发展的专业研究和决策咨询机构。上海市教科院秉持"服务教育决策，关注教育民生，引领教育发展"的宗旨，加强一流学科、一流平台、一流团队建设，立足上海，服务全国，面向世界，努力建设成为全国领先、国际一流的教育科研机构和智库。上海市教科院在教育现代化和长三角教育一体化研究领域，有重点团队，有稳定队伍，有研究网络。从 2008 年第一次长三角教育协作会议召开，到 2018 年升级为长三角教育一体化发展会议以及专门成立长三角教育一体化研究院，全程参与长三角区域教育发展系列重要研究，组织撰写了一系列发展报告。上海市教科院各研究所都在各级各类教育领域参与和推动长三角教育协同发展，探索研究数据驱动的长三角教育现代化监测信息系统建设，建立了多种方式的合作机制、联盟，这些都为上海市教科院参与、做好长三角教育现代化监测评估工作提供了坚实基础。

长三角教育现代化监测评估具有广阔的研究空间

受教育部委托，教育经济宏观政策研究院设立了"长三角教育现代化监测评估中心"。该中心协同上海市教育科学研究院、华东师范大学、江苏省教育评估院、浙江省教育现代化研究与评价中心、安徽省教育评估中心、华东理工大学、安徽师范大学等单位，开发了以"监测目标达成度、教育现代化指数、监测点多维分析、专题深化研究、改革创新典型案例"为支柱的区域教育现代化立体、综合的监测评估工具体系。

在教育部和一市三省教育行政部门的指导、支持和全面参与下，"长三角教育现代化监测评估中心"汇集和应用全国教育事业发展、教育经费、教育科技服务等方面的国家统计数据；实施样本量超 100 万、面向 6 类人群的大型抽样调查；采集获取各地教育现代化优势、特色发展指标的第一手数据信息；获取部分国际国内权威性第三方机构的相关数据信息。涵盖国家、区域、各级各类学校的不同维度及类别的数据信息，为多维、立体、科学地实施区域教育现代化监测评估奠定了坚实可靠的基础。同时，长三角教育现代化监测评估中心构建了描述教育现代化指标的监测目标达成度模型和描述各省（自治区、直辖市）及区域教育现代化发展相对位置和变化的指数模型，构建了对监测点进行全面分析画像的监测点多维分析框架。对长三角教育现代化发展作出的诊断、分析和研判，可为长三角进一步发挥优势、做强特色、破解问题、补齐短板、推进高质量发展和推动长三角一体化教育协同发展提供依据和参考。

长三角教育现代化监测评估是开放的研究大平台

在长三角教育现代化监测评估领导小组办公室的协调推动下，一市三省教育行政部门以及各地教育研究机构和高校共同参与，形成了具有中国特色和区域特点的长三角教育现代化监测评估领导、协调、实施和保障工作机制。通过一体化部署、部省（市）合作、跨地区协同、联合研究以及研发机构深度融合，实质性地推进了教育领域的长三角一体化进程。以长三角教育现代化监测评估为契机，在教育部、上海市政府的共建框架下，上海市教科院与华东师范大学紧密合作，发挥好"教育经济政策宏观研究院"平台优势的同时，以长三角教育现代化监测评估系统建设为抓手，加强基础能力建设，切实按照"协同开展监测评估，引导各级各类学校高质量发展"的要求，推动"有组织的科研"，充分利用现代信息技术，在提升大数据搜集和积累、挖掘分析能力，构建包括长三角区域内外专家学者的专家库，探索体制机制创新等方面开展协同攻关。监测评估以长三角为主，兼顾一市三省发展特色，通过协同监测、同步分析、综合判断和评价，统一设计监测评估系列成果展现方式，联合研发和提交长三角、一市三省监测评估系列报告，服务政府科学决策，支撑教育行政部门精准施策，回应社会热切关注，加强对内对外合作交流，提升区域教育现代化影响力水平。

目录

区域教育治理

1　长三角区域教育一体化的政策分析　　　　　　　　　　　　3

2　长三角教育现代化进程中协同治理问题研究　　　　　　　　41

3　"双减"背景下长三角中小学生学业负担研究　　　　　　　66

教师队伍建设

4　长三角教师队伍建设现代化研究报告（2021 年）

　　——基于长三角教育现代化监测评估数据的分析　　　　　97

5　长三角基础教育阶段高质量教师队伍状况分析研究　　　　142

6　长三角"十四五"期间普通中小学师资配置与需求预测　　173

经费投入分析

7　长三角职业教育财政性经费投入分析　　　　　　　　　　193

区域教育治理

1

长三角区域教育一体化的政策分析

张文明

华东师范大学

一、 长三角一体化的历史沿革及推进领域

（一）长三角一体化的历史沿革

1843 年上海开埠之后，上海替代苏州，成为长江三角洲地区的经济中心。据上海市于 1950 年 1 月的人口统计，上海本地籍居民占全市总人口 15%，其余的 85% 均来自外地，以来自江苏、浙江的居多。其中，江苏籍居民为 230 多万，占 48.6%；浙江籍居民 120 多万，占 26.1%。自此，上海与江苏、浙江有了密切联系，人物交往频繁。改革开放后，著名社会学家费孝通便开始谋划长江三角洲的未来发展。他认为"位于长江三角洲的上海是最适宜的，如果以上海为龙头，以苏浙为两翼，以长江流域地区为脊梁，加快这一地区的经济发展，就能带动全局的腾飞"。[①] 其后，他多次会见长三角地区的主要领导，为开发长三角出谋划策。1990 年 4 月 9 日，费孝通以民盟的名义，向中共中央报送《关于建立长江三角洲经济开发区的初步设想》，翌日获时任中共中央总书记江泽民同意。

2002 年 12 月，习近平就任中共浙江省委书记后，在中共浙江省委十一届二次全体（扩大）会议上表示将"主动对接上海，积极参与长三角地区的经济合作与交流"。2003 年，习近平在浙江省人大十届一次会议上指出"以杭州湾地区为先导，主动接轨上海，从基础设施和信息化建设、产业分工、能源开发利用、环境保护等多方面进行合作，积极推进长三角地区经济一体化发展"。这是"长三角地区经济一体化发展"的首次提出，这一年也被称为"长三角元年"。2004 年，安徽省的合肥、马鞍山、芜湖、滁州、巢湖以"观察员"身份列席长三角城市经济协调会的"年度市长峰会"，并递交入会申请。2008 年 9 月，国务院印发《关于进一步推进长江三角洲地区改革开放和经济社会发展的指导意见》，明确提出"推进长江三角洲地区一体化发展"。同年 12 月，长三角地区主要领导座谈会在宁波召开，首次邀请安徽省主要党政负责人出席。由此，长三角合作形成沪苏浙皖"3+1"的局面。2010 年，国家发展和改革委员会发布《长江三角洲地区区域规划》，将长三角区域范围界定为苏浙沪境

---

① 这种布局很像一只凤凰。

内所有的 25 个地级市。在原有 16 个城市的基础上，新增徐州、淮安、连云港、宿迁、盐城、金华、温州、丽水、衢州。2016 年 5 月，国务院常务会议通过《长江三角洲城市群发展规划》，在原有 25 个城市的基础上，去掉了江苏、浙江的一些城市，同时将安徽省的 8 个城市纳入长江三角洲城市群。自此，长三角区域范围从"一市两省"扩展到"一市三省"。2018 年 11 月 5 日，在首届中国国际进口博览会开幕式上，中共中央总书记、中国国家主席习近平发表主旨演讲，宣布长三角一体化上升为国家战略。11 月 22 日、23 日、30 日，上海、江苏、安徽、浙江四地人大常委会召开会议，表决通过各地区的《关于支持和保障长三角地区更高质量一体化发展的决定》。2019 年 5 月 13 日，中共中央政治局召开会议，审议《长江三角洲区域一体化发展规划纲要》。2019 年 10 月 15 日，蚌埠、黄山、六安、淮北、宿州、亳州、阜阳 7 个城市加入长三角城市经济协调会，至此长三角城市群扩大至全部沪苏浙皖 41 个城市。2019 年 12 月 1 日，中共中央、国务院正式印发《长江三角洲区域一体化发展规划纲要》。

（二）长三角一体化的推进领域

1. 长三角一体化示范区

2019 年 1 月，上海、浙江政府工作报告先后出现"长三角一体化示范区"概念。3 月 6 日，时任上海市委书记李强在全国人大上海市代表团全体会议上表示，上海、江苏、浙江交界处将设立长三角一体化示范。在设立之前，相关讨论便已开始出现，而坐落于沪苏浙交界区域的上海市青浦区、浙江省嘉善县、江苏省苏州市吴江区则成为一体化示范区的选址，而三地涉及交通、基建、科技等领域的一体化项目也逐步落地。目前示范区已开始实施先行先试探索创新，例如三地市场经营主体的证照办理实现"区域通办"，其中第一张由示范区冠名的企业执照已经在青浦区发出。同时，示范区也将会重点推进生态绿色一体化建设。

2. 公共政务

2018 年 3 月 14 日，江苏省档案局和上海市、浙江省、安徽省档案局在上海共同签署开展民生档案"异地查档、便民服务"工作合作协议，标志着沪苏浙皖四地居民可异地跨馆查阅民生档案，同时江苏省也加紧研发民生档案线上查询系统。2019 年 9 月 4 日，沪苏浙皖档案部门共同签署《长三角地区档案部门重点协同项目备忘录》。沪苏浙皖四地居民通过实名验证后，即可线上查询上海及苏浙皖三省部分城市档案馆的相关民生档案。2019 年 4 月，据上海市"一网通办"工作推进会议上透露的消息，上海将在静安区设立长三角"一网通办"专窗，以实现长三角地区政务服务异地办理，同时发布长三角地区政务服务"一网通办"试点工作方案。该方案明确 G60 科创走廊沿线九城试点首批 30 项企业服务事项实现异地"一网通办"，并计划于 4 月至 12 月推动一批高频政务服务事项实现线上"一地认证、全网通办"、线下"收受分离、异地可办"；应用电子证照在长三角城市群实现办事材料免交、异地发证。至 2020 年将实现长三角地区政务服务业务流程标准化。2019 年 5 月 22 日,上海、苏州、杭州、嘉兴、湖州、金华、合肥、芜湖、宣城、安庆、马鞍山、滁州、池州、铜陵实现首批 51 个政务服务事项(包括 30 个企业服务事项和 21 个个人服务事项)的异地"一网通办",同时建立政务服务用户跨省身份认证体系,统一规范业务标准,还在国家政务服务平台设立长三角地区政务服务"一网通办"旗舰店。沪苏浙皖还共同确定了线下专窗工作机制和标准规范,并开设 120 个线下办理点,实现长三角"12345"政务热线互转。此外,已在手机上安装沪苏浙皖四地的任意一地的政务服务客户端的用户可使用"无感漫游"服务,首批实现"无感漫游"的服务清单共 176 项,同时 7 种证照也在上述政务服务客户端上实现证照电子化。根据计划,预计在 2019 年底前实现长三角城市群 26 城异地"一网通办",推进长三角"12345"政务热线服务咨询和投诉一体化。2021 年 10 月 20 日起,浙江启动首次申领居民身份证"跨省通办"试点工作。2021 年 12 月 1 日起,首次申领居民身份证"跨省通办"业务在长三角范围内推行。2021 年 11 月 23 日起,长三角区域户籍居民可在实际居住地公安机关申请办理新生儿入户,不再需要返回户籍地办理。

　　3. 政府协作

　　2018 年 5 月 27 日,长三角区域警务一体化工作会议在上海召开。当日,上海、江苏、浙江、安徽四地公安机关在会上签署《长三角区域警务一体化框架协议》。根据协议,长三角将依托四地智慧政府、智慧城市建设,实现数据整合共享,同时加强"智慧公安"建设。为配合当年首届中国国际进口博览会召开,沪苏浙皖四地公安机关还共同签署了《沪苏浙皖三省一市公安机关中国国际进口博览会安保警务合作协议》。2019 年 1 月,上海、江苏、浙江、安徽市场监管局共同签订《长三角地区市场体系一体化建设合作备忘录》。根据该文件,长三角将实施"营商环境联建、重点领域联管、监管执法联动,市场信息互通、标准体系互认、市场发展互融,逐步实现统一市场规则、统一信用治理、统一市场监管"的"三联三互三统一"工程的工作方案。其后于 4 月 17 日在上海召开长三角地区市场体系一体化建设市场监管联席会议。2019 年 4 月 19 日,上海、江苏、浙江、安徽共同签订《长三角地区共同优化知识产权营商环境合作意向书》,标志着长三角地区知识产权保护协作机制正式启动。2019 年 7 月 4 日,上海、江苏、浙江、安徽人大监察和司法委员会在长三角地区人大监察和司法工作协作会议上共同签订了《关于深化长三角地区人大监察和司法工作协作机制的协议》。根据协议,一市三省的人大监察和司法委员会将通过建立定期交流机制、实行联络员制度、完善信息共享渠道等方式开展协作,推进司法数据信息互联互通共建共享。同时计划建立长三角司法专家智库平台。2019 年 8 月 24 日,上海、江苏、浙江、安徽法院全面实现长三角跨域立案。此前在 6 月,最高人民法院指出"要加快推进跨域立案诉讼服务改革",先期在上海、江苏通过"移动微法院"实现跨域立案。同年9月，长三角一体化示范区三地法院——浙江省嘉善县人民法院、江苏省苏州市吴江区人民法院和上海市青浦区人民法院共同宣布建立三地法院司法协作机制。2020年8月26日，上海、江苏、浙江、安徽市场监管局共同签订7个合作协议和1个备忘录，内容包括市场监管科技一体化发展、加强反垄断执法协作、统一应用电子营业执照、共推绿色产品认证合作、检验检测机构能力验证、法制计量领域合作互认、消费投诉云平台合作等。2020年10月，上海市、江苏省、浙江省人民政府发布《长三角生态绿色一体化发展示范区政府核准的投资项目目录（2020年本）》。这是中华人民共和国第一个由地方政府联合发布的跨省域的核准目录。2020年10月14日，上海市公安局与浙江省公安厅共同推出沪浙"跨省市户口网上迁移"措施，当日起上海与浙江户籍居民在沪浙两地之间迁移户口时，只需在迁入地公安派出所申请办理，无须前往迁出地办理。2021年6月23日，长三角地区纪检监察机关区域合作会议在上海举行，沪苏浙皖纪检监察机关在会上签署了《关于建立长三角纪检监察工作协作机制的协议》。

4. 生态环境

2015年，时任中共中央政治局委员、中共上海市委书记韩正在长三角区域大气污染防治协作机制第三次工作会议上表示，长三角"要更加突出绿色发展，在提升发展质量和效益方面走在前列，把大气污染防治与能源、产业、交通、城市规划布局等各种发展要素结合起来，实现环境与发展的共赢"。截至2018年，长三角区域空气质量自动监测站、重点排污单位监测数据均已实现在线共享，亦正在商讨研究将各地的大气"超级站"数据共享，以进一步提高共享数据的精细化程度。此外，长三角一市三省还签署了《环保信用联惩联奖备忘录》，对企业严重失信行为统一认定标准，并共享信息和联惩联奖措施。2018年10月，上海成立长三角区域生态环境协作专家委员会，相关生态环境联合研究中心也正式挂牌。2019年5月，水利部太湖流域管理局与上海、江苏、浙江的水务和生态环境部门制定印发《太湖流域水环境综合治理信息共享方案》。目前长三角也正在筹建全覆盖示范区的生态环境监测监控网络。2020年10月，《长三角生态绿色一体化发展示范区重点跨界水体联保专项方案》公布，上海、江苏和浙江将建立联合河湖长机制，对跨界河湖实施联合监管。

5. 公共交通

2017年5月8日，时任中共中央政治局委员、中共上海市委书记韩正表示"促进长三角区域交通一体化，实现上海与主要城市90分钟可达"。2019年5月，中华人民共和国交通运输部形成《长江三角洲区域交通运输更高质量一体化发展规划》（下文简称《规划》）初步研究成果，并提供国家发改委。《规划》将经进一步修改完善后按程序报批印发。根据计划，长三角地区将围绕轨道交通、公路、港航、民航、邮政等方面实现交通一体化发展，推进一批重大交通基础设施项目建设，强化跨区域、跨方式融合发展。

6. 医疗卫生

2017 年，上海市第一人民医院、江苏省人民医院、浙江省人民医院、安徽省立医院（中科大附一院）联合发起成立"长江三角洲城市群医院协同发展战略联盟"，计划实现医疗资源互补与共享。截至 2018 年，已有 26 座城市的 112 家医院加入该联盟。在此之前，长三角地区已经建立起多个综合性或专科医联体，也在完善航空救援体系。而在 2013 年启用的位于嘉定新城、紧邻苏州的瑞金医院北院，也吸引了昆山、太仓等地的患者。同时，上海同济大学附属东方医院与苏州、杭州等医学研究院、生物科技公司建立了"长三角干细胞产业联盟"，并邀请更多的机构加入其中，推动建立干细胞制剂的国家标准。2018 年 6 月 8 日，复旦大学附属华山医院西院、"长三角精准医疗检验产业平台"、"长三角眼健康产业联盟"、"长三角名医工作室"等跨区域合作的健康产业项目进驻上海新虹桥国际医学园区。同月，上海市第一人民医院、江苏省人民医院、浙江省人民医院、安徽省立医院同腾讯公司签署合作协议，共同推进长三角地区"互联网+医联体"建设，构建线上线下一体化医疗服务模式，合作内容涵盖重点建设医院管理、智能影像、医疗服务、云端医学院等信息平台，涉及电子健康卡、智能医学影像、医保支付、远程问诊等医疗服务环节。2018 年 9 月 28 日，长三角地区试点异地就医门诊直接结算。上海 15 家市属医院、金山区和松江区两区部分社区卫生服务中心，以及江苏省南通市、盐城市、徐州市，浙江省嘉兴市、宁波市，安徽省滁州市、马鞍山市等地区成为首批实现异地就医门诊费用直接结算首批试点区。参保人员在办理跨省异地备案后，可持全国统一的社会保障卡到已开通异地门诊的医疗机构就医，直接刷卡结算，待遇标准按照"就医地目录、参保地待遇"享受。截至 2019 年，已有上海市全部二、三级主要医疗机构和江苏省、浙江省所有设区市主要医疗机构、安徽省的市主要医疗机构纳入联网覆盖范围，总计 1 300 余家；长三角城市群中的 29 个城市实现医保一卡通。2019 年 5 月，上海、江苏、浙江、安徽卫健委共同签署《卫生健康合作备忘录》，备忘录内容包括推进公共卫生一体化、促进医疗服务均质发展、深化中医药创新合作、推进健康信息互联互通、协同推进健康科技创新和建立综合执法监督联动协调机制，同时建立健康长三角研究院。2019 年 9 月 25 日，长三角 41 个城市实现医保一卡通，市民在异地就诊，刷医保卡时可以实现实时医保账户支付。2021 年 1 月 1 日，长三角公共卫生（网络）电台上线，这是中华人民共和国首个区域化、以公共卫生为主题的网络电台。

7. 教育

2009 年，上海、江苏、浙江教育行政部门负责人签订《关于建立长三角教育协作发展会商机制协议书》，建立长三角教育协作发展会商机制，在教育资源共享、教育信息互通、非学历教育互认等方面实现教育一体化。2018 年 12 月 18 日，在第十届长三角教育一体化发展会议上，上海、江苏、浙江、安徽签署《长三角地区教育更高质量一体化发展战略协作框架协议》和《长三角地区教育一体化发展三年行动计划》，明确其后 3 年长三角将率先在高教、职教、师资等若干领域深化协作，同时组建长三角区域教育现代化监测中心、长三角地区联合职业教育集团等多个重点协作项目，其中长三角地区联合职业教育集团将发挥各省市的地区优势，进行职业教育的错位培养。

8. 旅游

2018 年 3 月 21 日，长三角主题乐园产业联盟正式成立，成立目的为助力长三角地区内的主题乐园发展，成员包括常州恐龙园、华强方特、华侨城集团、万达集团等 11 家主题乐园企业。

9. 科技创新

2016 年，上海市松江区以沪昆高速公路编号 G60 为名建立。2017 年，上海市松江区与浙江省杭州市、嘉兴市合作建设"沪嘉杭 G60 科创走廊"，同时签订《沪嘉杭 G60 科创走廊建设战略合作协议》。2018 年 5 月 21 日，上海市嘉定区与江苏省苏州市签订战略合作框架协议，共同建立"嘉昆太协同创新核心圈"，在规划、科创、产业、交通、生态、民生等 6 个方面全面加强合作。2018 年 6 月 1 日，上海市松江区、嘉兴、杭州、金华、苏州、湖州、宣城、芜湖、合肥在上海市松江区共同签署《G60 科创走廊战略合作协议》，标志着 G60 科创走廊正式确立新定位、新布局和新举措。根据协议，八市一区将根据"中国制造"战略规划，整合长三角各方面优势推出一系列科创举措。G60 科创走廊将立足人工智能、集成电路、生物医药、高端装备、新能源、新材料、新能源汽车七大战略性新兴产业。2019 年 5 月 28 日，长三角 G60 科创走廊生物医药产业联盟在钱塘新区杭州医药港成立。同年 9 月 25 日，上海嘉定、江苏苏州、浙江温州和安徽芜湖签署《深化长三角地区科技创新一体化发展战略协议》，以此加强长三角科技创新战略协同、成果对接、资源共享、生态共建等方面合作。2021 年 5 月 27 日，长三角集成电路、生物医药、新能源汽车、人工智能四大产业链联盟成立。此外长三角科技创新共同体建设办公室、长三角一体化示范区新发展建设有限公司和长三角一体化示范区水乡客厅开发建设有限公司成立。2021 年 6 月 3 日，长三角国家技术创新中心在上海揭牌成立。

10. 文化体育交流

2018 年，上海、江苏、浙江、安徽联合宣布在上海启动"长三角地区国家公共文化服务体系示范区"合作机制。该机制以公共文化服务建设为主体，将实现开展考察交流、重要项目合作，促进具有区域特色的文化资源、旅游资源的开放与共享，实现长三角公共文化一体化发展。同年，上海、江苏、浙江、安徽和上海体育学院签订《长三角地区体育产业协作协议（2018—2020 年）》，计划实行 2 项体育产业一体化项目，包括发展体育特色小镇、打造国家体育产业基地等，并推动体育用品制造业的升级。

二、 长三角一体化的趋势与社会认知状况

（一）新世纪以来长三角一体化的趋势变化

夜间灯光强度是一个综合性发展指标。目前学界已将其作为地区发展水平、GDP、人口、交通状况等指标的综合性代理变量。在信效度上可能比传统的报送数据更能反映实际情况。[①] 通过对近二十年来长三角一市三省的夜间灯光数据进行分析，以探索长三角地区发展的地区效应。数据显示，当前省市的一体化水平与前十年、前二十年相比已经有很大程度的提高。在 2000 年时，长三角地区基本上仅有上海一个夜间高亮度地区。2010年，伴随着世博会的召开，江苏苏南地区与浙江浙北地区开始随之发展。伴随着作为国家战略的长三角一体化实施，2020 年的灯光数据表明，当前长三角地区的发展已经从早期单一中心（上海）逐渐转变为多中心（杭州、宁波、南京、合肥、苏州）模式的一体化发展趋势。

总体变化趋势为：（1）2000 年，上海一枝独秀，属于长三角亮度最强地区，但是呈现大城市高亮的特色。这一时期，我们判断这种亮度分布格局可能跟人口密度高度相关，产业可能居其次。但是，可以看到三角形的特色明显，以上海为中心的放射状态基本形成。（2）2010 年，呈现散状分布格局，但是能看到苏锡常工业带的亮度超过了上海。而且围绕这一地带形成了不同的亮度带。同时，低亮地区向杭湖地区呈现散状扩张状态，我们认为这一时期的发展实际上经济影响超越了人口规模等要素。（3）2020 年，三角形的形态已经向所有方向扩散，能看到围绕苏锡常、杭州湾都形成了高度分散的状态，多中心的格局初步形成。总体上看，我们可以发现长三角区域正在连接起来，与早期点与点之间存在空隙不同，开始出现多中心叠加的局面。

（二）长三角一体化的社会认知状况

该数据显示：互联网用户对"长三角一体化"关键词搜索关注程度及持续变化情况。算法说明：以在百度的搜索量为数据基础，以"长三角一体化"关键词为统计对象，科学分析并计算出各个关键词在百度网页搜索中搜索频次的加权。根据数据来源的不同，搜索指数分为 PC 搜索指数和移动搜索指数。

由图 1-1 可知，2019 年"长三角一体化"百度搜索指数在全国范围内的最高值为 430 523 次，随后逐年递减，2020 年为 328 634 次，2021 年为 209 404 次。2019 年热点话题主要为："上海、江苏、浙江、安徽 1 月 3 日在沪签署长三角地区市场体系一体化建设合作备忘录""5 月 16 日，上海市数据科学学研究所发布《长三角一体化区域协同创新指数》报

---

① 灯光数据来源可参见：https://eogdata.mines.edu/products/vnl/.

图 1-1 "长三角一体化"百度搜索指数（2019—2021）

告""12 月 2 日发布的《长江三角洲区域一体化发展规划纲要》"。2020 年热点话题为："6月 1 日光明日报聚焦上海：打造长三角一体化增长极""8 月 20 日，习近平总书记再次强调了推进长三角一体化发展要抓住'一体化''高质量'两个关键词""10 月 31 日，长三角生态绿色一体化发展示范区启动建设一周年"。2021 年热点话题为："5 月 26—27 日长三角地区主要领导座谈会在江苏无锡举行""11 月 6 日发布了 2021 年长三角一体化发展指数"。

各省份搜索指数呈现出上海高于江苏、江苏高于浙江、浙江高于安徽的态势，表明大众更加关心长三角一体化在上海地区的发展状况与相关事宜。

三、一市三省关于长三角一体化的推进措施分析

（一）上海市推进措施分析

1. 政策关键词

前期共收集到上海市关于"长三角一体化"政策的新闻标题 759 条，将其进行分词整理，剔除部分客观性词汇，保留具有指向性且高频的词汇，绘制整理成词云图。

如图 1-2 所示，该词云图上，"示范区""绿色""生态""区域""青浦区""地区""管理局""交通委""监管局"等成为高频词，这从一个侧面反映了上海市各级政府机关积极贯彻党中央的决策部署，关注示范区建设、区域合作发展、绿色发展、交通、科技、经济、环境保护、长江三角洲生态监测等。主要提及的城市和区域有：青浦区、黄浦区、杨浦区、静安区、金山区、虹桥区、浙江省、江苏省、安徽省。上海市作为长三角的中心城市，必须走在长江三角洲各城市的前列，不断提高区域博弈理性化水平，成为推进长三角一体化建设的先行者、表率者、组织者和引领者。

图 1-2　上海市新闻标题词云图

2. 地方示范区建设

作为长三角一体化的先行者，上海市也建立了多个示范区与示范点（表 1-1）。其中主要包括各类公共交通示范区、金融产业一体化示范区、水乡客厅等旅游示范区、金融产业示范区。嘉善、青浦、吴江等邻近地区率先进行一体化建设。

表 1-1　上海市示范区建设要闻

序号	示 范 区 要 闻	发布时间	新闻来源
1	青浦区国资委批复同意成立长三角一体化示范区（上海）金融产业园经济发展有限公司，新公司主要负责长三角一体化示范区金融产业园的开发建设与运行管理。	2020-04-17	上海市青浦区人民政府
2	长三角一体化示范区举行制度创新成果新闻发布会介绍示范区在规划管理、生态保护、项目管理、要素流动、公共服务和体制机制等重点领域的制度创新成果。	2021-07-13	上海市人民政府
3	支持长三角一体化示范区高质量发展，最新政策颁布：赋予一体化示范区更大的改革自主权，加大财政、金融支持力度，强化用地保障，加快推进信息基础设施互联互通，加快推进公共服务共建共享，促进资源要素跨区域有序自由流动，进一步推进管理和服务创新，强化组织保障、确保政策落地等 22 条政策措施。	2020-07-04	上海发布

序号	示 范 区 要 闻	发布时间	新闻来源
4	长三角一体化示范区**水乡客厅**重点项目开工，水乡客厅立足世界眼光、国际标准、中国特色，以"绿色示范、创新引领、基因传承、交通支撑"为发展策略，将打造成为生态绿色高质量发展的实践地、跨界融合创新引领的展示区、世界级水乡人居典范的引领区。水乡客厅的建设将进一步夯实"五个一"跨域共建共治新模式：实现"一张蓝图管全域""一个主体管开发""一个平台管实施""一套标准管品质"，探索"一体化制度管治理"。	2021-10-19	上海市政府合作交流办
5	长三角一体化示范区"两新"**党组织红色寻访**主题活动（第二季）：来自青吴嘉三地近百名"两新"组织党员参与，把学党史、悟思想与解决问题、服务群众紧密结合起来，强化长三角一体化示范区联动协作，汇聚强大合力，共护第四届进博会，不断承接和放大溢出效应。	2021-11-01	中国上海
6	"长三角一体化示范区典型农业圩区**水污染物零排放**关键技术研究与示范"项目启动会顺利召开，依托上海市重大土地综合整治项目在长三角一体化示范区先行启动区内开展示范。	2021-09-15	上海市生态环境局
7	上海建工长三角一体化示范区建设指挥部和**青浦新城建设指挥部**的成立，是上海建工响应国家长三角一体化发展战略和市委市政府"五个新城"建设号召的又一重大举措。	2021-06-18	上海市国资委
8	上海市场监管局、江苏省市场监管局、浙江省市场监管局关于批准发布《长三角**生态绿色一体化**发展示范区**挥发性有机物**走航监测技术规范》等 3 项长江三角洲区域地方标准的公告。	2021-03-23	上海市场监管局
9	沪苏浙一市两省市场监管局和一体化示范区执委会联合发布《关于支持共建长三角**生态绿色一体化**发展示范区的**若干意见**》，允许示范区内企业在同一登记管辖区域内实行"一照多址"。意见共提出 17 条举措，从加快制度集成创新、加强事中事后监管、夯实质量基础设施、提升企业服务能级等四个方面支持示范区建设。	2021-08-06	中国上海
10	长三角一体化示范区朱家角**医疗产业**招商推介大会召开，推介会上介绍了朱家角镇医疗器械产业园相关情况，对朱家角发展医疗产业优势做了介绍，同时邀请上海药品监督管理局专家对后疫情时期中国医疗产业发展形势进行分析。5 家企业代表围绕人才建设、营商环境、招商引资等方面进行了交流分享。	2021-07-27	上海市青浦区人民政府
11	长三角示范区 **5 条公交线路**在"两区一县"之间开通，既是青浦、吴江、嘉善三地对长三角生态绿色一体化发展示范区方案落地、正式揭牌的积极响应之举，也是身体力行打破区域行政壁垒、先行先试的解放思想之举，更是服务示范区百姓出行、满足人民对更美好生活向往的创新探索之举。	2019-11-05	上海市青浦区人民政府
12	长三角**交通**一体化发展研究中心邀请市交通委、市道路运输局、长三角绿色生态一体化发展示范区执委会相关领导，青浦、吴江、嘉善三地交通主管部门及相关行业专家，就 2021 年示范区公交信息化发展对策、出租车运营对策、省界道路对接方案等项目进行咨询研讨。	2021-08-17	上海市交通委员会

3. 地方教育相关政策

通过对教育相关要闻的汇总（表1-2），我们发现上海市主要关注长三角地区教育的相关联盟建设、科技创新发展、开放教育等问题，并未明确一体化教育的具体学段。

表1-2 上海市建设长三角一体化教育发展等新闻

序号	教 育 要 闻	发布时间	新闻来源
1	为响应国家关于新时代区域发展的战略要求，贯彻长三角地区率先发展、更高质量一体化发展的整体谋划，对接长三角地区教育一体化发展规划，探索建立以开放大学为核心的终身学习区域联动机制，共享终身教育资源，推进长三角地区学习型社会建设，7月12日，由上海开放大学牵头组织的"**长角域开放教育工作研讨会**"在上海召开。	2018-08-30	上海市教育委员会
2	关于做好2020年度探索长三角区域一体化**教育领域新机制试验项目**申报工作的通知，申报的合作项目应当符合下列条件：一体现区域性，二体现对接性，三体现延续性，四体现特色性，五体现导向性。	2019-09-26	上海市教育委员会
3	上海市教委近日启动2021年度"探索长三角区域一体化**教育领域新机制试验项目**"申报工作，探索长三角区域一体化教育领域新机制试验项目将进一步聚焦实践性、示范性、标志性的项目，对具有较强显示度和影响力的项目将加大支持力度。	2020-04-17	上海市教育委员会
4	由上海普陀区、江苏苏州市、浙江嘉兴市和安徽芜湖市等组成的长三角**一体化教育联盟**，在普陀区签约成立。联盟将致力于推动四地教育事业共同发展，促进多样化、特色化、信息化和品牌化办学水平的整体提升。	2019-11-01	上海市普陀区教育局
5	关于印发《长三角生态绿色一体化发展示范区**专业技术人才资格和继续教育学时互认暂行办法**》的通知。	2020-09-16	上海市人力资源和社会保障局
6	长三角一体化示范区执委会会同两省一市**教育部门**公布了《长三角生态绿色一体化发展示范区职业教育一体化平台建设方案》。将构建职业教育一体化发展机制，制定职业教育系列政策和标准，推动示范区内职业学校招生入学、学籍管理、教学实施、就业升学等方面实现一体化运行。	2020-08-10	上海市青浦区人民政府

（二）江苏省推进措施分析

1. 政策关键词

前期共收集到江苏省关于"长三角一体化"政策的新闻标题1 129条，将其进行分词整理，剔除部分客观性词汇，保留具有指向性且高频的词汇，绘制整理成词云图。

如图1-3所示，在该词云图上，"示范区""吴江""苏州""战略""上海""交通""旅游"等成为高频词，这从一个侧面反映了江苏省政策新闻主要涉及示范区建设，重点关注区域融合、绿色发展、交通、旅游、经济、教育、慈善、基础设施、跨省交流等问题。主要提及的城市和区域有：苏州市、苏州市吴江区、上海市、无锡市、南京市、常州市、盐城市、太仓市。江苏省苏州市吴江区是长三角一体化示范之一，2021年示范区建设将突出跨

图1-3　江苏省新闻标题词云图

区域、跨流域和区域带动、服务功能，着力形成以重大项目为牵引的一体化发展格局，聚焦于省际互联互通道路、水生态治理修复、创新产业、公共医疗设施、高端教育设施等方面。

2. 地方示范区建设

通过对江苏省长三角一体化的相关政策报道进行梳理，我们发现江苏省在长三角一体化政策实施的过程中发力巨大，其示范区建设数量也高于长三角其他省市。从表1-3中，我们可以发现江苏省的示范区建设主要涉及高水平大学联盟、党建联盟、公共交通、绿色生态、医保互通、产业经济、居民消费等各个方面，既有宏观政策层面的一体化合作，也有关乎老百姓衣食住行的民生建设。

表1-3　江苏省示范区建设要闻

序号	示 范 区 要 闻	日 期	新闻来源
1	长三角一体化示范区建设应坚持三原则：一是绿色发展，二是合作共赢，三是政策创新。	2020-04-23	江苏省生态环境厅
2	65个重大项目落地长三角一体化示范区：聚焦省际互联互通道路、水生态治理修复、创新产业、公共医疗设施、高端教育设施等方面。	2021-02-20	江苏省国资委
3	长三角一体化示范区再推22条支持政策：沪苏浙两省一市近日联合出台22条政策措施，围绕改革赋权、财政金融支持、用地保障、新基建建设、公共服务共建共享、要素流动、管理和服务创新、组织保障8个方面。此外，若干政策措施明确将加快实施5G、千兆光纤跨区域共建共享，争取高水平大学在一体化示范区设立分校区；共建江南水乡古镇生态文化旅游圈，创建国家全域旅游示范区；推动一体化示范区内科技创新券通用通兑，探索"揭榜制"科研项目立项和组织机制等。	2020-07-06	江苏一带一路网

序号	示 范 区 要 闻	日 期	新闻来源
4	长三角一体化示范区试行**环评制度**一体化改革：主要包括四大方面，一是强化规划环评与项目环评联动；二是实施项目环评管理"正面清单"制度；三是做好环评制度与相关生态环境制度的统筹衔接；四是加强事中事后环境监管。	2021-10-24	江苏省国资委
5	长三角一体化示范区实现**外国高端人才统一互认**：在要素流动领域一体化制度创新上取得新进展。	2020-09-02	盐城市人民政府
6	长三角一体化示范区**专业技术人才资格互认**：上海、江苏、浙江两省一市人力社保部门联合出台了《长三角生态绿色一体化发展示范区专业技术人才资格和继续教育学时互认暂行办法》，针对示范区专业技术人才，聚焦**职业资格、职称和继续教育学时**，完善人才流动机制，打破人才使用壁垒。	2020-11-03	盐城市人民政府
7	长三角一体化示范区**文明实践联盟**成立：青吴嘉三地将围绕文明共倡、文明共享、文明共创等方面展开深入合作。	2021-03-05	苏州市人民政府
8	长三角一体化示范区**涉税事项跨区域通办**：4类涉税事项分别为信息报告类、发票办理类、信息查询类和证明开具类。	2020-08-20	盐城市人民政府
9	长三角一体化示范区发布**产业准入标准**：标志着在先行启动区内"一个标准管准入"，实现了跨省级行政区域执行统一的产业项目准入标准，彰显了"一体化"。	2020-05-25	中国国际贸易促进委员会南京市分会
10	长三角一体化示范区实施**统一企业登记"门槛"**：聚焦示范区内统一企业登记标准、办理流程、办理模式等9项举措，通过降低企业进入市场的制度成本，促进市场经济要素在一体化示范区内自由流动，实现区域营商环境改善的目标。	2020-10-10	苏州市科学技术局
11	长三角一体化示范区**网信联盟**成立：该联盟的成立将进一步深化青浦、吴江、嘉善三地网信工作领域合作，强化资源整合，实现优势互联，合力推动长三角一体化示范区网信事业繁荣发展。	2019-08-01	南京市发展和改革委员会
12	沈建辉局长出席沪苏浙皖林业部门合力共建**长三角一体化林长制改革示范区合作框架协议**签约。	2021-10-21	江苏省林业局
13	书记项目——长三角一体化发展示范区**党建联盟**：苏州市人民防空办公室联合上海市青浦区人防办、浙江省嘉兴市人防办，构建长三角人民防空"三融"党建联盟机制，切实让"融心、融力、融智"成为引领长三角一体化和高质量发展的标杆。	2020-11-20	苏州市人民防空办公室
14	长三角一体化**全民健身示范区联盟**来我市调研：该联盟成立于2019年9月，目前共有10家成员单位，围绕全民健身与全民健康国家战略，以"体育+"发展模式，实现"一体联动，协同发展"为工作目标。	2021-04-12	张家港市人民政府
15	长三角一体化示范区（上海青浦、江苏吴江、浙江嘉善）率先实现**"医保电子凭证一码通"**，实现"不带社保卡看病"。	2021-07-22	苏州市人民政府
16	长三角一体化示范区**旅游公共服务一体化**项目有序推进。	2020-03-19	苏州市文化广电和旅游局

序号	示 范 区 要 闻	日　期	新闻来源
17	吴江被纳入长三角一体化发展示范区：在**江苏苏州吴江**、**浙江嘉兴嘉善和上海青浦**，在实施长三角一体化战略过程中，以这个区域建设**生态绿色一体化发展的示范区**。累计开通吴江至青浦、嘉善、秀洲、桐乡等地跨省公交线路 9 条。设立长三角政务服务"一网通办"综合服务窗口，加快推进政务服务一体化及跨省联办。	2019-07-04	苏州市人民政府
18	发挥优势积极作为把**宜兴**打造成长三角一体化发展示范区：我市始终坚持把融入区域发展作为推动城市发展的主战略，确定"**宁杭生态经济带新兴中心城市**"的战略定位，放大宜兴地处沪宁杭几何中心、宁杭生态经济带中心节点和环太湖城市圈重要节点的地位优势。	2019-03-20	宜兴市人民政府
19	印发《"一地六县"（广德、郎溪、溧阳、宜兴、长兴、安吉）共同开展"**满意消费**长三角一体化示范区"行动实施方案（2021）》。	2021-06-03	溧阳市信息公开
20	苏皖合作示范区决策层召开联席会议，溧郎广（溧阳、郎溪、广德）全力打造长三角一体化生态创新示范区。	2020-04-30	溧阳市门户网站
21	中欧班列长三角一体化示范区专列首发：中欧班列长三角一体化示范区专列在**苏州首发**。	2021-10-25	江苏省交通运输厅门户网站
22	长三角一体化示范区首列**智轨电车**在吴江试跑。	2021-02-25	江苏省交通运输厅门户网站
23	长三角一体化示范区首个虚拟轨道中运量**公共交通项**目吴江捷运系统 T1 示范线一期工程通车。	2021-11-03	江苏省交通运输厅门户网站

3. 地方教育相关政策

通过梳理，我们发现在教育一体化上，江苏省也有较大投入，体现了其一体化意愿较为强烈。从表 1-4 中可以看出，所涉及的一体化包括基础教育、职业教育、高等教育，甚至也包括关于幼儿的学前教育。

表 1-4　江苏省建设长三角一体化教育发展等新闻

序号	教 育 要 闻	发布时间	新闻来源
1	长三角一体化国家重大战略举措——沪苏教育高质量一体化发展：在**高等教育领域**，将探索建立长三角跨区域联合实验室，形成需求导向的联合共管机制；在**职业教育领域**，将搭建职业教育一体化协同发展平台，形成职业技能人才的错位培养机制；在**管理干部和师资队伍**方面，将共建基础教育校长及教师培训联动平台，构建"影子校长、影子教师"的后备人才联合培养机制；在**实践研究**方面，将携手走好"先手棋"，探索联合开发"区域教育现代化指标体系""区域基础教育质量评价指标体系"等若干标准体系。	2020-12-10	苏州市教育局

序号	教　育　要　闻	发布时间	新闻来源
2	长三角一体化示范区职业教育活动周启动：青吴嘉三地在教育协同发展上结出了累累硕果。去年实现了示范区内中职学校的一体化招生。未来，吴江将继续抢抓长三角一体化发展重大历史机遇，在职业教育方面与青浦、嘉善一体化运行、整体化推进，在升学就业、人才培养、产教融合等方面打造更多新的亮点，促进教育链、人才链、产业链、创新链的有机衔接。	2021-05-26	吴江区人民政府
3	65 个重大项目落地长三角一体化示范区：高端教育设施方面，将推动苏州华锐双语学校一期、吴江与上海世外教育集团合作办学项目、吴江区北大新世纪世恒学校等教育项目建设；做好苏州大学未来校区一期、一体化示范区吴江职业技术学院、浙江大学长三角智慧绿洲、上海大学研究院等院校的建设工作。	2021-02-20	江苏省地方金融监督管理局
4	长三角一体化示范区教育合作项目签约启动，具体为：吴江区人民政府与南京师范大学合作办学项目"南京师范大学附属吴江小学、附属吴江幼儿园"签约仪式、汾湖高新区（黎里镇）与上海世外教育集团合作办学战略框架协议签约仪式、吴江开发区与北京新学年教育合作办学项目"吴江新教育实验学校"签约仪式、吴江高新区（盛泽镇）与上海长宁区教育学会合作项目"舜湖教师学院"启动仪式、吴江区教育局与唐仲英基金会合作项目"苏州市吴江区卓越校长创新培育计划"启动仪式。	2020-09-09	苏州市人民政府
5	助推长三角一体化示范区职教一体化发展：示范区内区有 7 所中职学校，其中青浦 3 所、吴江 2 所、嘉善 2 所。7 所中职学校统一开展跨区域招生宣传、统一录取手续；高职院校根据政策对示范区内高中阶段教育开放招生，两省一市指定相关高职院校与示范区中职学校开展中高职衔接办学；示范区内学分互认，中职学生可跨校选课，在不同学校的学习成果可互通互认等。	2020-08-07	苏州市人民政府
6	相城高新区将与上海世外教育集团签约，合作共建相城高新区实验小学（幼儿园），为长三角一体化发展示范注入优质教育资源。	2021-01-18	苏州市教育局
7	共享教育资源，长三角一体化助力沪苏嘉三地学子跨区求学：根据方案要求，由吴江区教育局牵头完成示范区职业教育一体化招生工作，促成示范区三地六校拿出了各自的优势特色专业面向示范区跨区域招生。	2021-02-18	苏州市教育局
8	盐城教育迈出有力步伐，助推长三角一体化发展：实施盐城教育接轨上海三年行动计划，市、县两级教育行政部门分别制定相应工作方案，与上海教育行政部门、知名高校和教育机构建立合作关系，盐沪两地教育的合作机制逐步完善。	2020-12-09	江苏教育

（三）浙江省推进措施分析

1. 政策关键词

前期共收集到浙江省关于"长三角一体化"政策的新闻标题 1 259 条，将其进行分词整理，剔除部分客观性词汇，保留具有指向性且高频的词汇，绘制整理成词云图。

如图 1-4 所示，在该词云图上，"示范区""嘉善""座谈会""经济""发布会""生态""嘉兴""杭州""区域""教育"等成为高频词，这从一个侧面反映了浙江省政策新闻重点关注示范区建设、经济发展、生态建设、教育、跨区域、跨省、环境、文化、住房、公积金等问题。主要提及的城市和区域有：杭州市、上海市、嘉兴市、嘉兴市嘉善县、嘉兴市南湖区、宁波市、湖州市、温州市、舟山市。浙江省嘉兴市嘉善县是长三角一体化示范区之一，沪苏浙在生态环保、设施互通、产业创新、民生服务等方面制定跨省联动三年行动计划。在长三角城市群协同发展背景下，嘉善凭借其优越的地理位置与得天独厚的区位优势成为环沪城市中的重点发展区域，嘉兴市被浙江省政府设立为浙江省全面接轨上海示范区，意在打造"沪浙版雄安新区"。

图 1-4　浙江省新闻标题词云图

2. 地方示范区建设

通过对浙江省的一体化政策进行梳理，我们发现浙江省也对一体化高度重视，但是在侧重上与江苏等省份略有不同。从表 1-5 中可以看出，与长三角其他省份相比，浙江省的一体化政策更注重生态建设，诸如水体联保专项方案、生态绿色一体化建设等。

表 1-5　浙江省示范区建设要闻

序号	示　范　区　要　闻	发布时间	新闻来源
1	2021 年，示范区建设将突出跨区域、跨流域和区域带动及服务功能，着力形成以重大项目开工为牵引的一体化发展格局，重点安排 65 个重大项目。这些项目聚焦省际互联互通道路、水生态治理修复、创新创业等 9 大方面。	2021-07-23	浙江省人民政府门户网站
2	沪苏浙两省一市生态环境部门、一体化示范区执委会联合正式发布《长三角生态绿色一体化发展示范区生态环境管理"三统一"制度建设行动方案》。主要包括了生态环境标准统一、环境监测统一和环境监管执法统一的工作目标、主要任务和制度保障，明确了三方面 56 项具体工作清单。	2020-10-28	浙江省人民政府门户网站

序号	示　范　区　要　闻	发布时间	新闻来源
3	长三角一体化示范区**专业技术人才资格互认**范围包括27个专业技术职务系列。	2020-10-14	浙江省人民政府门户网站
4	首批投放的151台示范区综合**自助终端机**亮相长三角生态绿色一体化发展示范区，将在年底前实现示范区先行启动区全覆盖。	2019-12-13	浙江省人民政府门户网站
5	《长三角生态绿色一体化发展示范区重大建设项目**三年行动计划**（2021—2023年）》提出今后三年，长三角生态绿色一体化发展示范区重大建设项目将围绕先行启动区的集中示范，生态环保、设施互通、产业创新、民生服务4个方面的分类示范共五大板块，开展18项主要行动。	2021-05-14	浙江省人民政府门户网站
6	长三角一体化示范区**网络空间安全研究中心**在嘉善揭牌。	2021-10-12	浙江省人民政府门户网站
7	《长三角生态绿色一体化发展示范区重点跨界**水体联保专项方案**》发表，沪苏浙两省一市将建立联合河湖长制，对重点跨界水体实施联合监管、联合检测、健全数据共享、联合防控等举措。	2020-10-17	浙江省人民政府门户网站
8	《长三角一体化示范区**清廉建设协作倡议**》发布。	2020-12-02	浙江省人民政府门户网站
9	长三角一体化示范区**劳动争议联调平台**启动运行。	2021-10-21	浙江省人民政府门户网站
10	长三角一体化示范区**绿色发展国际创新中心**落地江苏吴江。	2021-06-04	浙江省人民政府门户网站
11	《关于支持共建长三角**生态绿色一体化**发展示范区的若干意见》从加快制度集成创新、加强事中事后监管、夯实质量基础设施、提升企业服务能级四个方面入手，发挥市场监督管理职能作用，支持示范区建设。	2021-08-19	浙江省人民政府门户网站
12	长三角生态绿色一体化发展示范区"跨省通办"综合受理服务窗口正式启用。	2021-06-01	浙江省人民政府门户网站
13	嘉兴市嘉善县开展长三角生态绿色一体化示范区嘉善片区**水生态**调查评估与数据管理平台建设工作。	2021-06-02	浙江省人民政府门户网站
14	长三角生态绿色一体化发展示范区"双随机、一公开"部门联合监管启动仪式在嘉善举行。来自三地的**监管执法**人员汇聚一堂，共同谱写长三角示范区**一体化监管、 数字化协同**的新篇章。	2020-09-30	浙江省人民政府门户网站
15	第三届长三角一体化发展高层论坛上，长三角一体化示范区新发展建设有限公司、长三角一体化示范区**水乡客厅**开发建设有限公司正式揭牌。	2021-05-28	浙江省人民政府门户网站
16	上海青浦、苏州吴江、嘉兴嘉善三地税务局日前共同签署《长三角生态绿色一体化示范区**涉税事项跨区域通办**合作备忘录》，推出首批4类15项涉税事项跨区域通办清单。	2020-08-25	浙江省人民政府门户网站
17	《长三角生态绿色一体化发展示范区银行业**金融机构同城化**建设指引》出台。	2020-12-17	浙江省人民政府门户网站
18	《长三角生态绿色一体化发展示范区**统一企业登记标准实施意见**》于10月9日公布实施。	2020-10-10	嘉兴市人民政府门户网站

3. 地方教育相关政策

从表 1-6 中可以看出，浙江省也同样大力推行教育一体化，在基础教育、职业教育与高等教育等方面均有涉及，但是与长三角其他省份有着较大不同的是，浙江省对于教育一体化的规划处于宏观决策层面，未在要闻中涉及具体的地级市与地区（仅涉及嘉兴）。

表 1-6　浙江省建设长三角一体化教育发展等新闻

序号	教 育 要 闻	发布时间	新闻来源
1	第十一届长三角教育一体化发展会议在庐召开：长三角教育将率先在高教、基教、职教、师资、教育规划等若干领域进一步加强协同，实现重点突破。其中，在**高等教育**领域，将探索组建长三角高校协同创新及其他特色联盟，推动产学研合作，逐步共享优质高等教育资源；在**基础教育**领域，将共同打造长三角基础教育年度峰会，构建联合教研、校外实践、研学旅行等资源共享机制；在**职业教育**领域，将打造职业院校名师、名校长工作室的共享平台，促进课程体系、实践实习、创新创业等方面的开放协作；在管理干部和师资队伍方面，将探索建立各级各类学校骨干教师、优秀中青年干部等交流挂职机制，持续推进校长、教师联动培训平台。	2019-12-19	浙江省人民政府门户网站
2	2019 年浙江省职业教育活动周启动：围绕**长三角一体化与职业教育**创新发展，从不同角度解读新时代职业教育所面临的机遇与挑战，历史使命与发展要求，探讨如何进一步深化长三角职业教育交流与合作、提升服务产业发展的能力和水平。	2019-05-07	浙江省人民政府门户网站
3	关于推进**职业教育与民营经济**融合发展助力"活力温台"建设的意见：一、激发企业参与职业教育新动能，二、完善协作开放的职业培训体系，三、创新产教融合校企合作方式，四、提升技术技能人才培养能级，五、协同推进产教人才高效流动，六、打造职业教育助力"双创"新标杆，七、推动温台职业教育助力民营企业"走出去"，八、建设温台职业教育"数字大脑"，九、优化职业教育发展环境，十、加大组织实施保障力度。	2021-01-29	浙江省人民政府门户网站
4	关于省十三届人大三次会议杭 81 号建议的答复：浙江省高度重视职业教育一体化发展，围绕推进**职业教育高质量发展**目标，坚持产教融合主线，共同做好长三角智能制造、电子信息、软件和国际商务四大跨区域职教集团，积极推进政、行、企、校职教多元治理体系建设。将进一步推进以下工作：一是加强顶层设计，建立完善一体化工作机制；二是加强产教融合，建设现代职教体系。职业教育是跨界教育，需要激发市场潜力、产业活力，共同创新产教融合大环境；三是创新合作机制，打造教育合作共同体。在推进职业教育一体化过程中，需要学习国内外成功经验，加强省际协作推进。	2020-06-21	浙江省人民政府门户网站
5	携手成立陶行知特色学校联盟，**南湖**教育融入长三角：南湖区将打造高质量师资队伍作为加速教育融入长三角一体化发展的"切入点"，通过"互联网+教育""结对共建"等方式，进一步为教师开拓视野、更新观念。	2020-09-16	浙江省人民政府门户网站
6	沪苏浙皖四地成立长三角一体化教育联盟：上海普陀、江苏苏州、浙江嘉兴、安徽芜湖四地教育局签署了教育联盟协议，未来，联盟将在校长教师队伍共建、教育资源共享、推进四地学生社会实践等多方面展开合作，共同打造长三角一体化区域教育协作的"样板间"。	2019-11-03	嘉兴经济技术开发区

（四）安徽省推进措施分析

1. 政策关键词

前期共收集到安徽省关于"长三角一体化"的政策的新闻标题805条，将其进行分词整理，剔除部分客观性词汇，保留具有指向性且高频的词汇，绘制整理成词云图。

如图1-5所示，在该词云图上，"区域""合肥""协同""战略""绿色""医保""交通""产业"成为高频词，这从一个侧面反映了安徽省政策新闻主要涉及区域产业协同合作，重点关注绿色发展、医保、粮食、科技、交通等问题。在安徽省内以合肥为试点城市，使其成为创新"先手棋"。除合肥外，还有马鞍山市、芜湖市、阜阳市、亳州市、黄山市、滁州市等城市也积极落实政策，全面融入长三角一体化发展。此外，安徽省主动参与沪苏浙皖联盟建设，推动异地养老、交通运输、生态保护等政策落实，扎实推进长三角一体化高质量发展。

图1-5　安徽省新闻标题词云图

2. 地方示范区建设

通过对安徽省示范区建设的相关新闻报道进行汇总（表1-7），我们可以发现在长三角一体化的政策背景下，安徽省进行了10项示范区建设，主要涉及交通、生态、科技、产业等多领域，以促进地方产业经济可持续发展。其主要新闻报道来源于地方发改委、水利厅、商务厅、林业局等部门。

3. 地方教育相关政策

通过对地方教育相关教育报道进行梳理，我们发现与教育相关的报告主要来源于安徽省发改委与教育厅两个部门（表1-8）。其主要内容为与长三角相关地区进行合作联盟，进行教育互补，集中于基础教育、学前教育与职业教育，以补充本省内的资源不足。

表 1-7　安徽省示范区建设要闻

序号	示 范 区 要 闻	日　期	新闻来源
1	**长三角交通一体化研究中心**——区域铁路与轨道交通联合研究基地安徽分部揭牌仪式在合肥举行，以提升安徽铁路与轨道交通的规划、设计、研究的质量和水平，为安徽融入长三角综合交通一体化发展提供决策咨询和智力支持。	2021-07-07	安徽省发展改革委
2	宣城市紧抓长三角一体化发展战略机遇，全力推动苏皖合作示范区建设：2015 年由地方政府自主发起，首次提出建设**苏皖合作示范区**，2018 年获得国家发改委批复，成为全国首个以县为单位、以生态为底色、以共建共享为目标的跨省合作区。合作区包括江苏省溧阳市，安徽省宣城市的郎溪县、广德市，均属于"一地六县"范围。	2021-11-15	安徽省发展改革委
3	**长三角生态绿色一体化示范区**发布重大建设项目三年行动计划：推出了包括"一厅三片"集中示范和生态环保、设施互通、产业创新、民生服务四个方面分类示范 5 大板块、18 项主要行动。	2021-05-14	安徽省发展改革委
4	"沪苏浙皖林业部门共同建设长三角一体化林长制改革示范区合作协议"在合肥签约：将建立长三角区域林长合作机制、"五绿"并进合作机制、林业科技创新合作机制、林长制信息共享合作机制和林长制改革理论研究合作机制等五项机制，共同打造长三角区域生态绿色屏障。	2021-10-19	安徽省林业局
5	**长三角一体化跨省同城示范区**签约仪式在宁国举行：将紧紧围绕"一站、一谷、一园、一镇、一基地"，聚焦杭州未来科技城与宁国的产业要素深度融合，强强联手，合力打造"长三角一体化跨省同城示范区"。	2020-08-17	安徽省商务厅
6	**滁州市**探索开展长三角生态绿色一体化发展示范区制度创新：实施大气污染联防联控，加强与省际周边毗邻城市大气污染防治规划编制交流。	2021-07-07	安徽省生态环境厅
7	新华社：东流碧水凭何回？——**长三角一体化下皖江承接产业转移示范区**见闻：我国唯一以产业转移为主题的经济区——皖江城市带承接产业转移示范区，作为长三角区域一体化发展的战略腹地，正在承接产业转移中着力进行产业转型升级，孕育和积蓄着"开天门"的新动能。	2019-06-04	安徽省发展改革委
8	全国河长制湖长制工作简报 2021 年第 43 期：江苏吴江大力推行**联合河湖长制**为长三角生态绿色一体化发展示范区制度创新提供典型案例。	2021-09-14	安徽省水利厅
9	**郎溪县**市场监管局以实际行动推进**"一岭六县"**示范区建设：江苏省宜兴市市场监管局考察组一行与郎溪县市场监管局围绕长三角一体化示范区市场准入合作备忘录、市场一体化建设联席会议制度以及市场一体化建设合作备忘录等进行了深入交流和探讨。	2020-06-15	安徽省市场监管局
10	**芜湖市**举行加快推进长三角一体化发展重点项目签约活动：活动集中签约重点招商项目 49 个，涵盖了机器人及智能装备、通用航空、微电子、新型显示、汽车零部件、电子电器等制造业和现代服务业领域，总投资 408 亿元。	2020-08-27	安徽省发展改革委

表 1-8　安徽省建设长三角一体化教育发展等新闻

序号	教 育 要 闻	日 期	新闻来源
1	繁昌区打好组合拳做好长三角一体化教育发展大文章：依托上海普陀、江苏苏州、浙江嘉兴、安徽芜湖长三角一体化四地教育联盟，搭建区域教育协作平台。繁昌三中、城关四小分别与杭州市的两所中小学签约结对，两所学校分别派了 5 名管理人员到杭州市结对学校进行为期一周的跟岗学习。	2021-04-06	安徽省教育厅
2	亳州市教育局积极谋划融入长三角教育一体化发展：亳州市政府已与浙江省衢州市、上海市奉贤区、江苏省连云港市三地政府签订了合作共建战略协议，从市政府层面搭建好了长三角一体化发展平台，也为加快亳州教育改革发展提供了有利条件。	2021-03-17	安徽省教育厅
3	长三角高职院校学前教育联盟在合肥成立：长三角区域 46 所高职院校齐聚合肥，联盟成立后将聚焦学前教育发展，就专业人才培养、产教融合等方面展开交流与合作。	2020-11-15	安徽省发展改革委
4	池州学院与南京信息工程大学签订战略合作协议，推动长三角区域高等教育一体化发展。	2021-06-28	安徽省教育厅
5	安徽省签约长三角教育督导一体化框架协议：本框架协议以创新驱动、平等协商、协同高效为基本原则，以构建长三角地区教育督导一体化协作的成熟体制机制为重点，聚焦协作承担国家重大改革项目、联合开展督导实践创新、构建工作资源共享机制等三方面重点内容，整合资源，通力协作，努力实现三省一市教育督导工作互助共赢发展。	2019-07-16	安徽省教育厅

四、长三角教育一体化的政策研究

　　教育一体化是长三角一体化发展的一个重要方面。基于 R 语言的 rvest 程序包采集了上海市教委、浙江省教育厅、安徽省教育厅以及江苏省教育厅网站上关于"长三角教育一体化"的相关政策文本，总文本数为 965 篇（上海 816 篇、安徽 88 篇、江苏 50 篇、浙江 11 篇），共计 21 179 个段落、38 439 个字句以及 616 875 个中文词汇。为了挖掘文本背后的具体主题，利用开源文本计量软件 KH Coder 调用了 R 语言中的主题模型程序包（ldaturning 与 Topics model）对研究文本进行主题建模。在分析模型的选择上，我们选择了基于无监督机器学习的 LDA（Latent Dirichlet Allocation）主题模型（适用于政府报告、新闻等长文本）对收集到的文本进行主题挖掘，具体主要有三个分析步骤：第一，根据 ldaturning 程序包的分析结果确定最优主题数；第二，根据最优主题数进行主题模型建模；第三，根据每一个主题排名前十的特征词汇进行主题命名，以此来确定每个文本中的具体主题分布。

（一） 上海市的政策文本分析

根据四种测量方式计算，我们可以发现上海市在一市三省的总体文本中主要存在 12 个潜在主题（12 个主题可以解释大部分总体文本信息），具体主题分布与每项主题的特征词汇总如表 1-9 所示。

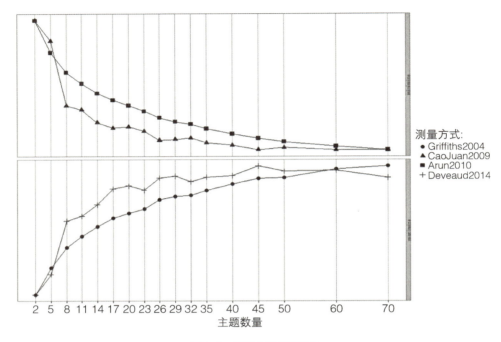

图 1-6　最优主题数量确定

表 1-9　上海市文本 LDA 主题模型分析结果

ID	主 题 名 称	特征词汇（后验概率排名前十）
1	教师队伍建设	教师、教学、思政课、课程、培训、中小学、专业、能力、校长、思想
2	教育评价体系	改革、发展、建设、质量、体系、评价、机制、制度、水平、国家
3	教育资源管理	学校、学生、校、区、资源、项目、高中、管理、工作、基础
4	高中教育	成绩、录取、专业、招生、考试、测试、考生、技能、技术、高中
5	高等教育	高校、大学、学院、创新、国际、国家、科技、国、中心、技术
6	课外活动	工作、市、活动、体育、艺术、文化、学生、教委、精神、情况
7	职业教育	专业、职业教育、职业、企业、技术、人才、技能、需求、发展、社会
8	劳动教育	课程、学生、实践、劳动、育人、思想、时代、社会、活动、精神
9	联盟建设	长三角、区域、合作、发展、地区、资源、交流、校长、平台、市
10	社会机构	工作、管理、幼儿园、服务、机构、培训、区、指导、市、机制

ID	主 题 名 称	特征词汇（后验概率排名前十）
11	基础教育	教育、基础、意见、特色、水、体系、研究、能力、改革、资源
12	创新基地	建设、项目、研究、学科、程、中心、基地、创新、平台、计划

根据特征词汇确定了主题名称后，我们可以发现上海市在长三角教育一体化方面关注的议题是多维度的。首先，上海市与其他省市最显著的不同在于特别关注学生的全面发展，不只是文化上，也包括劳动教育和体育心理教育，积极探索学生在德、智、体、美、劳五个方面的发展。其次，从涉及学段来看，相关文本中包含了高中教育（关注高中阶段的学习能力）、高等教育（关注科技创新）、职业教育（关注技术人才与社会需求之间的匹配度）。再者，在注重各个阶段教育一体化的同时也关注其中社会机构起到的配套作用。此外，还涉及区域联盟建设、教师队伍建设、教育评价体系和教育资源管理分配等宏观层面的主题。

图 1-7 展示的是主题与年份交互分类的结果，我们可以发现上海市从 2003 年起就开始关注长三角教育一体化建设，是一市三省中最早关注该议题的省份。早期上海市在长三角教育一体化方面主要关注联盟建设和基础教育，旨在实现区域合作发展和交流。

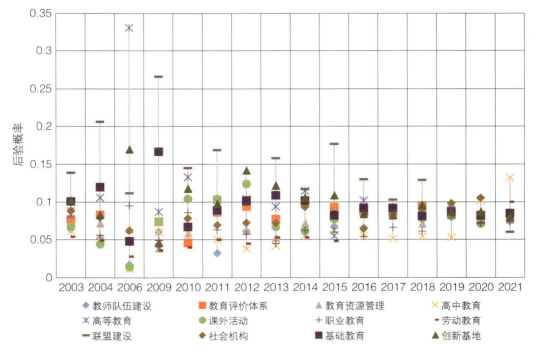

图 1-7　长三角教育一体化文本主题分布（上海）

早在 2006 年，上海市就开始关注长三角地区高等教育建设，强调大学教育要和国家的科技战略相结合。2010 年之后，上海市在长三角教育一体化上的关注更加平衡且面面俱到，较多提的还是联盟建设和创新基地的建设。从 2019 年开始，可以明显看到社会机构以及高中教育的主题成为主流，凸显了高中阶段对学生培养的关注度提升，社会机构对教育的作用也更加频繁地被提及。

（二）江苏省的政策文本分析

根据四种测量方式计算，我们可以发现在江苏省的总体文本中主要存在 10 个潜在主题（10 个主题可以解释大部分总体文本信息），具体主题分布与每项主题的特征词汇总如表 1-10 所示。

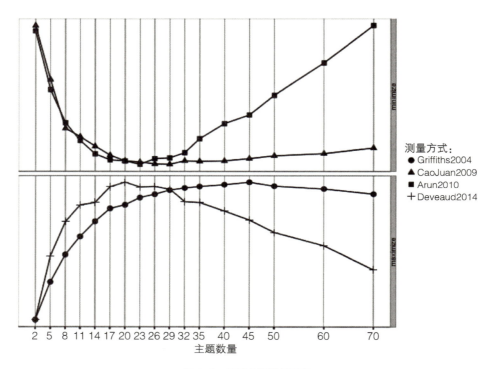

测量方式：
● Griffiths2004
▲ CaoJuan2009
■ Arun2010
＋ Deveaud2014

图 1-8　最优主题数量确定

表 1-10　江苏省文本 LDA 主题模型分析结果

ID	主 题 名 称	特征词汇（后验概率排名前十）
1	思政工作	工作、建设、教育、党、政治、系统、思想、管理、组织、作用
2	联建设	高校、长三角、合作、区域、发展、长三角一体化、交流、联盟、创新、会议
3	职业教育	职业教育、职业、技能、院校、技术、职教、国、高职、毕业生、就业
4	教育管理	发展、政府、经济、社会、报告、工作、改革、企业、体系、市场

ID	主 题 名 称	特征词汇（后验概率排名前十）
5	人才培育	建设、大学、学科、人才、战略、创新、改革、体系、机制、国家
6	科技创新	科研、科技、服务、研究、成果、中心、项目、技术、工程、地方
7	基础教育	教育、学校、市、学生、教师、教学、水平、评价、国、基础
8	校企结合	学校、专业、产业、技术、学院、教学、企业、人才培养、课程、工程
9	教育现代化	发展、质量、省、改革、现代化、时代、人民、国家、精神、示范
10	教师队伍建设	培训、教师、项目、院校、管理、职业、单位、职业教育、省、经费

根据特征词汇确定了主题名称后，我们可以发现江苏省在长三角教育一体化方面关注的议题是多维度的。首先，从涉及学段来看，相关文本中包含了基础教育（关注教师教学）和职业教育（关注职业技能和职校就业）两个方面。其次，在注重各个阶段教育一体化的同时也关注其中的人才培育、科技创新、思政工作、校企结合、教师队伍建设以及教育现代化监测等相关配套机制。此外，总体文本还涉及区域联盟建设、教育管理、教育现代化等宏观层面的主题。

图 1-9 展示的是主题与年份交互分类的结果，我们可以发现江苏省从 2016 年开始聚焦长三角教育一体化建设。早期江苏省的注意力集中于校企结合、科技创新等相关配套机制建设。到了中后期，江苏省的注意力从微观转向宏观，聚焦于区域联盟建设、教育管理、教育现代化等宏观层面的主题。此外，从涉及学段上看，江苏省对职业教育的关注度呈现不断上涨的趋势，职业教育将是江苏省推动长三角教育一体化建设的主要任务。

图 1-9　长三角教育一体化主题分布（江苏）

（三）浙江省的政策文本分析

根据四种测量方式计算，我们可以发现浙江省在一市三省的总体文本中主要存在 8 个潜在主题（8 个主题可以解释大部分总体文本信息），具体主题分布与每项主题的特征词汇总如表 1-11 所示。

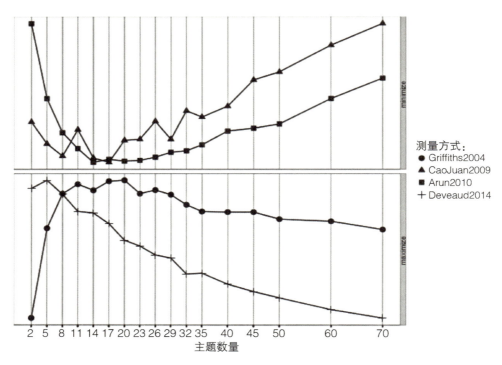

图 1-10　最优主题数量确定

表 1-11　浙江省文本 LDA 主题模型分析结果

ID	主 题 名 称	特征词汇（后验概率排名前十）
1	人才培养	区域、长三角一体化、国家、标准、战略、工作、联盟、作用、委员、人才培养
2	教育督导	发展、会议、市、质量、教育、副省长、改革、支撑、规划、区域
3	高等教育	研究、中心、政策、大学、战略、联盟、人才、创新、研究型大学、质量
4	职业教育	职业教育、平台、示范区、教师、方案、专业、学生、招生、校长、生态
5	联盟建设	长三角、地区、领域、机制、项目、一体化、市、时代、协作、交流
6	教育现代化	教、长三角、省、教育现代化、长三角教育一体化、创新、建设、重点、交流、教育厅
7	交流合作	教育、合作、资源、学校、教育局、市、国家、学院、工作、社会
8	一体化优势	长三角、一体化、教育、省、工作、基础、负责人、项目、长三角教育一体化、优势

根据特征词汇确定了主题名称后，我们可以发现浙江省在长三角教育一体化方面关注的议题是多维度的。首先，浙江省更为关注长三角教育一体化的联盟建设（顶层设计、举办会议等举措、创新人才培养）与交流合作（一体化优势、资源整合），以及教育现代化监测（成立各类一体化监测中心）。其次，从涉及学段来看，相关文本中包含了高等教育（关注科技创新和研究型大学的建立）、职业教育（关注建设示范平台）。此外，在注重各个阶段教育一体化的同时也关注总体的人才培养战略、教育督导等宏观层面主题。

图 1-11 展示的是主题与年份交互分类的结果，我们可以发现浙江省从 2018 年才开始关注长三角教育一体化建设，是一市三省中最晚关注该议题的省份。

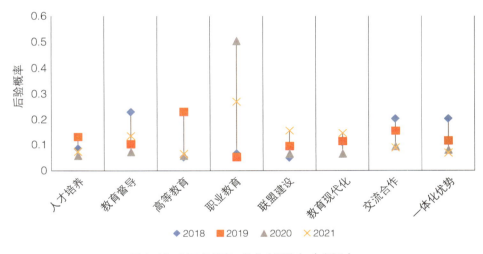

图 1-11　长三角教育一体化主题分布（浙江）

分年份来看，2018 年浙江省最为关注的是教育督导方面的主题，其次则是交流合作和一体化优势。2019 年将关注重点转向了高等教育，强调研究型大学的建立。2020 和 2021 年则对职业教育给予了最多的关注，显示了对于建设职业教育师平台的期待。

总的来说，浙江省对于长三角教育一体化建设开始更多地强调职业教育以及教育现代化监测的主题。

（四）安徽省的政策文本分析

根据四种测量方式计算，我们可以发现安徽省在一市三省的总体文本中主要存在 11 个潜在主题（11 个主题可以解释大部分总体文本信息），具体主题分布与每项主题的特征词汇总如表 1-12 所示。

根据特征词汇确定了主题名称后，我们可以发现安徽省在长三角教育一体化方面关注的议题是多维度的。首先，安徽省与其他省市最显著的不同在于其特别关注社会弱势群体的学生，积极探索学生帮扶（特别是贫困生）和育人机制（社会资助）方面的建设。其次，从涉

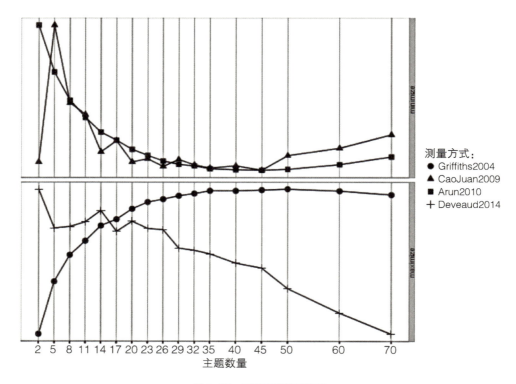

测量方式：
● Griffiths2004
▲ CaoJuan2009
■ Arun2010
+ Deveaud2014

图 1-12　最优主题数量确定

表 1-12　安徽省文本 LDA 主题模型分析结果

ID	主 题 名 称	特征词汇（后验概率排名前十）
1	高等教育	论坛、大学、专家、创新、研究、研究生教育、学术、研究生、发展、教授
2	学生帮扶	学生、贫困生、教育、校、学习、学校、家长、教师、方法、生活
3	育人机制	工作、学生、社会、管理、资助、中心、育人、家庭、活动、服务
4	基础教育	教学、活动、教师、老师、小学、课堂、课、研讨、教研、智慧
5	教育督导	长三角、市、地区、省、教育督导、区域、教育厅、重点、领域、部门
6	发展战略	发展、区域、长三角一体化、产业、建设、合作、战略、质量、一体化、创新
7	联盟建设	高校、长三角、联盟、会议、工程、大学、建设、人才培养、学科、特约通讯员
8	教师队伍建设	教育、教育局、项目、基础、共建、平台、领导、教师、改革、一体化
9	交流合作	学校、交流、资源、特色、校、校长、合作、网络、部门、情况
10	课外活动	学院、文化、专业、能力、建设、体育、课程、主题、大赛、实践
11	职业教育	技术、职业教育、企业、就业、水平、职业、人才、质量、科技、专业

及学段来看，相关文本中包含了基础教育（关注教师教学）、高等教育（关注科创研究和研究生教育）、职业教育（关注技术人才培养）。再者，在注重各个阶段教育一体化的同时也关注其中的课外活动（文化、体育、实践全面发展）、教育督导、教师队伍建设以及校际交流合作等相关配套机制。此外，总体文本还涉及区域联盟建设、发展战略等宏观层面主题。

图 1-13 展示的是主题与年份交互分类的结果，我们可以发现安徽省从 2008 年就开始关注长三角教育一体化建设，是一市三省中较早关注该议题的。早期安徽省在长三角教育一体化方面主要关注学生帮扶和育人机制，旨在帮助贫困学生实现教育机会平等。到了中后期，上述两项议题被逐步淡化，安徽省的关注转向了区域联盟建设、发展战略、教育督导等宏观议题。此外，从涉及学段上看，安徽省早期更多关注基础教育建设，现在更多聚焦于地方高等教育和职业教育建设。

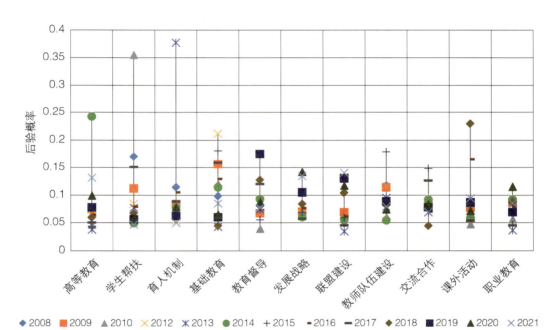

图 1-13　长三角教育一体化文本主题分布（安徽）

（五）一市三省的政策文本比较分析

根据四种测量方式计算，我们可以发现在一市三省的总体文本中主要存在 14 个潜在主题（14 个主题可以解释大部分总体文本信息），具体主题分布与每项主题的特征词汇总如表 1-13 所示。

根据特征词汇确定了主题名称后，我们可以发现长三角教育一体化是一个多层面以及多维度的战略性建设。首先，从涉及学段上看，我们可以发现相关文本中包含了学前教育（关注科学养育）、基础教育（关注城乡融合）、高等教育（关注创新创业）、职业教育（关注技

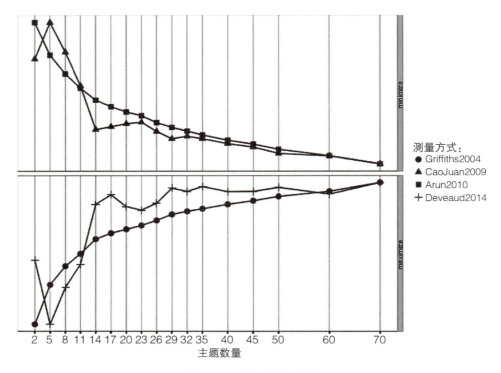

测量方式：
● Griffiths2004
▲ CaoJuan2009
■ Arun2010
＋ Deveaud2014

主题数量

图 1-14　最优主题数量确定

表 1-13　一市三省总体文本 LDA 主题模型分析结果

ID	主 题 名 称	特征词汇（后验概率排名前十）
1	联盟建设	长三角、区域、合作、发展、地区、联盟、省、交流、市、会议
2	科技创新	创新、科技、发展、中心、研究、国家、建设、战略、学科、人才
3	育人机制	课程、教学、学生、学科、实践、育人、课堂、德育、能力、研究
4	基础教育	学校、资源、项目、义务教育、区、校、建设、小学、市、城乡
5	思政课程	思政课、思想、时代、党、总书记、精神、理论、建设、主义、中国特色社会主义
6	职业教育	职业教育、职业、专业、技术、企业、发展、技能、院校、人才、学校
7	高等教育	高校、学院、大学、建设、项目、工程、大学生、创新创业、文化、国
8	课外活动	学生、活动、劳动、体育、教育、艺术、学校、实践、社会、文化
9	管理体系	管理、工作、建设、制度、机制、体系、服务、部门、质量、政府
10	学前教育	幼儿园、机构、市、托育服务、服务、工作、幼儿、区、科学、指导
11	教育现代化监测	教育、改革、发展、基础、质量、评价、教育部、教育现代化、国家、经验
12	教师队伍建设	教师、培训、教学、教育、队伍、机制、专业、人才、师资、能力
13	地方宣传	工作、市、活动、教育、就业、网络、教育局、宣传、教委、市教委
14	考试相关	成绩、录取、专业、招生、考试、测试、考生、技能、技术、高中

术人才培养）四个方面。其次，在注重各个阶段教育一体化的同时也关注其中的育人机制（注重德育）、科技创新、思政课程、课外活动（劳动、体育、音乐等五育）、管理体系建设、教师队伍建设以及教育现代化监测等相关配套机制。此外，总体文本还涉及区域联盟建设、考试相关与地方宣传等主题。

图 1-15 展示的是主题与地区交互分类的结果，我们可以发现一市三省在各个主题的侧重上存在一定差异。

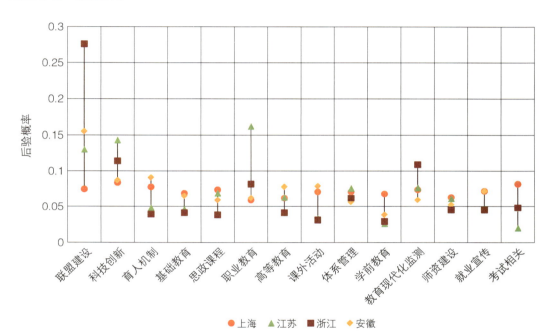

图 1-15　长三角教育一体化总文本主题分布（一市三省）

其中，上海市作为长三角一体化的领头羊、发展的中心，在各个主题上均有涉及，各个主题的后验概率上未出现明显的波动差异。与其相比，浙江省更为关注长三角教育一体化的联盟建设（顶层设计、举办会议等举措、创新人才培养）与教育现代化监测（成立各类一体化监测中心）。安徽省在关注长三角教育一体化联盟建设的同时还更为关注地方高等教育。与其他地区相比，江苏省在职业教育的关注上更为突出，体现了江苏省对于职业教育的重视。

五、 长三角教育一体化存在的问题及可行性探讨

（一）长三角教育一体化存在的问题

总体上看，教育领域的一体化与经济、社会、民生等领域的一体化推动相比，虽然三省

一市都出台了相应政策，但宏观讨论多，实际操作少。

首先，长三角一体化最初仅仅强调了经济发展一体化，对于其他方面几乎没有表述。经济发展从区域的视角进行展开是完全符合市场规律的，而且区域合作也不以地方政府的意志为转移。只要经济是一个开放过程，这种区域合作就必不可少。因此，早期的一体化概念与其说是一种行政作为，不如说是顺应市场而为。这种市场过程实际上在改革开放之前长江三角洲就已经在静悄悄地推进了——上海工程师周末服务江浙民办企业，以及农民向上海及苏锡常乡镇企业的流动，这一"长三角双向流动"现象已经在书写民间版本的长三角一体化。即使这一时期各种限制障碍重重，但是，我们发现经济一体化的内生动力十足，并且势不可挡。总体来看，按照本研究的梳理，我们认为早期长三角"一体化"的过程实际上是由历史基因、市场需求、行政偏好三大要素推动的，是一种"潜一体化"进程，这种进程在很长一段时间一直驱使着长三角的一体化进程，这种进程像是一种潜在的力量，不以人的意志为转移——核心动力就是市场。但是，我们也发现这种"潜一体化"过程更多集中在经济进程，在其他方面则壁垒森严。对于教育而言，在民众对上海的历史情感、机会期盼、收益追求等动机的驱使之下，人才流动成为主流——苏浙皖三省自改革开放以来为上海高校输送了多少人才是一个值得深入研究的课题。因此，人才的流动是长三角一体化的基石——这是广义教育一体化最为有力的注脚。

其次，教育一体化与其他领域的一体化推进过程相比，宏观讨论较多。如前所述，我们今天讨论的教育一体化实际上属于狭义教育一体化，或称教育行政一体化。从这个角度看，从目前十大领域的一体化推进过程来看，从政务到生态都比较具体，有的甚至具体到"三年行动计划""一年实施方案""工作协作机制"等方方面面，但是，唯一签署的是《关于建立长三角教育协作发展会商机制协议书》。即，这一过程还基本停留在"会商机制"阶段上。教育一体化是一个巨大的难题，即使是在一市三省内部，打破行政区划壁垒都几乎是不可能的，而如何实现区域一体化则需要未来进行更加深入的研究和探讨。

再次，长三角一体化是一个不可逆转的趋势，正在呈现"多中心、连片化"的趋势。这一趋势与世界主要发达国家的经济区模式高度相同。但是，需要非常深入细致地研究这种趋势的内涵——经济协作要素、人口流动要素、政府合作要素、民间驱动要素等是如何一体化的等问题。以灯光变化为例，（1）2000年，上海一枝独秀，属于长三角亮度最强地区，但是呈现大城市高亮的特色。这一时期，我们判断这种亮度分布格局可能跟人口密度高度相关，产业可能居其次。但是，可以看到三角形的特色明显，以上海为中心的放射状态基本形成。（2）2010年，呈现散状分布格局，但是能看到苏锡常工业带的亮度超过了上海。而且围绕这一地带形成了不同的亮度带。同时，低亮地区向杭湖地区呈现散状扩张状态。我们认为这一时期的发展实际上经济影响超越了人口规模等要素。（3）2020年，三角形的形态已经向所有方向扩散，能看到围绕苏锡常、杭州湾都形成了高度分散的状态，多中心的格局初步形成。

总体上看，我们可以发现长三角区域正在连接起来，与早期点与点之间存在空隙不同，开始出现多中心叠加的局面。

一市三省对于长三角一体化的推进存在一定的"温度差"，关心以及推动的层级各不相同。江浙沪总体上比较强调"示范区"，而远离示范区的安徽则强调"区域"，江浙沪更强调示范区所在行政区的发展，安徽则关注中心城市合肥的发展。上海强调生态绿色多、浙江强调经济及机制（座谈会）、江苏强调苏州和吴江的发展机会。江浙沪次级关注人才的作用，安徽则关注产业发展。

除此之外，教育一体化上也同样显示了一市三省的关注视角差异。上海关注学生的全面发展，不只是文化上，也包括劳动教育和体育心理教育，积极探索学生在德、智、体、美、劳五个方面的发展；浙江省更为关注长三角教育一体化的联盟建设（顶层设计、举办会议等举措、创新人才培养）与交流合作（一体化优势、资源整合），以及教育现代化监测（成立各类一体化监测中心）；早期江苏省的注意力集中于校企结合、科技创新等相关配套机制建设。到了中后期，江苏省的注意力从微观转向宏观，聚焦于区域联盟建设、教育管理、教育现代化等宏观层面主题。此外，从涉及学段上看，江苏省对职业教育的关注度呈现不断上涨的趋势，职业教育将是江苏省在长三角教育一体化建设的主要任务；安徽省与其他省市最显著的不同在于特别关注社会弱势群体的学生，积极探索学生帮扶（特别是贫困生）和育人机制（社会资助）方面的建设。

值得一提的是，从教育出口的人才流动上看，一市三省呈现出对高端人才的争夺现象，高校毕业生基本上以域内就业为主，低端人口则呈现高流动状态。通过对一市三省高校毕业生的流向分布分析，就业及升学的地方黏性问题依然突出，交叉流动性较差。这其中原因可能与各地的人才政策、区域熟悉度、户口政策等高度相关。这一问题显示出长三角地区在人才流动方面依然存在行政区划上的历史惯性，与一体化相去甚远，实际上这与人的现代化理解也大相径庭。未来在教育一体化议题上是否有必要讨论户籍约束这一古老的话题则是是否真正一体化的试金石。与此形成鲜明对比的是在长三角内部的低学历人口流动依然旺盛，而且这种流动主要是以青壮年人群为主。由于本研究无法获得基础教育阶段人口流动的数据，但是仅从年龄段判断15—19岁人群的流动基本处于3%—4%之间，非常稳定。对影响流动的因素进行分析后发现：个人、家庭、经济、社会四类因素均对长三角地区流动人才的长期居留意愿影响显著。女性、拥有城镇户口、年龄较大、学历较高、已组建家庭且配偶户籍地在本地的流动人才居留意愿更高；流动人才收入的提高将显著提升其居留意愿；在流入地拥有住房的流动人才居留意愿更高，住房支出越高者居留意愿越低；职业技术人员及机关单位办事人员等稳定职业者居留意愿较高。这说明，传统限制人才流动的要素依然没有改变。

最后，职业教育一体化依然存在行政壁垒、经济鸿沟、合作不畅的问题。尽管长三角职业教育一体化的现实基础良好，进展不错，但由于体制、文化、利益等多重因素的交错作用，特别是"漏斗式竞合关系"的行政壁垒、"诸侯式差序格局"的经济鸿沟以及"松散式自由连接"的合作方式，严重影响了长三角职业教育更高质量的一体化发展。

（二）长三角教育一体化的可行性

如前述分析，长三角一体化已经是一个必然的趋势，这种趋势无论从历史进程上还是当前经济社会发展的内生动力上都显示了不可逆转的态势，从市场到行政的推进力量也提供了强大的战略支持——国家战略的确立则是这种趋势具象化的关键基础。我们认为对长三角一体化的推动和研究，尤其是教育一体化的推动和研究应该从宏观视野向微观操作转向、从宏大叙事向个挖掘转向、从政策呼吁向具体实施转向。长三角教育现代化监测则为此提供了基础的数据支撑。长江三角洲区域在世界和我国的话语体系里一直都是以"现代化"的形象出现的，从1936年日本作家松村梢风对上海的"魔都"表述，到人类现代文明体系核心动力区"三百海里城市群"的经典案例研究；从跨国公司东方投资总部首选之地，到我国现代化进程中的工业化城市化楷模；从苏锡常乡镇企业及电子工业带引领改革开放之先，到沪苏浙皖内生的经济社会分工与协作机制……这一切的现代化之路莫不得益于长江三角洲地区从历史到现代的人才优势、教育优势、开放优势。当前，这种历史基因和时代使命在新时期再次被激发——2019年5月，党中央、国务院正式印发实施《长江三角洲区域一体化发展规划纲要》，将长三角一体化发展上升为国家战略，描绘了长三角区域未来发展的前景，同时也阐释了具体行动方向。在诸多文件表述中，作为国家级的区域发展战略罕见地提出了"研究发布统一的教育现代化指标体系，协同开展监测评估，引导各级各类学校高质量发展"这一非常具体的目标。这说明，国家对本区域继续发挥人才优势确保提升科技创新水平、保持经济活力、提高国际竞争力的期待，而要做到这一点教育现代化则是关键的保障。

现代化，作为人类发展追求的终极目标，一旦关注这个问题则必然涉及"先发"及"后发"的讨论，教育则会自然成为实现路径的表述。例如，著名的普林斯顿现代化学派认为"中国现代化历史的那些要素，与其他先发国家的情况比较起来是如此之不同，以致我们不得不把它当作一个别具一格的研究个案""中国还有举世无双的科举制度，教育普遍获得广大民众的关心和景仰"。[1] 从国际视野来说，现代化比较易，意义判断难。我们推动实施该任务的过程中实际上已经自然融合了各种国际开放指标，正如人类智慧的趋同性一样，现代化的价值判断及评估方法也自然会趋同一致——如，我们的任务阐述中明确了教育现代化的本质和根本性标志是实现人的现代化这一教育根本要求。但是，由于历史发展阶段以及国家体制等要素的约束，我们选择什么方式推动现代化则需要扎根中国大地的"别具一格"方式，那么这种方式是不是一种现代化模式？我们认为人的发展这一现代化终极目标无时间先

---

[1]　吉尔伯特·罗兹曼. 中国的现代化［M］. 国家社会科学基金比较现代化课题组，译. 南京：江苏人民出版社，2014.

后差异，亦无先进和落后之分，唯有实现方式各有千秋。因此，需从"操作视角"参照来看"长三角教育现代化监测评估"任务的意义，我们希望据此来思考和判断该任务的可行性及可达性问题，并借此向全社会阐释该项工作的引领意义。

我们做了大量的前期研究，重点关注了大巴黎地区的大学分校扩张推进机制、日本东京首都圈的产学官研协同创新体系、美国纽约都市圈的高等教育联盟资源共享方案，希望通过相关比较寻找长三角教育一体化实施的操作借鉴和实现路径意义。经过研究后，我们认为在世界主要都市圈的教育协同发展推动过程中采取的一致做法是"项目制"模式，即：理念引导—自主协作—项目实践。项目制的优势是推动解决各自区域的"短板"问题，确保教育资源的自主流动，不足是缺少前期整体性研判过程和缺少项目效果评估机制，资源投入的效率不高。国际三大都市圈的区域协同发展主要采取"项目制"模式，表现为应对经济发展及自主服务的高等院校及科研机构引领区域协同创新模式。（1）巴黎都市圈的大学扩张。大巴黎地区的教育发展主要由战后的三次"现代化设施计划"（1947—1953；1954—1957；1958—1961）推动，在各个不同阶段分别提出了"欧洲复兴的产业发展""农业现代化与科学技术开发""社会教育基础投资与培养技术人才和研究人才"等口号，具体做法就是积极推动大学建设，如建设巴黎第 1—13 大学及郊区 4 所大学等。1965 年的 SDAURP（巴黎城市治理及都市规划）和 1968 年高等教育基本法修订之后，相关计划开始走向没落。其特征是围绕巴黎大学进行向外扩张模式，借用既有废弃工厂等基础设施，注重大学间一体化发展模式。[1]（2）东京首都圈的大学引领区域产学官协同创新举措。1995 年 7 月，日本颁布的《科学技术基本法》中规定，国家负有制定并开展科技振兴综合对策的职责和义务，而地方政府则需要在遵守国家总体对策的基础上根据所属区域的特性来制定并落实当地科技振兴的具体对策。2016 年 1 月，日本出台的《第五期科学技术基本计划（2016—2020）》中进一步规定，国家将对以地方政府为主体推进的科技创新予以援助，这是构建人才、知识、资金三者间良性循环进而促进创新创造的重要一环。因此，日本文部科学省为促进区域科技振兴，开展了多种多样的项目。其中，为推进首都圈地区的科技创新，进一步发挥首都圈在经济社会发展领域的"领头羊"角色优势，近年来，首都圈地区在文部科学省相关项目的引领下，主要致力于推进以下四大项目及其相应的战略措施。例如，尖端领域创新基地形成项目、区域创新战略援助项目、构建区域创新生态体系、搭建产学官协同的实证基地。[2]（3）纽约都市圈高等教育联盟的价值塑造与资源共享。纽约都市圈比较有代表性的区域高等教育联盟是西纽约高等教育联盟。高校通过联盟可以共享成员之间的教学学术资源和管理服务资源，为学生和教职员工的学习和生活提供更多更优质的服务。同时，通过交流与合作，高校之间产生学习借

---

① 大前敦己. パリ地域圏における大学拡張過程 [J]. 上越教育大学研究紀要，2016，36（1）：31-39.
② 李冬梅. 日本产学官协同推动首都圈区域创新发展的政策研究 [M] // 方中雄，等. 京津冀教育蓝皮书：京津冀教育发展报告（2019~2020）. 北京：社会科学文献出版社，2021.

鉴和竞争效应，促进高校在学术及教学专业能力、管理和后勤保障水平等各方面的提升。此外，美国高等教育联盟还普遍发展出多元目标取向，涵盖跨校注册与学生交换、联合物资采购、图书馆与信息共享、教职员互聘及其专业培训、校际交通、校园危机处理、高等教育质量提升及与区域的互动联结等多个领域，因此区域高等教育联盟在美国也被称为"多目的"联盟。① 从世界三大知名都市圈围绕教育的协同机制来看，主要考虑的是结合区域开发发挥高等教育的人才以及科技创新等优势为区域发展服务方面。其中发挥主导作用的国家通过"项目制"方式提供支持。从相关协作来看，基础教育的讨论几乎无法突破行政区划限制。

（三）余论：现代化，是人的发展的全面现代化

20 世纪 50 年代以来，学界对于现代化的含义、形态提出了不同看法，诸如经典的现代性理论、后现代性理论、第二次现代化理论、超现代化理论、反思性现代化理论等。其中，经济学关注现代化的目标体系，社会学更多关注"现代性"——即现代社会发展过程中的诸种特征。本研究团队通过对经典理论的梳理，发现学界对现代化的测量主要分为整体性思维的定判断（社会学为主）与多指标综合的定量分析（经济学为主）。其中，强调整体性的定性研究主要关注现代化进程中社会各要素的"变迁过程"，而定量分析则更多强调作为"目标导向"的现代化，体现了"现代性"的多副面孔。

1. 现代化指标的定性判断

（1）箱根模型

20 世纪 60 年代，来自美国、日本以及英国等早期发达国家的学者在日本的箱根会议中提出了现代化的 8 项标准：① 人口相对高度集中于城市，整个国家以城市为中心；② 较高的非物质能源使用，商品化程度高，社会基础设施增加；③ 社会成员在公共性事务中广泛参与；④ 村社和世袭群体普遍解体与更大的社会流动性，社会表现更加多样化；⑤ 全面推广文化知识，个人日益形式合理化；⑥ 具有渗透性的传播网；⑦ 政府、商业、工业等组织日益科层化；⑧ 单一民族国家的建立。②

（2）列维模型

美国社会学家列维在《现代社会与社会结构》一书中对"现代化社会"与"非现代化社会"的特征进行了比较，结合帕森斯思想的基础上，总结归纳出了现代社会的 8 个特征：① 现代化社会中政治、经济、教育、社会组织等具有高度的专业化；② 由于高度的专业化，各种组织相互依存；③ 普遍主义；④ 国家权力的集权；⑤ 社会关系的理性主义、普遍主义和情感中立；⑥ 具有发达的交换媒介和市场；⑦ 具有高度发达的科层组织；⑧ 家庭核心

① 汤术峰. 国际区域教育协同发展的理论与机制研究［M］//方中雄，等. 京津冀教育蓝皮书：京津冀教育发展报告（2019~2020）. 北京：社会科学文献出版社，2021.
② 西里尔·E·布莱克. 比较现代化［M］. 杨豫，译. 上海：上海译文出版社，1996：216.

化，家庭的社会功能减少。①

（3）现代人模型

英格尔斯在《人的现代化》一书中，根据对六个发展中国家的考察，提出了"现代人"的理想类型，主要有以下9个特征：① 具有创新、开放、包容的气质；② 思想活跃，对范围广泛的问题有自己的观点；③ 对未来有着美好的向往；④ 相信人类可以控制环境，实现自己的目的；⑤ 工具理性的增强；⑥ 对整体社会体系的信任；⑦ 分配公平，劳有所得；⑧ 具有理想，接受科学教育；⑨ 尊重他人的尊严，② 英格尔斯认为人的现代化是一切现代化的基础。

（4）富永健一现代化模型

日本社会学家富永健一结合了帕森斯的结构功能主义理论认为社会的现代化是经济、政治、狭义社会、狭义文化四个子系统的现代化。富永健一也指出诸如中国、日本等非西方国家取得现代化是一种创造性行为：他们把本国文化与西方文化加以比较，有选择地学习优秀内容，使学到的东西与自己的传统文化融合并加以改造，还要处理两者之间所发生的冲突。现代化意味着向"现代性"发展的过程，对非西方世界来说，现代化是"始于西方现代文化传播，对本国的传统加以改造的过程"。③

2. 现代化的定量指标

（1）布莱克现代化体系

在《比较现代化》一书中，普林斯顿学派的西里尔·布莱克提出了现代化的10项指标。该指标主要从经济发展与社会流动层面揭示了前现代社会与现代社会的本质差异，并给二者差异规定了具体的数值。其中主要包括：① 人均GNP；② 能源消耗；③ 劳动力就业比例；④ 各部门占GNP比例；⑤ 终极用途占用GNP比例；⑥ 城市化水平；⑦ 人均受教育程度；⑧ 健康状况；⑨ 通讯状况；⑩ 收入分配。④

（2）英格尔斯现代化体系

20世纪80年代初，英格尔斯提出了对现代化度量的11项标准。这些指标基本都是从世界银行制定的世界发展指标或《世界发展报告》中挑选出来的。由于英格尔斯标准简单明了、可操作较强，因此受到许多学者和实际工作者的青睐，尤其在我国被奉为评估现代化的实用工具，影响很大。⑤

总的来说，无论是西方学界还是国内学界，整体全面地理解现代化概念和丰富其内涵已

---

① 西里尔·E·布莱克. 比较现代化 [M]. 杨豫，译. 上海：上海译文出版社，1996：216.
② 阿历克斯·英格尔斯. 人的现代化 [M]. 殷陆君，编译. 成都：四川人民出版社，1985：25-30.
③ 富永健一. 日本的现代化与社会变迁 [M]. 李国庆，刘畅，译. 北京：商务印书馆，2004.
④ 西里尔·E·布莱克. 比较现代化 [M]. 杨豫，译. 上海：上海译文出版社，1996：235-236.
⑤ 孙立平. 社会现代化 [M]. 北京：华夏出版社，1998：24-25.

经成为共识。中国作为现代化进程中的后起国家，面对与西方发达国家不同的时空条件，需要采取创新性的现代化路径。而在现代化进程中协调处理传统和现代的关系，调动传统社会中的现代化内生动力，这将成为可持续发展的关键。教育，如何在长三角区域发展中激发人的内生动力，解决教育过程中的快乐与效率、学力与能力、现实与理想的各种"人民日益增长的美好生活需要和不平衡不充分的发展之间的矛盾"是值得持续探讨的问题。

参考文献

[1] Darchen S, Tremblay D. What attracts and retains knowledge workers/students: The quality of place or career opportunities? The cases of Montreal and Ottawa [J]. Cities, 2010, 27 (4): 225–233.

[2] Florida R. The economic geography of talent [J]. Annals of the Association of American Geographers, 2002, 92 (4): 743–755.

[3] Glaeser E L, Kolko J and Saiz A. Consumer City [J]. Journal of Economic Geography, 2001, 1 (1): 27–50.

[4] Hicks J R. The Theory of Wages [M]. London: Macmillan, 1966.

[5] Liu Y, Shen J, Xu W, et al. From school to university to work: Migration of highly educated youths in China [J]. Annals of Regional Science, 2017, 59: 651–676.

[6] Zheng S, Zhang X, Sun W, et al. Air pollution and elite college graduates' job location choice: Evidence from China [J]. Annals of Regional Science, 2019, 63: 295–316.

[7] 阿历克斯·英格尔斯. 人的现代化 [M]. 殷陆君, 编译. 成都: 四川人民出版社, 1985.

[8] 郝天聪, 石伟平. 从松散联结到实体嵌入: 职业教育产教融合的困境及其突破 [J]. 教育研究, 2019 (7): 102–110.

[9] 胡秀锦. 长三角地区职业教育合作发展机制探析——基于历史和现状的考察 [J]. 职教论坛, 2013 (4): 78–82.

[10] 李鹏教授供稿: 从多中心治理到嵌入性协同: 长三角职教育一体化的进程、问题与改革战略.

[11] 李琴, 谢治. 青年流动人才空间分布及居留意愿影响因素——基于 2017 年全国流动人口动态监测数据 [J]. 经济地理, 2020, 40 (9): 27–35.

[12] 刘志迎. 长三角一体化面临的"剪刀差"难题及破解对策 [J]. 区域经济评论, 2019 (4): 54–62.

[13] 马莉萍, 岳昌君, 闵维方. 高等院校布局与大学生区域流动 [J]. 教育发展研究, 2009, 29 (23): 31–36.

[14] 聂晶鑫, 刘合林. 中国人才流动的地域模式及空间分布格局研究 [J]. 地理科学, 2018, 38 (12): 1979–1987.

[15] 渠敬东. 项目制: 一种新的国家治理体制 [J]. 中国社会科学, 2012 (5): 113–130+207.

[16] 王成利, 王洪娜. 城市长期居留流动人口的落户意愿及影响因素——基于差别化落户政策 [J]. 中南财经政法大学学报, 2020 (5): 64–72.

[17] 王化波. 迁入地类型的选择——基于五普资料的分析 [J]. 人口学刊, 2008 (6): 32–36.

[18] 王路昊, 林海龙, 锁利铭. 城市群合作治理中的多重嵌入性问题及其影响——以苏南国家自主创新示范区为例 [J]. 城市问题, 2020 (1): 4–11.

[19] 西里尔·E·布莱克. 比较现代化 [M]. 杨豫, 译. 上海: 上海译文出版社, 1996.

[20] 周红, 谭辉平. 区域经济一体化进程中高职教育协同发展研究——长三角地区的经验与启示 [J]. 中国职业技术教育, 2015 (6): 70–75.

2 长三角教育现代化进程中协同治理问题研究

安徽省教育评估中心　安庆师范大学
"长三角教育现代化进程中协同治理问题研究"课题组

一、省域教育协同治理的理论逻辑

（一）省域教育协同治理的内涵与要素

1.省域教育协同治理的内涵及特征

协同治理理论是教育治理现代化的理论依据之一，它为教育治理现代化提供有益的启示。协同治理是一种制度安排，指一个或多个公共机构直接与非政府利益攸关方参与的正式、以共识为导向和协商的集体决策过程，旨在制定或执行公共政策，或管理公共项目或资产。协同治理的最主要特征是摒弃管理主体的单一性，实现治理主体的多元化、各主体间的协同性、行动的程序性、管理的规范性、目标的效益性等。其本质是实现共同行动、耦合结构和资源共享。[①]

协同治理是一种有效的治理策略和方式，是在当今网络信息化高度发达、多元主体利益相互交织的背景下，伴随区域发展、政府协调、组织合作等发展的迫切需求下应运而生的，强调各组织、机构之间的整合效应，寻求善治，尤其是最大化增进公共利益，推进多元共治、共同发展的重要手段。

省域教育协同治理是在省域范围内教育领域实施的协同治理。其主要指行政边界彼此相邻和功能部分重叠的行政区，为解决区域一体化发展中教育公共服务供给与配置这一问题，由政府、行业（企业）、社会组织、其他利益相关者等多元治理主体，在教育发展目标定位、教育政策制定、教育利益分配、教育质量监测与评估等方面，采用适当的方式为增进教育公共利益而进行的跨界互动、合作与决策，最终实现各自利益最大化的过程及结果。

省域教育协同治理的主要特征如下所述。其一，协同治理主体的多元化和权威的多元化，协同治理主体的多元化体现在治理主体不仅有政府，还有企业、学校、社会组织等其他利益主体，各类主体之间是一种合作与竞争的关系。权威的多元体现在并不是以政府为中心的地位，而是各主体均是独立自由的决策地位，有各自的独特优势。其二，各协同治理系统

[①]　胡颖廉. 推进协同治理的挑战［N］. 学习时报，2016-01-25.

内部子系统的协作。在省域教育协同治理系统中，各类资源由不同组织掌握，为了促进各组织间资源交换和协商合作，各主体间要采取相互合作和协商对话的方式建立伙伴关系。其三，各主体有自主治理的自由。当前，要实现省域教育协同治理现代化，政府需要转变职能，向服务型政府转变，这样其他各主体通过自主治理可以极大地发挥自治能力。其四，共同制定规则。在教育协同治理的过程中，集体协作决策必定有一定规则的约束。涉及到多利益主体的利益，需要在合作和信任的基础上，多方利益主体共同参与规则的制定，更能获得集体认同感，从而提升教育协同治理的效能。①

2. 省域教育协同治理的构成要素

对于省域教育协同治理而言，其构成要素一般为教育协同治理主体、教育协同治理对象、教育协同治理工具等。

（1）政校企行社多方协同的治理主体

一般来说，参与教育协同治理的主体有政府、学校、社会、企业等多种治理主体。在教育一体化发展的过程中，各方利益主体肩负着不同的职能，承担不同的责任，代表不同的利益追求。首先，政府行政部门要以经济稳定和发展为中心，在战略和制度上加强顶层设计，融汇协同治理的理念，在教育领域要调控各级各类人才培养的质量和规格，提供教育经费支持和保障，制定相关条例，为各级各类学校培养合格且符合社会需要的人才提供服务。其次，学校要尊重学生，以学生的发展为中心，充分激发自身内在办学活力，盘活各类学校教育资源，促进不同省域内学校的合作交流和教育资源的优势互补。再次，企业为学校、学生、教师提供实习和实训的场地、设备、器材，为其提供必要的技术设备和经费支持。行业组织或机构可提供人才质量评估标准，时常与学校及政府沟通互动，将市场对人才的需求嵌入到教育发展规划及培养方案之中。最后，社会组织等第三方评估机构秉持公正客观的评价标准，协助学校优秀人才的培养，为企业和市场甄选出优秀人才，并做好教育监督和教育质量的考核评估工作，推动省域间各级各类教育高质量、内涵式发展。在省域教育协同治理的过程中，政府、学校、社会、企业行业等多元主体间是平等的关系，各主体间通过平等对话、互相理解和深度合作，实现共治、共享、共赢。

（2）权责利多面协同的治理对象

省域教育协同治理对象是教育协同治理过程中一切协同治理客体的总称。从纵向看，省域教育协同治理的对象涉及到各级各类的教育，如基础教育、高等教育、职业教育等。② 每个省各级各类的教育发展情况和治理现状均存在差异，为了使其协同发展，省域间相同类

---

① 董磊，王屹. 现代职业教育集团化办学协同治理：内涵、逻辑与路径［J］. 职业技术教育，2018，39（28）：53-57.
② 董磊，王屹. 现代职业教育集团化办学协同治理：内涵、逻辑与路径［J］. 职业技术教育，2018，39（28）：53-57.

型、级别的学校加强交流和合作，发展程度较好的省辐射带动周边省教育的发展。发展程度较弱的省份应积极学习借鉴成功的经验，共同实施某一领域的教育并承接结对帮扶等相关教育活动和实践。

依据省域教育协同治理对象构成的不同，可将其具体划分为政府协同治理、学校协同治理、社会协同治理。其中，政府协同治理又可划分为对等的省域政府协同治理、省级政府教育职能部门协同治理、地市级政府教育职能部门协同治理、县级政府教育职能部门协同治理。

（3）共建共治共享的教育协同治理工具

省域教育协同治理的最终目标是实现社会的公共利益最大化。"共建共治共享"的治理理念源于习近平总书记在十八届五中全会上的讲话。在教育协同治理中，共建共治共享即省域间多元利益主体共同参与各级各类学校的办学，共同参与各级各类教育的治理，共同享有教育协同治理成果。充分利用现代科技手段，促进省域教育协同决策、管理和服务。构建信息化治理环境，统筹建设教学、管理、服务等一体化、智能化的平台，基于大数据分析，进行教育舆情常态化监测。

与此同时，在省域教育协同治理中，建立健全相关体制机制对教育治理情况进行监管和评估。此外，省域间文化的融合也是加强教育协同治理的有效手段。

（二）省域教育协同治理的影响因素

协同性是治理群簇视阈下协同治理耦合体的主导特征，主要表现在协同治理具有多元主体结构、机制性、目的性和功能性。协同治理的关键变量为网络、协作和整合。首先，网络关系结构能够充分发挥多元主体力量，消弭其机会主义价值取向，保证主体关系结构的有序性。其次，互动是协作的重要特征，协同治理重视利益协调和资源配置，强调多元主体之间的互动激励。协作可以通过正式或非正式互动机制，推进协同主体互动过程的可持续和协同效应的实现。协同治理重视对网络关系结构、内外资源的整合，对互动协作机制的整合及对功能的整合。[①] 基于对教育协同治理的理解，可将其影响因素划分为以下三大类。

1. 显性因素：网络结构关系中的利益状况

协同治理结构本质上是利益格局的分布，是多元利益主体之间利益状况的凝结。在教育协同治理影响因素中，利益与资源、目标具有内在一致性。利益状况显著影响网络关系结构的形成，多元利益主体基于共同目标形成合作关系，而各自对个体目标的强调使利益博弈公开化。利益状况影响治理主体协作互动的热情，当预期互动能够带来利益状况正向变化时，主体互动的激励效应便会产生。同时，教育协同治理的效能也随之提升。如若多元利益主体

---

① 吴春梅，庄永琪. 协同治理：关键变量、影响因素及实现途径 [J]. 理论探索，2013（3）：73-77.

的互动没有促进利益状况的正向变化，其必然影响网络结构关系，进而对教育协同治理产生消极影响。

2. 隐性因素：协作互动机制中的社会资本

协同治理的广度、深度和效度皆取决于社会资本的存在状况，社会资本具有信任、互惠规范等要素在内的内在关联结构。社会资本与主体互动存在紧密关系，拥有社会资本的人往往会积累更多的社会资本，从而更加有利于集体行动。社会资本影响主体之间的互动激励、横纵向互动关系、正式与非正式互动机制，进而影响协作互动机制对网络关系的维护以及协同效应的实现。协作过程本身受到利益相关者之间诸如对话、信任建立、承诺增进和共识达成等因素的影响。当协作平台能够深化互信、达成承诺、有助于合作实现共赢时，协作将趋向良性循环。

3. 共享因素：整合功能下的制度与信息因素

制度、信息技术因素与整合功能的同构性，决定了其对整合功能模块的显著作用。一方面，制度影响主体关系结构的有序性和协作互动的方向性，有效的制度架构有利于利益格局的稳定、主体角色的定位以及利益互动过程合法、有序进行。另一方面，制度本身是多元主体利益博弈、协作互动的产物。信息技术在教育协同治理中提供交流与合作的平台，促使协同治理中多元主体联系更加紧密，主体关系结构更加有序、富有成效。因此，信息沟通状况的改善以及组织结构的扁平化将促使组织决策更为科学和高效。

（三）推进长三角教育协同治理的动因

1. 政策之需：教育协同治理现代化是长三角教育现代化的题中之义

《中国教育现代化2035》提出，推进教育治理体系和治理能力现代化，建立多元参与的协同机制，实现教育治理的法治化、制度化、规范化，以教育治理现代化保障教育现代化，以教育现代化支撑国家现代化。党的十九届五中全会通过的《中共中央关于制定国民经济和社会发展第十四个五年规划和二〇三五年远景目标的建议》提出，坚持实施区域重大战略、区域协调发展战略、主体功能区战略，健全区域协调发展体制机制。2021年4月，习近平总书记在清华大学考察时指出："在推进现代化的进程中，中国共产党始终把教育事业放在优先发展的战略位置，将教育现代化作为建设社会主义现代化强国的基础性、先导性工作，将世界上规模最大的教育体系不断推向现代化，在中国教育史和人类文明史上谱写辉煌篇章。"由此可见，协同治理思维已作为顶层政策决策方法论，融入治理现代化、教育现代化、区域协同发展战略之中。

推动长三角一体化发展是党中央着眼于实现"两个一百年"奋斗目标，推进新时代改革开放、构建新发展格局作出的重大战略决策。长三角地区作为全国经济发展最活跃、开放程度最高、创新能力最强的区域之一，在国家现代化建设大局和全方位开放格局中具有举足轻重的战略地位。《教育部关于进一步推进长江三角洲地区教育改革与合作发展的指导意见》

《长江三角洲区域一体化发展规划纲要》《加快推进教育现代化实施方案（2018—2022 年）》均对推动长三角地区教育协作度及现代化提出规划和要求。2021 年教育部发布《长三角教育现代化指标体系（试行）》，明确提出长三角教育现代化的指标体系，对推动长三角教育现代化、一体化发展，引领全国教育高质量发展具有重大意义。鉴于长三角教育现代化之于国家教育治理体系现代化、区域协调发展重大战略的突出地位和重要作用，理应在推进长三角教育现代化进程中科学、有效地融入协同治理思维。

2. 现实之要：长三角教育现代化进程协同发展的实际呼唤协同治理

2020 年习近平总书记在安徽考察时强调，要紧扣一体化和高质量两个关键词，坚持目标导向、问题导向相统一，真抓实干，埋头苦干，推动长三角一体化发展不断取得成效。在长三角一体化发展进程中，教育领域的协同发展正稳步推进。诸如，成立长三角新劳动教育联盟、长三角高职院校学前教育联盟、长三角医学教育联盟毕业后教育学组，举行长三角中学生诚信教育论坛，长三角一体化示范区启动中高职衔接教育跨省招生等。目前，长三角教育现代化已进入发展战略期、改革攻坚期和矛盾凸显期，矛盾和问题呈现出复杂性、结构性和制度性特征。面对新形势新问题，长三角省域间治理理念和方式还存在不适应的情况，还存在教育政策制定主体的碎片化和部门化的治理倾向，加之沪苏浙皖四地教育发展目标、教育利益分配的差异等，治理的效能被严重削弱。

在当今网络信息化高度发达、多元主体利益相互交织的背景下，协同治理是一种有效的治理策略和方式，强调各组织、机构之间的整合效应，寻求善治，尤其是最大化增进公共利益，推进多元共治、共同发展的重要手段。教育公共产品的供给与配置从本质上来讲是一个复杂的公共问题，而这一公共问题很难通过某个单一行政区的管理行为进行有效的解决。这客观要求必须将"协同治理"作为教育现代化进程中的重要一环，以推进教育与经济、社会深度融合、协同发展，营造全社会共同参与建设，共享发展成果的教育发展新格局。在长三角教育现代化发展进程中遇到的矛盾和问题，急切需要省域间以协同治理的思维和举措打破行政壁垒、观念壁垒、制度壁垒、文化壁垒、信息壁垒等，提高政策协同，促进要素在更大范围畅通流动，充分发挥各地区比较优势，凝聚更大合力，走向更高质量的发展。统而言之，深入推进长三角教育协同治理是长三角区域教育高质量发展的必由之路。

3. 治理之道：教育协同治理是推进长三角教育现代化的当然逻辑

教育治理是指国家机关、社会组织、利益群体和公民个体，通过一定的制度安排进行合作互动，共同管理教育公共事务的过程。[①] 党的二十大报告指出，要完善社会治理体系，健全共建、共治、共享的社会治理制度，提升社会治理效能，深入推进国家治理体系和治理能力现代化。以系统、综合、多边、合作、共赢为特点的"协同"和"治理"已成为当

_____

① 褚宏启. 教育治理：以共治求善治 [J]. 教育研究，2014，9（10）：4-11.

今社会发展的主题，同时也推动了教育治理范式的深刻变革。教育治理以"管办评分离""放管服结合"为实施载体，注重顶层设计与基层实施相结合，具有综合性、系统性、协同性、民主性特征。[①] 教育协同治理是教育治理现代化的关键，涉及教育治理理念、模式、方法等多方面的根本性变革，是教育现代化的动力系统和保障机制，也是教育现代化的当然逻辑。

《中共中央关于全面深化改革若干重大问题的决定》明确提出，教育领域综合改革要"进一步加大省级政府对区域各级各类教育的统筹""开展省级政府教育统筹综合改革视点，探索政校分开、管办评分离实现形式、加强教育督导制度建设""探索省际教育协作改革试点，建立跨地区教育协作机制"。这为教育领域综合改革和公共教育治理改革指明了方向和着力点，长三角教育协同治理是省域教育改革和发展的一项重要举措。

二、长三角教育现代化进程中协同治理的现状检视

（一）长三角教育现代化进程中协同治理的观念壁垒

协同发展指的是协调与发展的有机整合，需要各个协同主体间有共同的发展目标和强烈的协同意愿。然而当下对于协同发展的认识存在误区，将教育协同发展看作是短时间内实现省际间公共教育服务的均等化或者一体化。但是长三角各地的教育发展水平差异较大，难以在短时间内实现所谓的均等化，由此在工作上产生消极懈怠情绪，使得开展工作的难度加大。此外，长三角一市三省归属不同的行政区域，地方政府会为自身的利益着想，有明显的地方保护倾向以及追求自身利益最大化的心理，在执行相关政策时会出现大打折扣的现象，难以发挥整体的协作效果。例如，政府行政壁垒问题依然突出，解决难度依然不小；学校之间的非合作博弈与无序竞争愈发激烈，出现资源的竞争、争夺以及在此基础上的重叠发展等问题，这在一定程度上带来了资源浪费、教育发展的内卷和区域教育合作难度的加大；社会参与长三角教育协同治理边缘化。

1. 政府："行政壁垒"

由于跨行政区划的教育协同治理，面临着不同行政区划之间在标准、政策、制度上的不一致性以及利益上的冲突，因而破除区域教育协同中的体制壁垒具有复杂性特征。自20世纪80年代以来，中央向地方的持续性权力下放逐步形成了地方政府的独特利益视角和利益结构，基于这一独特的利益视角和结构，地方政府把利益最大化作为区域教育行动的逻辑起点，区域教育资源的投入必须助推地方各项利益的实现，也在一定程度上受制于地方政府的利益诉求，区域之间教育合作或不合作主要取决于是否存在共同的利益诉求，能够突破行政

---

① 邢晖，郭静. 职业教育协同治理的基础、框架和路径 [J]. 国家教育行政学院学报，2018（3）：90-95.

壁垒进行区域合作取决于是否满足共同的利益诉求。在教育实践中，长三角区域呈现的利益格局十分复杂，行政区域之间的利益博弈相当频繁，既有"央地"利益博弈，也有"省际"和区域内部的利益纷争，它们基于各自的利益诉求进行着或明或暗，或直接或间接的博弈。

首先，"央地"利益：发展定位的错位。教育是一个利益场，分析研究错综复杂的教育利益关系是制定教育政策、完善教育立法、推进教育改革的逻辑起点。在长三角教育一体化相关教育政策的制定和具体执行过程中，中央政府和地方政府都有一定的利益诉求，它们都在致力于追求特定教育目标或意图的实现，不同的是具体目标指向、目标范围和推进节奏等方面有所差异，"央地"之间存在定位的错位。当然，央地之间的博弈更多存在于政策执行阶段。①

其次，"省际"利益：不同诉求的差异。区域教育一体化的外部表征就是形成旨在促进区域教育整体发展的政策及其在有效执行的实践中产生积极影响。这既受中央层面的相关战略定位的影响，也受区域内省级政府间基础制度、教育发展目标和文化传统等的影响。尤其是在政策执行阶段，不同行政区域的实际利益诉求决定了是忠实执行还是策略性执行中央政策，决定了省际是否产生合作。正如林尚立所说，"如果说纵向的地方政府间关系具有政治与行政意义的话，那横向间政府关系主要具有经济意义"。

2020年8月，复旦大学和浙江义乌联手，打造了党员干部教育基地，为区域教育合作打造了一个非常好的样板。然而，此类合作模式只是存在于两个主体之间，如若建立覆盖长三角一市三省的教育平台，建立统筹和协同相关教育事务的专门组织机构那便涉及更多的因素，更为复杂的要素投入机制，牵扯到更多的利益，这其中既涉及各主体权利共享机制，也有资金比例、人力培训责任等投入方面的问题。再如，各级政府对本地区的公共事务负有绝对的管理权，对于日益复杂且"溢出"的区域公共教育事务则往往较少关注、难以兼顾，甚至在实践中刻意回避。如流动儿童的就学和升学就是一个典型"溢出"行政边界的区域事务，需要进行更为广泛的合作。然而，在解决此类问题过程中，流入地在面临巨大财政压力时，往往会采取提高流动儿童入学门槛等措施来缓解压力。可见，省际不同的诉求常常会引发利益之争，这其中既有权利共享路径的考虑，也有资源投入层面考量，这种缘于行政的利益博弈或潜或显地影响着长三角教育一体化目标的实现。

最后，"内部"利益：资源配置的不均衡。长三角教育一体化发展不是也不可能是区域教育的同步、同向、同质发展，它是一种在一定水平基础之上的特色化发展，是一种"各美其美"的高水平发展。然而，教育的现实发展水平并非是同步的，一方面不同地区因行政区域教育的发展速度或效率会有所差异，甚至在省内的地区之间、学校之间的差距较大，存

---

① 石亚兵. 长三角教育一体化发展中"行政壁垒"何以突破？——一种利益博弈视角的理论思考［J］. 江苏第二师范学院学报，2021，37（4）：8-13+123.

在较为明显的不公平现象，进而影响了教育一体化发展的进程，另一方面在一些地区，教育发展的优势和特色还不明显。从"内部"利益的角度来看，这种差距或者说发展不公平的根本原因在于行政区域内部资源配置的不均衡，一般来说表现在基础教育和高等教育两个方面。第一，基础教育内部资源配置的不公平。自 20 世纪 80 年代开始，国家相继颁布了《关于办好一批重点中小学试行方案》《关于分期办好重点中学的决定》等文件，集中各类资源打造了一批实力较强的重点学校。实践证明，这些学校的成功具有一定的示范意义，带动了教育水平的提高，这些成功打造的重点学校在激活各类资源方面有着不可比拟的优势，但从另一个角度看，也带来学校和区域教育发展的不平衡状态。一直以来政府都在努力通过各种方式解决教育发展的不均衡问题，"在财力人力投入、改善办学条件、教师配置、教师流动和加强教育质量的监控等方面，进行了积极大胆的探索与尝试，对缩小示范区域内学校之间的教育差距，促进薄弱学校的内涵发展起到了积极作用"，但缘于教育行政体制的惯性和资源的累积效应，这种不平衡现象在实践中依然突出。第二，省域内教育发展的同质化现象比较突出。从区域政府的角度看，在各类教育上同步用力既是国家各类教育政策的要求，也是地方社会经济等各类事业发展的需要。如职业教育与产业之间密切关系决定了发展职业教育的重要意义，也在一定程度上影响了职业学校在办学定位和专业设置等方面出现同质化现象，这种同质化现象带来的最大问题就是教育资源的浪费和低水平的重复，这跟长三角致力于打造教育高地和特色化发展的目标相悖。

2. 学校：非合作博弈与无序竞争

长三角地区学校之间协作不足既存在于同一地区的学校之间，也存在于不同地区的学校之间，其主要表现是学校之间的非合作博弈与无序竞争。当前，长三角地区学校之间的非合作博弈和无序竞争主要表现在相互关联和相互强化的三个方面，即在公共资源竞争上的非合作博弈、在学校排行榜上的竞争以及在争夺市场上的弱化分工竞争。

以在公共资源竞争上的非合作博弈为例。传统上的教育体制"条条""块块"分割严重，各级各类学校多隶属于不同的行业部门和行政层级，相互之间在公共资源竞争上并不激烈。20 世纪 90 年代的一系列改革之后，许多行业部门主管的高校划归教育部门管理，结果是控制和分配公共资源的行政部门日益集中于教育行政部门，尤其是省（市）级政府的教育部门。在这种管理格局下，学校之间在争夺公共资源上的竞争直接处于"短兵相接"的状态。例如，在财政拨款方面，长三角地区教育拨款采用"基本支出预算加专项支出预算"，并辅以"绩效支出预算"的模式。在基本支出预算方面，拨款规则和数额都相对公平和透明，但是在专项支出预算方面，政府相关部门的自由裁决权力较大，拨款规则和分配过程的透明度较低。而且，随着长三角地区经济的飞速发展，政府的可支配财力迅速扩充，教育拨款中的"专项支出预算"也在不断增加，专项资金成为决定一所学校发展和提升的重要杠杆，导致学校争夺公共资源的竞争也日趋激烈。

3. 社会：治理边缘化

跨界联合治理机构或体制建设是城市群区域跨界治理的重要前提和基础。党的十八大以来，尤其是 2018 年 11 月首届中国国际进口博览会举办以来，顺应国家战略的深入实施，长三角的跨界联合治理机构建设取得了诸多实质性进展，主要表现在如下几个方面。一是成立了长三角区域合作办公室。为了有效贯彻落实《长江三角洲城市群发展规划》，早在 2018 年 1 月，由三省一市共同组建成立了长三角第一个官方常设机构——长三角区域合作办公室，从三省一市党政机关中选调 10 多名干部组成联合治理队伍，主要履行长三角重大战略规划、重大体制机制协调、重大政策建议、重大项目推动等职能。2018 年编制完成的《长三角地区一体化发展三年行动计划（2018—2020 年）》，从多个方面对长三角一体化发展作出了具体的制度安排和行动计划，取得了显著成效。二是为贯彻落实《长三角生态绿色一体化发展示范区总体方案》，沪、苏、浙三地在上海青浦区联合成立了一体化示范区理事会，理事会下设一体化示范区建设执行委员会，其中有一个公共服务和社会组负责开展跨行政区社会协同治理工作。这一机构的成立将促进示范区范围内的社会治理一体化探索出更加有效的协同治理新模式。三是建立健全各种跨界"毗邻党建"组织，如上海金山区和浙江平湖市、嘉善县之间组建的毗邻一体化党建综合体，在跨界社会资源共建、社会问题共治、治理成果共享方面取得了非常明显的效果。①

促进成立各级各类支撑教育一体化发展的行业协会和专业组织，充分发挥行业协会和专业组织在区域教育治理中的独特价值。当前的长三角教育一体化更多是受到自上而下的教育政策驱动。根据多元主体参与的现代治理理论观点，区域教育治理能力升级是国家教育治理能力现代化的应有之义，社会力量则是推动区域教育治理能力提升必不可少的基础支撑。健全以行业协会和专业组织为核心的社会力量参与将成为推动长三角教育一体化组织运行的改革诉求。

（二）长三角教育现代化进程中协同治理的资源壁垒

教育是一项消费性事业，发展教育所需的资源主要由国家和社会提供。由于省域教育的投入量与各省的经济发展水平直接相关，各省间的教育资源投入与配置存在明显差异，长三角教育协同治理现状在教育资源配置上表现出异质性和不对称性问题。因此，打通各地之间的资源壁垒，实现资源在全区域范围内整合、流通、共享，是实现省域教育协同治理的关键一环。

1. 教育协同治理中的异质性问题

在长三角教育协同治理过程中，合作的沪苏浙皖均具有各自不同的特征。上海市独具优势教育资源，江苏省、浙江省紧跟其后，也各具特色。相比沪苏浙三省市而言，安徽省的教

---

① 陶希东. 长三角跨行政区社会协同治理的理论、实践与展望［J］. 创新，2021，15（3）：31-40.

育资源相对处于弱势和从属地位。处于弱势地位的省份关注上海市功能疏解需要以及其他省产业结构升级的需要，有针对性地提供支持与帮助，有助于在合作关系中角色地位的确立，进而更好地实现本省的教育资源整合与协同发展。

2. 教育协同治理中的不对称问题

从某种意义上讲，长三角教育一体化的协同发展是一种"不对称合作"，即在资源和实力上存在一定的差距。江苏省、浙江省、安徽省无论在资源配置上还是在行政协调上都属于从属地位，上海市处于主导地位。同属于从属地位的苏浙皖三省间的教育发展程度也存在不对称的问题。对于三省一市的教育协同治理现状而言，省域间的教育资源不对称，导致其合作的动力和热情不对等，从而衍生出一系列在其进行省域教育协同治理中的不对称问题。基于此，需准确把握多重合作方的需求，通过制定多种策略，加强省域间的互动等途径，满足对方的需求，继而维持不对称合作关系。

（三）长三角教育现代化进程中协同治理的信息壁垒

大数据对长三角教育协同治理、实现教育决策的科学和民主化、促进教育治理体系和治理能力现代化具有积极作用，对政府的积极作用更是显而易见。大数据时代，数据的数量巨大、来源分散、格式多样、速度快捷等特性为政府的教育协同治理提供了更大的空间。大数据为政府教育决策的民主化和科学性提供了坚实的基础。政府可以通过数据的采集、分析和共享等方式，为其他主体有序参与教育决策以及有效提升大数据时代政府的教育协同治理能力提供路径。借助大数据，政府可以更好地获取更多关于不同层次的信息，并引导不同主体积极参与教育决策，特别是引导利益相关者表达诉求并保障其作为主体地位的深度和有序参与。大数据在长三角教育协同治理中作用的有效发挥，取决于政府对大数据的应对能力，即在大数据时代政府需要具备哪些意识和能力，才能将大数据的积极作用发挥到极致。可以显见的是，政府在教育数据的整合性、开放性、共享性、权威性等方面面临挑战。

1. 政府的教育数据收集、分析和整合能力面临困境

在大数据时代，数据是一种无形的宝贵资源，是教育决策的重要基础和条件。唯有充足和有效的数据做基础，教育决策的科学和民主化才有可能实现。这就需要政府在大数据时代有足够的能力对数据进行科学和有效的收集、分析和整合，以便对公众和社会组织等进行开放和共享。一方面，政府需要向公众开放免费及可读性、完备性、原始性、及时性、非排斥性、非专有性的教育数据；另一方面，政府的数据透明需要政府提供权威性、可理解性和可多次利用的教育数据。但现实中，受限于我国教育领域政府的管理模式和体制，政府在教育数据和信息的收集、分析、整合等方面的能力较为薄弱。这主要体现在，一方面，政府专注于教育中观和微观办学层面，忽视了对信息的宏观指引和引领作用。另一方面，政府缺乏宏观层面的引导，容易忽视各种信息和数据的沟通渠道和路径的建设。

2.政府教育数据的公开与共享能力亟待提高

政府对教育数据和信息的收集、分析和整合是基础，而对教育信息的及时公开和共享，是实现教育主体参与治理进而实现教育协同治理的关键。大数据时代，数据即信息，信息即资源，这显得尤为重要。政府只有科学适度地公开教育的相关数据和信息，使多元主体能及时掌握和分析相关数据，才能为教育协同治理提供土壤和空间。这也就意味着政府的教育数据和信息的公开和共享能力是实现教育协同治理的基础。

大数据时代要对数据进行治理，而非管理，避免出现数据的独享、集中和单向性，充分体现社会的开放性、权力的多中心化和双向性特征。但反观现实，传统的教育数据单向传递、教育信息来源单一、教育数据封锁和政府或学校独享等问题均不同程度地存在。这与政府的教育数据和信息的公开和共享理念有关，更是与能力密切相关。

3.政府的教育数据和信息的公信力面临挑战

容量大、范围广、易得性等是大数据的主要特征。这对政府教育数据和信息的公信力提出了更高的要求。政府的教育数据和信息的公信力是形成多元主体参与教育治理、实现协同共治、最终实现教育善治目标之所在。如果政府教育数据和信息的公信力不足，将导致多元主体间的信任出现危机，进而影响多元主体的协同治理。

4.政府的教育数据和信息的主导和协调功能须加强

大数据时代下的社会是一个更开放的社会、一个权力更为分散的社会、一个网状的节点社群的社会，充分体现社会的开放性、权力的多中心和双向互动的特征。开放的社会和权力分散的社会需要一个核心和主体来引领。这就是政府的职责所在。政府处于教育协同治理的主导地位，在教育协同治理中起到保驾护航的作用和定海神针的功效。为此，政府须加强教育数据和信息的主导和协调功能。

（四）长三角教育现代化进程中协同治理的制度壁垒

制度保障是协同发展能够稳步推进的关键。但现在的发展中，在制度保障上存在一些问题。一方面，当下的长三角教育协作方式中，大多数都是单向的合作方式，通过集团化办学、名校办分校等方式将优质资源引入到安徽地区，但是未形成一个良性的互惠合作模式。教师是优质资源中的核心，教师的流动有利于学校的发展和学生的进步。当下的教师交流制度中存在形式化等问题，并未形成完善的交流机制，很难保证教师的基本利益。另外，教育的对象、管理风格以及学校文化的差异等原因使得教师无法在短时间内融入流入校，无法达到预期的效果。另一方面，由于缺少监督机制、问责机制和教育质量监测机制，长三角三省一市的教育协同进度缓慢。①

---

① 曹连喆. 京津冀基础教育协同发展的困境与出路［J］. 智库时代，2020（14）：134-135.

三、长三角教育协同治理现代化的路径

（一）构建省际跨界驱动机制

1. 寻求公共利益

要解决区域教育合作中的异质性和不对称问题，可以采取如下措施。一是完善教育资源共享制度，改善教师轮岗交流环境。政府应该制定和完善教育资源共享与教师轮岗交流制度，对符合地方教育特色及有利于优势资源整合的教育资源共享与合作项目给予重点支持。二是加强信息化建设，搭建教育资源共享的平台。政府可以通过信息化手段，构建优质教育资源网络平台，在区域合作的背景下突出信息网络资源的优势。三是政府通过财政支付转移的方式，建立完善的风险投资机制，吸纳社会资本投资，充分调动市场活力，为长三角教育区域合作提供更多资金支持。在合作过程中，由于四省市之间实力差距相对悬殊，对此的热情与投入也不同。针对此，也应制定差异化的区域教育发展战略。上海的教育实力雄厚，在合作过程中多处于主导性优势地位；江苏、浙江的职业教育具有特色；安徽的人口基数大，教育需求旺盛。四方在合作中承担的不同角色决定了四者不同的利益诉求。基于公共选择理论，处在同一公共场域内的不同主体不可避免地会出现"搭便车"的现象。虽然在各方面的合作上签署了很多协议，但由于长三角四地实际上有着不同的角色与利益诉求，合作的机制和意识并未充分确立，长三角之间的互信程度并不高，协议只是停留在纸面上。[①]

2. 区分优先次序

协同建设教育高质量发展的先行示范区。为应对区域教育协同治理的迫切需求及其壁垒的复杂性，区分教育协同的优先次序并采取试点策略是必要且可选择的路径。在优先次序上，促进基本公共教育服务均等化、促进人才流动、促进产教融合等，是区域教育协同的优先领域。在试点范围上，基于区域先行区示范区规划布局如长三角绿色生态一体化发展先行示范区等，并围绕教育高质量发展主题融入先行区示范区建设，强化共商共治教育协同创新机制建设，共谋共推区域教育现代化发展行动，是一条捷径。为此，协同建设教育高质量发展的先行示范区，并明确优先突破壁垒的领域，将是推动区域教育协作治理中可行、有效的新方式。[②]

3. 责任共担安排

跨域合作治理最关键的行动在于地方政府的横向整合，需要责任共担安排。成功实现合作治理的长远目标，必然涉及对参与者的问责安排。教育行政协议由长三角四方协商签署，

---

① 荣利颖，孟静怡. 京津冀教育协同治理的行政协议研究 [J]. 国家教育行政学院学报，2020（1）：57-63.
② 李伟涛. 现代化进程中的教育协同治理：壁垒与进路 [J]. 教育发展研究，2021，41（3）：12-19.

因此在执行过程中可相互扶持，相互监督。但事实上四方之间难以形成实际的问责，因为行政协议的签署主体往往是对等的政府部门或教育职能部门。而在我国当前的行政问责体制下，问责主要发生在一级政府对现任该级政府负责人、该级政府所属各工作部门和下级政府主要负责人在所管辖的部门和工作范围内进行内部监督和责任追究的情况。问责机制的确立是长三角教育行政协议实施落地的关键，缺乏有效的问责监督，则协议难以真正发挥实效。长三角在执行行政协议的过程中充其量只能做到本省市内教育行政部门向负责人或下级处室问责，四省市对等的教育职能部门之间不具备相互问责的权力与合法性来源，而后者才是四地平等、协商、融通资源并表达诉求、实现实质性协同发展的关键。①

在涉及教育领域的关键问题时，应建立中央层面的议事协调机构。不仅应建立综合性议事协调机构来综合统筹全局，解决区域事务，如长三角协同发展领导小组，还应发挥区域层面议事协调机构的功能，如长三角教育协同发展联席会议，设立办公室为常设机构，除负责落实联合会议作出的各项决策外也承担日常管理工作。不同层次的议事协调机构相互配合，有助于建立健全长三角教育合作问责机制。

（二）推进协同治理能力现代化

1. 观念层面：理解能力建设

一是树立价值共同体意识。落实科教兴国战略和人才强国战略，使长三角成为新时期我国落实教育优先发展战略地位的示范区；坚持以改革促发展、以开放促发展，以更大力度深化教育领域综合改革，使长三角成为探索中国特色教育现代化的试验区；树立创新、协调、绿色、开放、共享的发展理念，大力推进可持续发展教育，使长三角成为新时期我国推进可持续发展教育的先行区。二是树立利益共同体意识。处理好"舍"与"得"的关系，稳步有序推动部分在高校和教育培训机构资源的疏解，促进区域内教育资源的均衡布局、合理布局和协调布局。三是树立命运共同体意识。深刻认识长三角协同发展是一个较长的历史进程，尊重区域发展和教育发展规律，克服短期的功利思想和政绩诉求，立足当前，面向未来，追求共同发展的长远利益。四是树立责任共同体意识。坚持平等参与、相向而行，互通有无，互学互鉴，使重大教育发展规划和协同项目真正做到"共商、共建和共赢"。②

2. 制度层面：创新能力建设

其一，构建长三角教育协同治理的社会监评反馈机制，社会作为独立于政府、学校之外教育必不可缺少的第三方，在教育管办评分离治理过程中具有举足轻重、不可替代的作用。社会在教育管办评分离过程中，主要扮演的还是监评反馈机制。这里的监评反馈机制特指教

① 荣利颖，孟静怡. 京津冀教育协同治理的行政协议研究［J］. 国家教育行政学院学报，2020（1）：57-63.
② 桑锦龙. 推进京津冀教育协同发展的战略性思考［J］. 教育科学研究，2016（4）：16-21.

育管办评分离过程中的监督评价反馈机制，监督评价机制主要是通过监评机制与反馈机制体现出来。构建社会在教育管办评分离过程中的监督评价机制，需要做到以下几个方面。一是应该确立社会监评机构的法律地位，有关部门应该制定专门的法律明确社会机构独立于政府、学校之外。二是要确立社会机构在教育评估中的独立性地位，要将教育的评估权归还给社会机构，给予社会独立评价教育的权利，确保社会机构具有独立发布评估教育信息的权利。三是规范社会对教育的监评，明确社会机构的非营利原则、客观公正原则、专业化原则，确保社会机构监督评价的客观公正。构建社会在教育管办评分离过程中的反馈机制需要从确立法律地位、独立地位、规范等方面着手，这样才能够真正起到管办评分离过程中的治理反馈作用。

其二，建立透明、公正的公共教育资源分配制度，降低政府与学校之间的交易成本，消除学校间零和博弈所导致的恶性竞争。实现省内、市内学校的合作是长三角地区教育协同治理的第一步。首先应该建立透明、公正的公共资源分配制度，这是省内、市内学校合作的前提条件。比如建立公式化财政拨款制度后，每年能有多少财政资金流入账户，将学校参数带入公式即知。专项资金可以采取更多的公开竞标方式。这样，学校可以将更多精力专注于自身发展上面，而不用围着政府甚至某些官员转。这种改革属于限制政府权力并扩大学校权利的分权式改革。合作博弈理论研究显示，分权越充分，个体间进行合作的可能性越大，越有可能收敛到有效率的均衡。因此，简政放权，建立透明、公正的资源分配制度是催生学校合作博弈的应有之义。①

3. 实践层面：执行能力建设

（1）完善府府关系，打破"行政壁垒"

从政府转型的视角来看，政府职能的纵向分权并不否认政府在教育治理体系中的主体地位，但政府职能不是无限的，有效的政府必然是职责范围有限的政府。因此，不同主体之间的利益是行政壁垒形成的核心，那利益协调必然是消解行政壁垒的关键措施，其主要体现在央地关系、府际关系和教育主体之间。

其一，"央地"之间：统筹好总体目标和地方诉求的关系。从利益协调的角度看，有效消解"行政壁垒"的前提是统筹好中央总体目标和地方教育发展的诉求之间的关系，从而避免地方政府的个体合理性导致的中央总体布局的非合理性。一是长三角教育一体化既是国家教育创新发展的重要组成，也是长三角一体化发展的重要组成部分，因而需要从中央层面将长三角教育一体化发展的总体目标和各项制度安排与长三角地区其他事业发展目标相衔接。二是教育一体化发展是一个总体性概念，既有"大中小职"类型的不同，也有不同阶段

---

① 宗晓华，冒荣. 合作博弈与集群发展：长三角地区高等教育协同发展研究［J］. 教育发展研究，2010，30（9）：1-5.

的差异。因此，要从中央层面明晰并统筹好各类型教育发展之间的关系。其中基础教育的高质量和一体化是基础，要建立区域基础教育质量监测指标体系，推进城乡之间、地区之间基础教育的优质均衡发展；高等教育和职业教育是长三角科技创新和产业发展的重要保障，要优化资源配置，进行协同化、差异化、特色化发展。三是在制度推进过程中，难免会出现央地之间、地区之间的利益冲突，因此中央要建立利益协调机制，对教育一体化发展中的不当行为进行纠偏，对教育一体化发展中的冲突进行及时协调。

同时，长三角一市三省之间教育发展既存在不同的痛点难点问题，不同区域之间教育发展水平评价指标的差异，还存在着不同的文化传统，这些差异意味着不同的利益诉求，决定了对待制度创新或这一国家战略的不同态度。也就是说，长三角教育一体化发展不是完全消除区域之间的差异，亦不能绕开区域教育发展的差异和文化传统的不同。长三角教育一体化发展在推进过程中必须要认识到现状和不同的利益诉求的差异，并在此基础上找到不同区域政府利益的最大公约数。

其二，"省际"之间：协同推进并形成区域之间教育发展合力。既然行政区域之间存在不同的利益诉求，那要解决日益复杂且"溢出"的公共事务，就必须要有区域意识，从区域的角度来思考解决之道。这既是解决难题的关键，也是消解行政壁垒的关键。这里所提的区域概念超越了行政划分，"既不同于一个民族国家，也不同于特定的行政区域，而主要是一个基于行政区划又超越于国家和行政区划的经济地理概念"。具体来说，协调好一市三省的利益，共同推进长三角教育一体化发展可以从以下几个方面着力。一是一市三省政府之间需要对接好，共同建立长三角各类教育数据平台、工作机构及稳定畅通的教育数据交流、收集和共享制度，平台和共享机制的建立可以倾听不同地区的诉求，可以协商解决教育一体化发展推进中的各类矛盾，还可以共享教育一体化发展中的各类成果和数据。二是建立长三角地区重大教育决策协商制度，在重大决策出台之前，长三角一市三省之间要进行广泛协商，需要最大限度满足不同省市的利益诉求，也需要考虑到各地教育发展的实际情况，在结合共性诉求和现实情况的基础上出台相关政策。三是建立长三角地区各类教育交流制度。如，可推动各类学校管理人员的交互挂职、交流。在挂职交流过程中，欠发达地区可以学习发达地区先进的管理经验，发达地区可以了解和反思自身的状况，一市三省真正做到互相了解、相互学习；一市三省各级各类学生之间的交流和学分互认，尤其是在农民工子女受教育问题上进行学分互认；各级各类学校教育资源的共享、转移配置等。四是转变观念，巩固和发展优势领域。如，建立不同区域、不同学校根据自身优势、特点，分方向、分道路的协同发展机制，实现各有所长、各有侧重的协作发展。

其三，省域内部：做好示范引领，打造教育发展高地。在区域一体化发展中各地区何以进行角色定位？尤其对于欠发达地区来说，合理的定位和发展策略关系到资源的动员和要素在区域之间健康流动。实际上，不均衡发展理论给了我们很好的启示，这一理论强调"发展路径是一条不均衡的链条，从主导部门通向其他部门。不发达地区的发展战略就是集中有限的资金，选择具有较强产业关联度的某一类或几类主导产业部门进行战略投资，通过产业的向前关联、向后关联和旁侧关联等连锁效应，带动其他部门发展，从而实现经济的起飞"。同理，在长三角教育一体化发展中，一市三省理应做好特色化发展的准备，基于本地区实际情况打造增长极，通过增长极或优势来辐射并带动提高本地区的教育吸引力，从而克服行政壁垒带来的弊病，提高教育要素的流入可能并最终促进长三角地区教育水平的整体发展。正如习近平总书记指出的，长三角"要着力打造全国高质量发展样板区"。进一步说，这意味着在新的阶段，要实现长三角地区教育高质量一体化发展，在不同地区、不同层次、不同类型方面培育相应教育高地，发挥其示范引领作用，实现在不同方向、不同节奏上的共同发展当是重要任务。具体来讲，一方面，根据经济社会发展的基本情况及教育基础，在不同地区、不同层次、不同类型上，合理规划、选择一批办学基础好、办学方向明确、办学特色突出的示范校并制定配套支持政策，促使其向更优水平发展。另一方面，引导区域其他学校在充分分析自身优势和劣势、服务对象需求的基础上，合理规划自身的发展方向和节奏，同时架构其与示范校间的交流、帮扶机制，促使其向优质方向发展。只有做到发展有特色、有优势和有增长极，才能真正克服行政壁垒带来的资源封闭和克服教育发展中的劣势，才能真正促进资源要素的流入意愿，并最终实现长三角地区高质量教育一体化发展。

（2）完善府学关系，落实学校自主权

省级政府统筹规划与学校自主权相结合。省级统筹不是干预学校内部事务，而是增强对省域学校的宏观调控能力，为学校之间的竞争性发展提供公平的制度环境。省级统筹也不是使学校同质化发展，而是在尊重学校自主权的前提下，推动各类学校特色化发展。加强省级统筹，一方面，中央政府要向地方政府纵向放权，给予省级政府更多的规划、协调、组织、领导省域高等教育改革与发展的责任；另一方面，省级政府要向地方学校放权，将课程与专业设置、学术发展规划、招生与学位授予、人事与职称评聘、资金使用等属于学校自主权范围内的事务，要彻底回归学校。在此基础上，省级政府要充分发挥监督、评估、信息服务和政策导向等职能，使学校成为一个自主发展、自我约束的办学主体。

（3）完善学学关系，促进资源流动

一是建立区域内教育资源流动机制。如高等教育领域，完善区域内学分互认制度，实现学生跨校选课，使学生能够享受不同高校的课程和教学资源；加强高校间教师的交流，如定期举办学术会议和专题讲座等，让各校都能走出"舒适圈"，引入"新鲜空气"；搭建教育资源网络共享平台，鼓励"双一流"高校发挥带头作用，主动共享优质课程资源以及分享成功经验，为区域内高校发展提供指导等。

建立示范区师训联盟专家库，充分利用一体化示范区名师、名校长以及各地专业培训机构资源，聘请高校和科研机构的专家教授入库，形成长三角区域共享、满足全学段全学科师训需求的专家库。课程共建：依托师训联盟专家资源库，结合长三角教育一体化发展形势，突出一体化示范区教师新时代发展的新需求，组织制定培训标准，建设培训课程资源，积极打造区域特色培训课程。名师联训：共建"示范区教育名师工作室"，三地各自推出若干名优教师，成立教育名师工作室，跨区域招收三地青年骨干教师为工作室成员，联合培养优质教育后备人才。规培互通：共建一体化示范区"教师发展示范基地学校"，统一标准，联合验收，定期研讨，开展新教师规范化培养、校本研修、教师培养等方面的合作交流。品牌联建：与北师大、华东师大、国家教育行政学院等国内顶尖教育院校、机构合作，联合打造一体化示范区教师培养的若干个专业内设机构品牌，充分发挥教师培养的高端引领作用。①

二是着力打造应用型高校联盟，服务产业结构升级和经济发展动能转换。长三角地区优质高等教育资源丰富，要充分发挥"双一流"大学的示范引领带动作用，推进长三角高水平大学合作，取长补短、协同共进、抱团发展，充分利用长三角高水平大学拔尖人才汇聚、开放合作深入、教学管理先进等优势，协同推进建设具有较高国际影响力的一流大学和一流学科。采取积极有效措施，吸引、支持世界一流大学和国内外高端科研院所到长三角地区来设立分支机构。以"双一流"高校和学科建设为龙头，带动长三角高校整体协同发展，推动"双一流"增量提质。着眼产业链布局应用型高校链，"围绕长江经济带产业转移示范区的经济结构调整、新兴产业发展和承接产业转移，依托沿江城市带的工科大学及地方职业院校的技术研发和人才培养功能，培育一批急需专业和新兴专业人才"，加快形成与长江经济带、G60科创走廊等发展相适应的特色专业群，为长三角一体化高质量发展提供有效智力服务和人才支撑。②

（4）完善府—学—社关系，促进多方合作

基于多中心治理理论建立多方协调机制。多中心治理理论支持权力分散、管辖交叠、存在政府之外的新中心的治理模式，认为这种治理体系充满竞争、富有效率和活力。奥斯特罗姆（Vincent A.Ostrom）认为：大城市地区地方管辖单位的多样化可以理解为一种"多中心政治体制"，"多中心"意味着有许多在形式上相互独立的决策中心。它们在竞争性关系中相互重视对方的存在，相互签订各种各样的合约，并从事合作性的活动，或者利用核心机制来解决冲突，在这一意义上大城市地区各种各样的政治管辖单位可以以连续的、可预见的互动行为模式前后一致地运作。因此，为在区域内突破行政壁垒，可以吸纳非政府组织参与，构建政府、市场和社会三维框架下的多中心、具有一定行政职能、自主治理的政府间合作机制。

① 推动教育协同发展！示范区一体化培养青浦嘉善吴江三地教师［EB/OL］.（2021-10-13）［2022-10-15］. http：//baijiahao.baidu.com/s?id=1713502901472395284&wfr=spider&for=pc.
② 李宜江，王一澜. 长三角教育一体化发展：成就、挑战及应对［J］. 江苏第二师范学院学报，2021，37（4）：1-7+123.

多中心治理的政府合作机制能够根据社会公众需求变化，不断调整政策目标，合理调配区域公共资源，提高行政效率，改善政府服务和公共治理水平，保证区域公共服务一体化的顺利推进。按照多中心治理机制，建立起长三角区域教育一体化的政府间合作机制，既能满足各行政区政府对跨行政区教育发展的需求，又保证了基本行政管理权在各行政区政府辖区内的行使。事关跨行政区教育的决策，通过民主协商的方式，进行合理的制度安排和持续的政策改进，并听取和采纳非政府组织的意见，以不断满足社会需求，保持区域教育一体化发展的活力。[①]

目前，长三角区域已成立了长三角教育联动发展协调领导小组及其办公室，每年定期举办"长三角教育联动发展研讨会"，建立了高等教育政府高层部门间频繁的互访交流。虽然这些协调机制在区域高等教育一体化进程中发挥着一定的作用，但是"区域教育合作在学校、校长、师生等基层的合作动力机制尚未建立"。这种多方协调机制中松散的协调机构难以解决区域内各地政府各自为政的问题，从而影响行政效率，增加区域内跨界范围合作的成本。目前存在的这些协调机制还难以胜任协调配置资源的职能，尽管在区域教育一体化的推动方面还有一定的局限性，但却是我们在现有的行政区划和教育管理体制下进行的有益探索，也是目前教育区域一体化发展的现实选择。

（三）完善协同治理的工具选项

1. 完善协同平台

（1）构建大数据平台，打破信息壁垒

针对当前我国政府在教育数据的整合性、开放性、共享度、权威性等方面面临的挑战，政府可从以下几个方面发力。

其一，政府教育治理模式向开放政府模式转型，提高政府数据的公信力。开放政府以"透明、参与和合作"为原则，其中政府数据开放和数据透明是政府透明的先决条件，通过政府数据的开放和透明促进公众对公共事务的多元合作。政府教育协同治理开放模式的路径逻辑理应为"开放政府的教育数据—多元主体参与教育治理—多元主体合作"。为此，收集教育大数据，开放教育公共数据以便其他参与教育协同治理的主体能更直接地参与教育发展的过程，成为大数据时代政府教育改革的重点。这需要政府强化各项能力，包括借助各种互联网平台有序和有效开放教育信息，而并非简单的数据，这需要经过深加工和附加值后生成的有参与价值和意义的教育信息。

其二，基于网络平台和传统渠道及两者的有效融合，提高政府教育数据的收集、分析和整合能力。大数据时代，需要政府通过互联网技术平台，如网站、维基平台、社交网站、社

---

① 崔玉平，陈克江. 区域一体化进程中高等教育行政区划改革与重构——基于长三角高等教育协作现状的分析 [J]. 现代大学教育，2013（4）：63-69+112.

交网络软件、在线座谈等对教育数据进行全方位和多渠道的采集。在数据的分析和整合方面需要政府利用大数据时代的海量性、快捷性、多样性数据进行相关的分析和回归分析等，使得数据显示的信息更具价值性和创造性，为教育协同治理提供更多的依据和保障。这显然对一直处于传统地位和权力顶端的政府能力提出了巨大的挑战。

其三，加大政府建立健全大数据时代的教育立法、执法等保障能力。在大数据时代，政府教育协同治理的法律保障体系和执法是重要的一环。一方面，政府须加强大数据时代教育数据采集、分析、整合及使用等的法律权限和规范。另一方面，政府须强化大数据时代教育数据共享和监督主体等的法律规范。这对我国传统政府的治理能力提出了更高的要求。一是，政府需要有教育数据发展的科学研判眼光和能力。二是，政府需要有对不同数据进行分类和整合的能力，从数据中获取有价值的信息。这需要政府通过建立各种教育立法咨询委员会等智囊机构来辅助实现。

其四，各级政府理应设立教育数据中心负责教育数据研发，即教育数据的研究、分析和开发，包括数据的采集、整理和共享等。当前政府教育数据限权模糊不清是导致数据难以有效采集、分析和整合的重要原因。这需要明确政府相关机构的数据权限。传统的教育行政部门中单独设立一个处室来应对大数据时代的数据和信息等方面的事务已经显得力不从心。由此，从中央到地方建立教育数据中心负责教育数据的采集、分析和共享等是大势所趋。一是中央一级建立国家层面的教育数据中心或机构，负责全国的教育数据工作，省一级和市县一级等建立相应的机构负责相关对接工作。二是明确机构的权责关系。国家级的教育数据为国家政策层面的决策提供依据，并为国家教育政策的决策负责。而省级或市县级则为相应级别的政府教育决策提供依据和负责。三是拓宽各级教育数据中心对信息采集和发布共享的渠道。具体而言，此类机构可以通过互联网等新媒体和电视、报纸等传统媒体以及两者的融合发布相关教育数据和信息，尽可能做到全方面和多层次的信息共享与沟通，为教育决策的民主化和科学化打下基础。

（2）构建各级各类教育协作平台，打破资源壁垒

其一，创建合作交流平台，促进教育要素流动。长三角可以在区域合作平台的建设上多做努力，从毕业生区域内就业与人才开发一体化，从会商机制的建立到进一步加深，从教学资源共享到教师联动培训机制的形成，都体现出区域内各省市力争突破行政壁垒、创建合作交流环境的信心与决心，合作平台的建立是为了促进教育要素流动，从而使有限的教育资源发挥出更大效能。[1]

其二，协同建立与区域经济产业布局调整联动的教育新机制，深化办学体制和育人机制改革。鼓励区域内各级各类教育联合建立教育集团、联盟、产学研一体化基地和科技创新高地。

---

[1] 白翠敏. 京津冀高等教育协同发展战略研究［D］. 济南：山东财经大学，2015.

设立区域共同投入的教育发展基金，支持协作攻关和创新发展。共建区域教育协同对外开放新机制，统筹培育形成若干在国内外具有重要影响力的教育合作交流品牌和知名教育论坛。

其三，促进长三角人才联合培养，高端人才聚集共享，服务科技创新和制度创新要加强人才培养供给侧结构性改革，建立长三角地区人才需求协同调研分析报告机制，共享长三角地区人才需求的基本信息，扩大长三角地区高校人才培养供给的数量和提升人才培养供给的质量。在紧密对接长三角地区传统优势产业、战略性新兴产业和支柱产业的人才需求方面，加强联合培养力度，在人才培养目标定位、人才培养方案、人才培养体系、人才培养成效评估等方面进行深度合作，确保人才供给与需求的基本动态平衡。此外，特别是能够服务支撑引领长三角重大发展战略领域的各类高端人才，需要长三角地区高校与高校之间、高校与科研院所之间、高校与行业企业之间、高校与地方政府之间建立资源共享、机制共建、人才共育、成果共用的良好合作生态。"增加科技创新投入和高等教育投入，努力提升科技资源配置效率，搭建产学研平台，促进校企互动，集中有限的科技资源和人力资源聚焦国家战略和社会需求，促进长三角城市科技创新和高等教育之间的深度融合发展。"联合成立高校人工智能研究院，发挥高校学科集群优势，推动关键核心技术联合攻关、协同创新。探索省际毗邻区域协同发展新机制，促进人才联合培养和区域内合理流动，实现高水平人才在长三角区域内共育共享。完善和创新人才政策，优化和美化人才成长环境，将长三角建成高端人才汇聚地和"发酵池"。[1]

另外，尚须加固政策闭环，确保政策落地见效。从区域教育协同治理政策研究制定出发，围绕政策出台、媒体宣传、督导落实、实施效果评估、反馈问题解决等各环节全链条，建立整套政策闭环机制，确保长三角教育协同治理政策发挥其良好的效应。

2. 强化监测评估

依托区域内教育现代化研究与监测评估机构的专业力量，通过协作监测体系建设，健全长三角教育协同治理现代化的长效机制。对标世界最先进水平和标准，建立形成一套系统、权威，能够彰显中国特色和长三角区域特点的教育协同治理现代化发展监测评价体系及实施机制，为政府决策、学校办学提供研判依据。鉴于长三角是我国一体化发展基础较好、水平较高的区域，常住人口城镇化率超过 60%、拥有全国约 1/4 的"双一流"高校，到 2025 年中心区城乡居民收入差距将控制在 2.2∶1 以内、中心区人均 GDP 与全域人均 GDP 差距缩小到 1.2∶1，因此率先专项构建长三角教育协同治理现代化监测评估指标体系，尤为迫切，进而为统筹区域经济社会发展与区域教育发展、促进教育与经济社会双向融合提供方向引导，为基于协作监测结果进行区域教育政策调适与创新提供支撑。[2]

---

① 李宜江，王一澜. 长三角教育一体化发展：成就、挑战及应对 [J]. 江苏第二师范学院学报，2021，37（4）：1-7+123.
② 李伟涛. 现代化进程中的教育协同治理：壁垒与进路 [J]. 教育发展研究，2021，41（3）：12-19.

长三角教育协同治理现代化监测评估指标体系的构建，应兼顾"专项监测"和"融合监测"的应用指向。既可单独作为专项指标体系进行监测评估，也为融入既有的"长三角教育现代化指标体系"提供通道。为此，一要保持长三角教育协同治理现代化监测评估指标体系与长三角教育现代化指标体系的体例结构同质同态；二要注重从既有的"长三角教育现代化指标体系"中选取具体指标，以打通"融合监测"数据通道；三要形成相对独立的逻辑体系，满足"专项监测"的应用要求。长三角教育协同治理现代化监测评估指标体系（草案）具体参见附件1，相关指标解释参见附件2。

（执笔人：汪洋）

附件1　　　　　长三角教育协同治理现代化监测评估指标体系（草案）

一级指标		二级指标		指标简述及重要监测内容		2025 年监测目标值
（一）	协同框架（32）	1	协同协议的完备程度（60）	（1）	组织性协议的数量及其分类覆盖情况	逐年增长
				（2）	事务性协议的数量及其分类覆盖情况	逐年增长
				（3）	组织性协议与事务性协议之间的吻合度	优良水平
		2	政策配套与创新（40）	（4）	与协同协议相配套的政策体系	优良水平
				（5）	关键性政策创新举措	优良水平
（二）	联席对话（30）	3	联席会议机制（55）	（6）	联席会议议事规则的设立情况	优良水平
				（7）	联席会议的召开频率	每年>2 次
		4	临时对话机制（45）	（8）	省级教育行政部门直接对话的频率	每年>3 次
				（9）	省级教育行政部门直接对话议题的决策转化率	50%左右
（三）	共建共享（38）	5	区域教育协同发展水平（53）	（10）	中小学优质课程资源共享覆盖率	20%
				（11）	大中小学校教师及管理人员交流人次	逐年增长
				（12）	区域职业教育一体化协同发展平台建设成效	优良水平
				（13）	区域创新共同体建设的普通高校参与水平	优良水平
		6	区域教育数字化治理水平（35）	（14）	区域教育大数据平台的构建及联通情况	优良水平
				（15）	政府依法治教及决策、管理中运用大数据的水平	优良水平
		7	区域教育协同发展标志性成果（12）	（16）	区域教育协同发展标志性成果的数量及其分类覆盖情况	高于东部平均

(一) 协同协议的完备程度

1. 指标简述

包括组织性协议的数量及其分类覆盖情况、事务性协议的数量及其分类覆盖情况、组织性协议与事务性协议之间的吻合度三个观测点。

2. 计算公式

(1) 组织性协议的数量及其分类覆盖情况。组织性协议不涉及某一方面或某些方面的公共事务本身,一市三省通过订立这些协议,共同设置某项教育合作制度,建立一些共同遵守的合作规则,为今后具体性事务的合作提供一种比较稳定和持久的制度框架。分类覆盖情况指组织性协议中基础教育、中等职业教育、高等教育领域的协议的占比。

(2) 事务性协议的数量及其分类覆盖情况。事务性协议的内容涉及一市三省教育协作的某一个方面或者某几个方面,旨在推动具体事务的合作。分类覆盖情况指事务性协议中基础教育、中等职业教育、高等教育领域的协议的占比。

(3) 组织性协议与事务性协议之间的吻合度。

3. 指标功能

(1) 监测长三角教育协同协议的完备程度;

(2) 比较长三角各级各类教育协同协议的完备程度;

(3) 引导长三角不断完善教育协同协议。

4. 适用范围

幼儿园、中小学、中等职业学校、普通高校。

5. 数据来源

行政数据、调查数据。

6. 监测目标值

(1) 逐年增长;(2) 逐年增长;(3) 优良水平。

(二) 政策配套与创新

1. 指标简述

包括与协同协议相配套的政策体系、关键性政策创新举措两个观测点。

2. 计算公式

(1) 与协同协议相配套的政策体系;

(2) 关键性政策创新举措。

3. 指标功能

(1) 监测长三角政策配套协同水平;

（2）比较长三角教育政策的关键性创新举措；

（3）引导长三角完善与协同协议相配套的政策体系。

4.适用范围

幼儿园、中小学、中等职业学校、普通高校。

5.数据来源

行政数据、调查数据、第三方数据。

6.监测目标值

（1）优良水平；（2）优良水平。

（三）联席会议机制

1.指标简述

包含联席会议议事规则的设立情况、联席会议的召开频率两个观测点。

2.计算公式

（1）联席会议议事规则的设立时间及其内容；

（2）联席会议的召开频率＝一市三省每年召开联席会议的次数。

3.指标功能

（1）监测长三角联席会议的运行情况；

（2）引导长三角联席会议科学化运行。

4.适用范围

幼儿园、中小学、中等职业学校、普通高校。

5.数据来源

行政数据。

6.监测目标值

（1）优良水平；（2）每年>2次。

（四）临时对话机制

1.指标简述

包括省级教育行政部门直接对话的频率、省级教育行政部门直接对话议题的决策转化率两个观测点。

2.计算公式

（1）省级教育行政部门直接对话的频率＝一市三省教育行政部门就教育协同事务直接对话（正式）的次数；

（2）省级教育行政部门直接对话议题的决策转化率＝省级教育行政部门直接对话议题转为法律法规、政策的比例（省级教育行政部门直接对话议题转为法律法规、政策的次数/每年一市三省教育行政部门直接对话议题总数）。

3. 指标功能

（1）监测长三角教育协同治理的权变水平；

（2）引导长三角完善临时对话机制，提高对话效能。

4. 适用范围

幼儿园、中小学、中等职业学校、普通高校。

5. 数据来源

行政数据、调查数据。

6. 监测目标值

（1）每年>3次；（2）50%左右。

（五）区域教育协同发展水平

1. 指标简述

包括中小学优质课程资源共享覆盖率；大中小学校教师及管理人员交流人次；区域职业教育一体化协同发展平台建设成效；区域创新共同体建设的普通高校参与水平四个监测点。

2. 计算公式

（1）中小学优质课程资源共享覆盖率=参与区域共享优质课程的中小学学校数÷中小学校总数×100%；

（2）大中小学校教师与管理人员交流人次=一市三省大中小学校教师和管理人员每年在非本省区域内挂职交流的人次总和；

（3）区域职业教育一体化协同发展平台建设成效；

（4）区域创新共同体建设的普通高校参与水平。

3. 指标功能

（1）监测长三角教育协作成效；

（2）引导长三角提升教育协作水平。

4. 适用范围

中小学、中等职业学校、普通高校。

5. 数据来源

行政数据、调查数据。

6. 监测目标值

（1）20%；（2）逐年增长；（3）优良水平；（4）优良水平。

（六）区域教育数字化治理水平

1. 指标简述

包括区域教育大数据平台的构建及联通情况，政府依法治教及决策、管理中运用大数据的水平两个观测点。

2．计算公式

（1）区域教育大数据平台的构建及联通情况；

（2）政府依法治教及决策、管理中运用大数据的水平。

3．指标功能

（1）监测长三角区域教育数字化治理水平；

（2）引导长三角完善区域教育大数据平台，提升区域教育数字化治理能力。

4．适用范围

中小学、中等职业学校、普通高校。

5．数据来源

行政数据、调查数据、第三方数据。

6．监测目标值

（1）优良水平；（2）优良水平。

（七）区域教育协同发展标志性成果

1．指标简述

包括区域教育协同发展标志性成果的数量及其分类覆盖情况一个观测点。

2．计算公式

区域教育协同发展标志性成果的数量及其分类覆盖情况。分类覆盖情况指区域教育协同发展标志性成果中基础教育、中等职业教育、高等教育领域的协议的占比。

3．指标功能

（1）监测区域教育协同发展标志性成果的产出水平；

（2）比较长三角及其他区域的标志性成果的产出水平；

（3）引导长三角不断产出区域教育协同发展标志性成果。

4．适用范围

中小学、中等职业学校、普通高校。

5．数据来源

行政数据、调查数据。

6．监测目标值

高于东部平均。

3 "双减" 背景下长三角中小学生学业负担研究

王湖滨

上海市教育科学研究院

"双减"，即有效减轻义务教育阶段学生过重作业负担和校外培训负担。2021 年 7 月 24 日，中共中央办公厅、国务院办公厅印发《关于进一步减轻义务教育阶段学生作业负担和校外培训负担的意见》。"双减"政策落地，要求各地区各部门结合实际认真贯彻落实。意见确定北京市、上海市、沈阳市、广州市、成都市、郑州市、长治市、威海市、南通市为全国试点。长三角区域有两个，分别是上海市和江苏省南通市。此外，金华市被浙江省教育厅确定为浙江省开展"双减"工作试点地市。

一、 全国及长三角的"双减"成效

"双减"政策实施半年多以来，全国的调查数据显示已经取得一定成效。在"双减"政策的推动下，2021 年，在规定时间内完成书面作业的学生占比，由"双减"前的 46.0% 提高到年底的 90.0% 以上。2021 年 3 月，北京师范大学中国教育与社会发展研究院发布《全国"双减"成效调查报告》，显示"双减"得到学生和校长高度赞同。具体到长三角区域，一市三省也已公开一些数据说明"双减"工作取得的实效。上海市 95.7% 的学生参与了课后服务，93.0% 以上的教师参与了课后服务，学生课后服务满意率达 95.0% 以上。2021 年，上海中小学生近视率下降了 1.2 个百分点，这是近年来首次下降。江苏省学科类校外培训机构压减率为 96.6%，义务教育阶段学生及家长对校内减负满意度接近 98.0%。浙江省义务教育阶段学生及其家长对减负提质工作的满意率分别达 98.1%、98.3%，线下义务教育阶段营利性学科类培训机构实现 100% 压减。安徽省学生参加课后服务的比例由 49.1% 提高到 91.9%，73.0% 的家长表示孩子完成书面作业时间比"双减"前明显减少，85.4% 的家长对学校课后服务表示满意。学科类校外培训机构大幅压减，线下校外培训机构已压减 83.8%，线上校外培训机构已压减 84.1%。

二、 学业负担的内涵与分类

在研究长三角学生的学业负担之前，要先对"学业负担"的概念和内涵有准确的理解和把握，要清楚学生的学业负担一般包含哪些内容。

（一）学业负担的内涵

首先，与"学业负担"经常混用的概念有"课业负担""学习负担""学生负担"等。其中"课业负担"和"学业负担"的应用较为普遍。部分学者认为"课业"与"学业"意义等同，表述视角有差异，从学校和教师的角度来说是"课业"，从学生的视角来讲是"学业"。胡惠闵、王小平认为从广义的角度来理解课业负担应该更为合理和有意义，广义的理解认为，课业负担大致等于学生学习负担，或者说是学生所承受到的有关学习的负担。[①] 也有学者认为，"学业负担"概念要大于"课业负担"。鲁林岳认为，学生学业负担是上位概念，学生的学业负担包括经济负担、课业负担与心理负担。[②] 还有研究者认为在中国情境下的中小学生课业负担现象已经超越了国际研究领域中所界定的学生课业，是学生学习时间、学习数量、学习精力、情感投入以及压力感受的复杂函数方程。[③] 艾兴认为，学业负担指中小学生在承担学校教育的学习任务，达成学校教育目标过程中所承载的生命消耗及承载个体对这种消耗的认知和感受。[④] 其在研究中以"学习时间"（上课、作业、补课等）、"课业质量"（课程教学、作业和考试/测验的有效程度以及学生的感受和看法）、"课业难度"（课程教学、作业和考试/测验的难易程度以及学生的感受和看法）、"学习压力"（学生在学习过程中表现出的快乐、疲倦、焦虑、厌学等状态）四个指标来构建学业负担指数。[⑤]

（二）学业负担的分类

我们可以从不同的角度将学业负担分为不同的类型。一般从客观事实和主观感受来看，可以将学业负担分为客观负担和主观负担：客观负担主要由学生从事学习的时间来表示，包括学生上课时间以及完成教师、家教、家长布置作业的时间等；主观负担是指对学业负担的三观感受，主要包括对学习时间长短、学习量大小、学习任务难度等方面的综合感受。从负担发生的场所看，学生负担可以分为校内负担和校外负担。也有学者从负担的性质将其分为身体负担、智力负担和非智力负担。肖建彬将"学习负担"进行分类：依据负担来源分为外加负担和自寻负担；依据负担的载体分为生理负担与心理（精神）负担；依据学习内容的性质分为学科负担和活动负担；依据承受学习负担的场所分为校内负担和校外负担。[⑥]

从"双减"的政策背景看，作业负担和校外培训负担是学生学业负担的两个核心维度。此

① 胡惠闵，王小平. 国内学界对课业负担概念的理解：基于 500 篇代表性文献的文本分析 [J]. 教育发展研究 2013（6）：18-24.

② 鲁林岳. 综合辩证论"减负"[J]. 教育研究，2007（5）：69-72.

③ 陈霜叶，柯政. 从个人困扰到公共教育议题：在真实世界中理解中小学生课业负担 [J]. 全球教育展望，2012（12）：15-23.

④ 艾兴. 中小学生学业负担：概念、归因与对策——基于当前基础教育课程改革的背景 [J]. 西南大学学报（社会科学版），2015（4）：93-97.

⑤ 艾兴，王磊. 中小学生学业负担：水平、特征及启示 [J]. 教育研究，2016（8）：77-84.

⑥ 肖建彬. 学习负担：涵义、类型及合理性原理 [J]. 教育研究，2001（5）：53-56.

外课后服务也在缓解学生过重作业负担方面起到了一定作用，如让学生在课后服务时间基本完成教师布置的作业，不懂的地方可以随时请教师辅导，另外课后服务活动涵盖了德智体美劳各个方面，有助于释放学生的学习压力，所以需要将学生参与课后服务情况考虑在内。有学者认为"双减"可归纳为减轻学生校内外作业的客观负担和主观压力、减轻学生校外培训的客观负担和主观压力以及家庭经济负担。[①] 因此，本研究结合学业负担的理论研究和"双减"等相关政策文件，从学生作业负担、学生参与课后服务情况、学生参与校外培训情况与校外培训治理以及学生其他学业负担等四个方面来具体分析"双减"后长三角学生的学业负担。

2021 年长三角教育现代化监测家长问卷询问了家长认为"孩子学业负担不重"与实际情况的符合程度。调查结果显示（见图 3-1），有六成左右的家长选择"完全符合"，还有近四分之一的家长选择"比较符合"。一市三省在这方面的比例比较接近，家长反馈"完全符合"与"比较符合"的比例之和均在 83% 以上。此外，家长反映的学生学业负担状况随着学段的升高而加重。其中普通高中家长选择"完全符合"的比例比小学低了近 20 个百分点。而从不同的地理位置看，地理位置越靠近城市，家长反映的学生学业负担越重。城市家长选择"完全符合"的比例比农村家长低了约 10 个百分点。

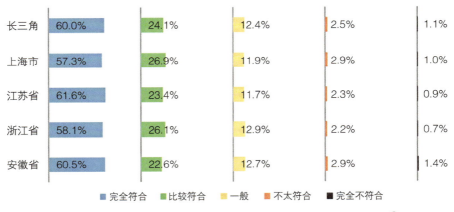

图 3-1　长三角家长认为"孩子学业负担不重" 与实际情况的符合程度[②]

三、 长三角中小学生作业负担

（一） 长三角教育现代化监测问卷作业负担调查结果

学生问卷结果显示（见图 3-2），86.2% 的长三角中小学生表示作业时间在规定时间范围

---

① 李佳丽，张民选，张平平. 实现"双减"的路径探究：基于外部和内部激发因素的分析［J］. 教育发展研究，2022（4）：9-20.

② 因为小数点后面的数字四舍五入，所以可能会产生数值总和不是 100% 的情况。他同。

内（小学一到二年级没有书面家庭作业，三至六年级家庭作业不超过60分钟，初中家庭作业不超过90分钟），13.8%表示超出规定范围。其中，浙江省表示超出规定作业时间范围的学生比例相对较高，为17.2%。从不同年级看，初二年级表示超出规定作业时间范围的学生比例为17%，比四年级高近15个百分点。学校地理位置越靠近市区，学生作业时间超过规定范围的比例越高，城市比乡镇农村高出近8个百分点。

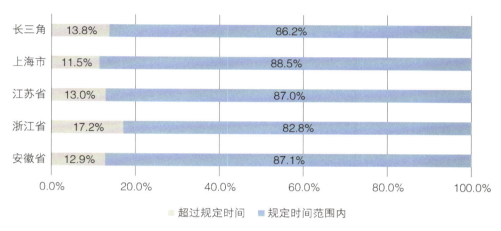

图3-2　长三角中小学生作业时间符合政策规定的情况

（二）一市三省建立健全作业管理机制

为了进一步落实教育部关于作业管理的文件精神，结合各地实际，切实减轻学生的作业负担，"双减"实施后，一市三省均出台了作业管理方面的政策文件，对学校的作业管理进行了规范，明确了作业管理的基本要求及措施，建立健全了各自的作业管理机制。早在2019年，上海市教委就出台了《上海市加强义务教育学校作业管理措施》。2021年，浙江省出台《义务教育阶段学校作业管理指导意见》，江苏省出台《江苏省义务教育学生作业管理规范》，安徽省印发了《关于进一步提高义务教育学校作业管理水平的实施意见》。例如浙江的指导意见从合理把控作业时间、提升作业设计水平、丰富作业类型方式、提高作业选编质量、加强作业批改反馈等十个方面对作业管理提出了要求。

一市三省出台的作业管理最新政策都落实了教育部对作业管理的相关要求，并且在各自的举措上结合了本地特色进行了一定创新。如上海要求根据学生身心特点和体质短板设计个性化"运动处方"，布置寒暑假"运动处方"，应在开学两周内组织相应体能监测并将结果纳入体育日常成绩。浙江省提出各校要选用经过"浙江省中小学教材审定委员会"审查通过的作业资料，研究并使用好教育厅教研室编写的各学科《作业本》。江苏省鼓励探索推行作业免写、无作业日制度，如果学生的身体和家庭有特殊情况，或当天的作业影响了学生睡眠，学生或家长可以向教师申请后补或免做。安徽省提出各级电教部门应指导教师利用信息化手段进一步提升作业实效，做好电子作业资源的共建共享，并定期开展电子作业使用情况调研。

从目前的实际效果看，"双减"实施后，长三角区域各地纷纷建立了作业管理信息平台，充分利用信息技术实施作业的全过程管理。如浙江省探索建立学校常态化作业申报监测平台，率先建立有效的作业监测与公示管理机制，该平台通过语、数、科、英、综合学科教师每日作业申报，自动生成各班学生每日课后作业量表，有效提高作业管理的效率与效能。上海市闵行区建立了区域智能作业平台，实现了对区内义务教育学校作业的自动监测（见专栏1）。安徽省蚌埠市蚌山区引入"智慧课堂"系统，可以基于大数据的分析，实现分层、弹性和个性化的作业布置。管理者能查看学生每天完成各学科作业所用的时间占比，同时结合班级报告等数据了解班级对应薄弱学科，确保作业布置的合理性。江苏省南京市玄武区研发作业智慧管理平台，优化作业设计，提升作业质效。

专栏1

闵行区教育学院作为全区教学管理的中枢，建立了一个区域智能作业平台，通过伴随式的作业过程数据采集，自动收集作业负担、作业质量、作业习惯、作业态度、学业表现等数据，实现作业业务的自动监测。以今年全区统一开展的四、五年级节点式作业检查为例，发现四年级语文信度低于阈值，信息量达标题目占比低于50%，区分度较好题目占比仅4%，落在学生能力内的试题占比33%，教研员立即提醒基层学校作出改进。通过数据采集和分析实现基于数据的作业负担监管，为教师布置作业套上了"紧箍咒"，也便于教师进一步调整作业布置的质和量。

来源：闵行案例亮相上海市基础教育数字化赋能"双减"新闻通气会［EB/OL］.（2021-12-14）［2022-11-15］.http：//www.shmh.gov.cn/shmh/zwdt-jyj/20211214/532996.html.

此外，一市三省都对作业监测结果的使用有一定的要求，多地已将监管结果纳入对市/区、学校和教师的各种考核与评价中。如江苏省南通市修订完善教师职称评审办法，从2022年起，教师参加职称评审时须提供上一年度作业布置清单、教师自练自做作业本以及班级学生作业本，作为评审佐证材料。江苏省徐州市将作业管理纳入县域义务教育和学校办学质量评价。浙江省丽水市提出将作业设计、批改、讲评、辅导等情况作为教师考核重要内容，将作业管理情况纳入学校发展性督导评价。

（三）提高作业设计质量，丰富作业层次、类型与方式

义务教育阶段学生作业负担过重的一个主要原因是作业本身的质量不高，大量机械式重复作业，作业类型也很单一，学生不仅要花费大量的时间来完成这些作业，而且对作业根本提不起兴趣，且愈发排斥。这就要求在作业管理中，首先要提高作业设计的质量，丰富作业层次、类型与方式，让学生能花相对较少的时间完成他们自己较为感兴趣、愿意做的作业。在一市三省的作业管理政策中都提到了要遵循学生的身心发展特点及学习规律布置作业，鼓励教师布置分层作业、弹性作业和个性化作业，克服重复性作业、杜绝惩罚性作业等内容。

2019 年，上海市在出台作业管理措施的同时推出了《上海市中小学生作业设计与实施指导意见》和小学和初中《作业设计与实施 22 问》。该指导意见从作业设计与实施基本理念，单元作业设计质量要求，作业批改、分析、讲评与辅导，教师的作业设计与实施能力，以及学校的作业管理等五个方面进行了规范和说明。同时，由上海市教育委员教学研究室配套编制出版了小学和初中阶段的《作业设计与实施指导手册》。2022 年，上海市教委正式印发由教研室研制的小学语文、小学数学、小学英语，初中语文、初中数学、初中英语、初中物理、初中化学等 8 个学科段的《高质量校本作业体系设计与实施指南（试行）》，注重作业的"高质量、体系化、校本化"，全面启动义务教育高质量校本作业体系建设。在 2022 年寒假里，上海各校设计了丰富的寒假作业单，如"菜场达人"作业，让学生观察身边的植物，探讨健康饮食的理念，加强学生与人交流沟通的能力，以及"运动菜单"作业，让学生与父母一起进行体育运动打卡等等。从区层面看，上海市长宁区在提高作业针对性方面进行了探索，对初中学段的学科作业、跨学科作业和社会实践类作业进行了精细设计。同时，对不同的作业类型设计了不同的考核方式，社会实践类作业偏重于研究报告、汇报演出等形式，学科作业的设计上也通过单点知识、多点知识等体现练习强度。上海市金山区制定了《金山区中小学作业再改进行动方案》，组织教师开展作业设计培训和研究，探索推进分层作业、弹性作业、个性化作业，注重设计自主探究性、综合实践性作业，激发学生学习热情、提高学习效益。例如，张堰小学以"快乐迷宫"等游戏化形式设计低年级非书面回家作业，以"基础过关、能力提升、智慧花园"等板块分层设计数学作业。

浙江省要求教师要提高自主设计作业能力，强化基于学生立场和学习过程的整体来设计作业，引导学生学习方式向自主、合作、探究转变，作业设计要加强学习内容与学生经验、现实生活、社会实践之间的联系，注重真实情境的创设，注重思维发展，引发学生的学习兴趣和学习挑战。从具体实践看，杭州市钱塘区提炼出优质作业的"四性三化"特质，具体包括启发性、开放性、综合性、迁移性，趣味化、情境化、生活化，从构建作业研制的管理和保障制度、实施指南等方面着力，探索构建区域新型作业设计与实施体系。宁波市鄞州教育局各学科教研员发动骨干教师，精心设计编写了《学科能力达标丛书》，作业内容分基础达标、能力提升、思维拓展三个层级，较好地体现了分层作业的要求，供学校教师有选择性地使用。海宁市推行自编作业，完善教研组备课组工作制度，开展以作业与评价为主题的校本研修活动，帮助教师掌握作业设计、命题、批改分析、讲评等技术，倡导教师自主编制作业，合理改编现成作业，推进作业校本化。绍兴市通过"作业设计基本框架"和"作业设计指标体系"两方面路径进行了作业设计改革。浙江省金华市浦江县大力推行体育家庭作业。

江苏省要求创新作业设计，依据学段、学科特点及学生实际需要和完成能力，根据作业的不同类型，设计合理的作业形式，增强学生的实践和体验。鼓励设计与开发科学探究、体育锻炼、艺术欣赏、劳动实践等不同类型作业。从各地的实际执行看，南京市雨花台区开展了"雨花好作业"的研究与实践（见专栏2）。常州市将充分利用信息技术，建设高质量的校本作业资源库，鼓励探索运用大数据和人工智能，向学生推送错题集和变式练习。泰州市姜堰区在义务教育阶段推行"弹性作业"，典型做法包括：建立学生作业题库，其中，作业题库包含 A、B 两类题型，A 类为基础性、保底性作业，B 类为拓展性、选择性作业；学校作业集体备课、自主编制班本个性作业；实行强制结束作业制度等。连云港市东海县要求小学中高年级设置"基础作业+自选作业"，从学生的实际学习水平和学习能力出发，设计不同层次的、富有弹性的作业，同时在假期布置丰富多元的实践作业。

专栏 2

南京市雨花台区正在开展"雨花好作业"的研究和实践，推动区域教学改革的进一步深化。"雨花好作业"是以学生全面发展和终身发展为核心追求，以"育人为本、适切为先、进阶为要"为基本内涵，以"作业让成长可见"为愿景，为学生设计"最适合的作业"。

育人为本：核心知识+核心素养

作为学业评价的重要方式，作业最重要的功能应当是育人。它既应当聚焦学科核心知识，深化学生对学习内容、学习意义的理解，更应该围绕核心素养，培育学生的必备品格、关键能力。小行小学设计"创行问题单"，立足大单元、大概念，遵从"学什么""怎么学""学得怎样"的逻辑逆向设计问题单。南京市软件谷小学利用本校的"高科技"特色，设计"学科+E"作业模式。

适切为先：难度适宜容量适合

作业要以学生的学习经验、成长背景为起点，设计难度适宜、容量适合、结构合理、形式多样的作业。南京市板桥中学的数学老师针对学情设计了多款特色作业：班上学习力最薄弱的孩子十人一组组成"族群"，"族长"管理"族人"作业任务，将任务设计为"族谱"，繁化简、多化少、难化易，定制完成目标。南京市小行小学的数学老师设计"关注每一个"的基础作业、"提升学习力"的发展型作业、"多元化需求"的个辅作业。为学业困难的学生提供支架性支持，让学有余力的学生接受更高的挑战。

安徽省要求优化作业设计，学校和教师应基于课程标准和学科教学指导意见，围绕作业的目标、内容、类型、难度和数量等要素，通过改编、选编和创编等方式科学设计符合学生学习规律、体现素质教育导向的基础性作业；科学设计探究性、实践性和跨学科综合作业，并探索利用信息化等手段不断提升作业设计的科学性与有效性。从地方实践看，宿州市积极探索寒假期间作业新模式，制定和部署针对性、探究性、体验性、实践性、合作性的寒假作业，比如，设计"我是防疫宣讲员"的寒假作业，各校还积极安排"阳光运动"作业，引导学生做"运动达人"。蚌埠市充分依托当地教育资源，设置了中秋"孝心作业"、国庆"红色宣讲作业"、秋收"农田体验作业"、"暖心关爱结对留守儿童作业"、社区服务作业等特色实践性作业（见专栏3）。

专栏3

安徽省蚌埠市怀远县立足作业模式设计，将作业分为基础性作业、自选性作业、实践性作业、拓展性作业。其中关于自选性作业各学校和各科教师可以结合实际建立"作业超市"供学生自主选择；鼓励学生参与自主设计作业形成"年级（班级）作业自选网"；加强作业教研，组织开展作业评选与展示交流，建立"优秀作业资源库"，提高教师作业设计能力，提高作业质量；实践性作业目前已设置有中秋"孝心作业"、国庆"红色宣讲作业"、秋收"农田体验作业"、"暖心关爱结对留守儿童作业"、社区服务作业等。鼓励学校结合实际设计个性化实践性作业，并组织对优秀作业案例进行评选、推广；拓展性作业设置A、B、C类活动作业，A类学科类活动作业，B类兴趣爱好类作业，C类艺术素养类作业，由本校教师或大学生志愿者承担，并充分发挥青少年活动中心等校外活动场所的作用，设置菜单式作业项目供学生自愿选择。

来源：怀远县立足作业模式设计 保障教育"双减"减负不减质［EB/OL］.（2022-02-11）［2022-11-17］.http：//jyt.ah.gov.cn/xwzx/jcjy/40512989.html.

此外，长三角多地开展了作业设计比赛和优秀作业案例征集等活动，进一步加强了优质作业资源的共享共建。江苏省南京市玄武区教师发展中心策划了"单元作业设计大赛"，通过比赛提升教师的作业设计能力，丰富区域优秀作业资源库；安徽省则印发了《关于举办全省中小学作业设计大赛的通知》，决定每两年举办一次全省中小学作业设计大赛，提出了作业设计的六个基本要求，且获奖作品经遴选后会通过安徽省基础教育资源应用平台展示；浙江省开展了优秀作业案例征集活动。

（四）严控学生作业总量与作业时间

严控学生作业总量与作业时间是减轻学生作业负担的重中之重，长三角一市三省均通过政策文件确保小学 1—2 年级不布置书面家庭作业，并按照教育部要求严格规定了小学中高年级和初中学生的作业时间。浙江省发布的作业管理指导意见强调学校应在控制作业时间的基础上平衡各学科书面作业，3—6 年级每天布置书面作业的学科控制在 3 科及以内，7—9 年级控制在 4 科以内。

在各地的实践操作中，严控学生作业总量与作业时间也是最为外显的减负措施，也比较容易实施与执行。总体来说，已经建立作业负担监测平台的地方都是通过平台自动监测的。例如浙江省的作业申报监测通过语、数、科、英、综合学科教师每日作业申报，自动生成各班学生每日课后作业量表，有效提高作业管理的效率与效能。根据教师填报，该平台会实时计算班级里四门学科课后口头作业、书面作业和实践作业的总时长，并根据四门学科当日课后书面作业的总时长进行红黄绿"三色"提示。多地及学校设立了"作业（预警）管理员"等类似角色，教师或学校管理员根据其反馈的作业完成时间进行相关调整。宁波市鄞州区率先推出的"晚 10 点不作业"做法也受到了大众的关注。如果学生在晚上 10 点后还未能完成教师布置的作业，那么在家长的证明下，学生可以选择不做完剩余的作业。江苏省扬州市高邮市通过家校联合，明确作业监督叫停制度。

四、长三角学生参与课后服务情况

（一）长三角教育现代化监测问卷课后服务调查结果

如图 3-3 所示，长三角区域逾九成家长表示"孩子所在学校能够提供每周 5 天的课后服务且每天服务时间不少于 2 小时""符合"实际情况。其中，江苏省最高，为 94.1%，其他三地均在 90% 左右。这说明家长反映的江苏省学校按规定要求实施课后服务的情况要好于其他一市两省。

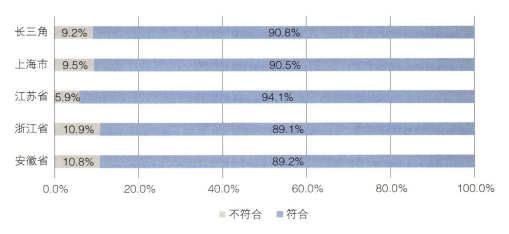

图 3-3　长三角家长反映的学校按政策要求实施课后服务情况

（二）完善课后服务政策体系，建立课后服务管理制度

2021 年，教育部办公厅印发《关于进一步做好义务教育课后服务工作的通知》（教基厅函〔2021〕28 号），一市三省也都在之前出台课后服务相关政策的基础上，出台了针对义务教育阶段课后服务工作的最新文件，形成了涉及服务内容与形式、引入校外资源、经费保障、督导与评价等各个方面的完备的政策体系。如上海早在 2010 年就发文要求小学"因需提供放学后看护服务"，此后几年连续发文加强对小学课后看护与服务的规范与要求。2021 年 11 月，上海市印发《关于进一步做好本市义务教育课后服务工作的通知》。2022 年春季学期开学伊始，上海市印发《上海市义务教育课后服务工作指南》，围绕课后服务意愿的征询、服务活动内容的设计与安排、校内管理与保障、等课后服务重点环节设计了规范性标准和针对性的指导。从政策文件看，浙江省的小学放学后托管始于 2013 年。江苏省和安徽省从2018 年开始陆续发文规范中小学课后服务工作。

各地在完善课后服务政策的同时，也在进一步完善课后服务工作的管理制度。首先，各地纷纷建立了信息化管理平台，对课后服务实现智能化管理。例如上海市的杨浦、青浦、崇明等部分区已在"随申办"本区旗舰店正式上线"校内课后服务"功能，实现了课后服务的网上申请与管理。浙江省杭州市拱墅区自主研发"墅智托管系统"，围绕托管服务工作打造一系列数字化应用场景（见专栏 4）。金华市开发了"金托管"数字化课后服务平台，实时发布学校托管课程、授课老师和授课标准等内容。安徽省合肥市正式上线"合肥市中小学课后服务平台"，通过一站式的课后管理系统，引入多方课程资源。亳州市课后服务管理平台为课后服务提供政策发布、监督监测、统计分析、资质审核、班级管理、智能排课、课程查询、选课报名、缴费退费、课时结算、数据云端集聚等全流程服务。

　　在实施课后服务的过程中，各地也涌现出了特色与亮点的经验与做法。如为帮助区、校充分对接校外优质资源，上海市校外教育质量评测中心联合上海市培训协会已评选出985门优质素质教育优质课程与活动资源，包含科技教育、艺术教育、体育健康、综合类四大类，通过"上海市学生体育艺术科技教育活动平台"向学校教师和学生免费在线开放。上海市校外教育质量评测中心首次公开征集素质教育类课后服务项目，社会各界积极响应，很快就收到了702个机构（单位）申报的4 821门课程与活动。浙江省宁波市鄞州区以课堂教学和课后服务相衔接、传统项目与创新菜单相衔接、晚间自习与周末充电相衔接、学前教育与义务教育阶段相衔接、线上学习与线下教育相衔接等"五大衔接"健全课后服务体系。绍兴市针对不同年龄层次、不同家庭情况、不同群体需求，探索了"定制式"社区托管，联合周边中小学、辖区内的教师和大学生志愿者，开设针对家庭困难学生"四点半"课后辅导服务。玉环市围绕"阵地清单""师资清单""项目清单"这"三张清单"，探索城乡课后服务优质均衡发展新路径。江苏省常州市以省、市"四有好教师团队"建设为抓手，每周六组织优秀教师开展在线答疑，延长服务链条，以"5+2+1"的崭新模式对课后服务实施全覆盖。泰州市海陵区深入推进"区管校聘"，加大教师交流力度，推行教师"走教制"，组织优秀教师到师资力量薄弱学校或校区开展课后服务。扬州市广陵区突出集团辐射，成立育才、汶河、东关三大教育集团，充分发挥集团优质资源作用，统筹集团化办学模式下"集团课后服务项目清单"，集团内部实行"课后三点半"服务质量统一考核评估体系。安徽省安庆市大观区倾力打造"云端+"课后服务管理新模式，全区建立了"课后服务个性化资源课程库"，对引进的教育机构及课程内容实现严格审核把关，通过两次筛选将审核通过的课程纳入"课后服务个性化资源课程库"供学校选择。

（三）丰富课后服务内容与形式

当前长三角义务教育课后服务内容丰富、形式多样，基本以作业辅导、社团及拓展活动、延时托管为主。各地对课后服务的时段与内容安排都有大致的划分。上海的学校一般将课后服务时间分为两段或三段，其中第一段主要为学生作业辅导。上海静安的课后服务被划为"三段"，即"学习时刻""自主时刻""温馨时刻"。"三段式"服务实行弹性制，家长和学生根据自身需求，可选择分段或全程参与。苏州市平江教育集团平江实验学校突破40分钟一堂课的传统，设置30分钟体质提升课、60分钟自主学习课、90分钟精彩社团课和120分钟实践探究课。镇江市京口区以"1+N+1"模式促课后服务扩面提质，所谓"1+N+1"是指1课时主要用于作业辅导；N个拓展课程，提供社团活动、兴趣培养等个性化套餐；1课时关爱课程，对部分规定时段内接送困难学生实行弹性看护，用专业的力量办有温度的教育。

从具体的课后服务内容看，政策文件对其丰富性都有一定要求，各地的课后服务内容的实际安排比较丰富，作业辅导在各校中普遍实施，学校社团活动及兴趣拓展课程则涵盖了中华优秀传统文化、科技、体育、艺术、劳动等德智体美劳的各个方面。作业辅导是其中一项重要内容，各学校普遍安排主科（语数外）教师辅导学生做作业，很多学校还根据学生的不同基础和水平开展分层、个别化的作业辅导。此外，学校动用校内外、线上等各种资源开设社团活动和兴趣拓展课程，内容非常丰富。如上海市静安区将区内历时10年设计推出的"快乐300分"课程系列重新整合，"人格与修养""科技与创新""生活与运动""人文与艺术"四大课程群的232门课程配送至全区所有小学，不仅做到优质课程全区共享，还做到特聘教师共享。区内还整合多种在线专题教育资源，建设了"静安区劳动教育资源库"，实现了更大的辐射共享。崇明区打造"生态+"特色的课后服务。浙江省金华市课后服务拓展分为四类课程，分别是结合素质教育增设科技艺术类课程、结合近视防控增设体育活动类课程、结合劳动教育增设实践技能类课程、结合心理健康教育增设咨询辅导类课程。江苏要求全省中小学普遍建立体育俱乐部，利用周一至周五下午课后服务时间（有条件的也可以安排双休日）自主开展体育俱乐部活动。泰州市姜堰区在充分考虑城乡、学段、个体等要素的基础上，精心设置"强基固本""品味经典""张扬个性"等三大模块45个项目的"课后服务套餐"供学生选择。安徽省安庆市迎江区制定了《中小学"5+2"校内科普活动实施方案》，以课后服务为契机，开展系列科普活动，打造科普教育特色品牌，为参与课后服务的学生增添科技乐趣。

与此同时，各地义务教育实施课后服务的形式也比较多样。在校内，课后服务形式有教师走班、学生走班（跨班、跨年级）、小组合作、自主活动等。如上海许多学校在课后服务时段安排学生开展跨学科学习、项目化学习、探究性学习等。江苏省南通启东市充分利用独特的海洋与乡土文化资源，聚焦江苏省非物质文化遗产"吕四渔号"，创造性地开发了一系列具有地域文化特色的主题延时课程——欣赏类（吕四渔号校园大舞台）、学练类（吕四渔号小号子俱乐部）、评价类（吕四渔号考级签证馆）、展示类（吕四渔号亲子擂台赛）、拓展类（小渔民服装设计院）等，以走班选修、卡片积分的形式鼓励学生在不同场馆轮流参与，从不同角度感受家乡传统文化的独特魅力。

还有地方提倡让学生走到校外，多接触和了解社会。例如，上海市要求课后服务"请进来"与"走出去"相结合。充分利用"科普进校园""文化进校园""非遗进校园""戏曲进校园"等项目，以及校外教育单位提供的"送教上门"服务项目，优化校内课后服务内容。同时，积极探索让学生"走出去"，就近在社区、社会场馆、实践基地等场所开展体验与实践活动，促进学生与社会生活的联系更加紧密。宝山区实施"社区小先生"，引导学生课后服务走进场馆和社区。松江区打造具有松江本地特色、服务中小学生的系列研学课程项目——"行走松江"系列课程。杨浦区打造杨浦青少年儿童专属的"15分钟幸福活动圈"。浙江省温州市发出《关于推动中小学研学实践教育基地助力"双减"工作的通知》，推动中小学研学实践教育基（营）地助力学校开展课后服务。安徽省铜陵市通过"校内+校外"互补增效，发挥本市示范性综合实践基地和大通营地的作用，结合不同学段学生的特点，开发丰富多彩的综合实践课程，并通过"走出去"，带领青少年学生，走进市内外研学实践基地。

线上形式的资源也是课后服务的重要补充形式。上海市出台的政策中提到可用的线上资源有国家中小学网络云平台、上海市中小学"空中课堂"、上海市学生体育艺术科技教育活动平台、上海市中小学专题教育网络平台等。金山区学校少年宫联盟构建了供学生在双休日及寒暑假进行自主学习的学生综合实践教育课程的空中平台（"践行码"平台），现将其与课后服务相结合，教师利用导学视频（10分钟左右），准备相关材料，再组织同学们看视频，教师指导学生完成作品。浙江省有"之江汇"教育广场，同时鼓励各地推动各类优质教育资源上云，探索以课程服务为主的"四点半课堂"和答疑解惑为主的"问学名师"线上服务。诸暨市的课后服务课堂利用中央广播电视总台"央视频"专属少儿文化综合体"银河教育"打造的公益项目"银河云课堂"。

此外，针对特殊教育学校及特殊学生，部分地区已经给予特别关注并探索了一些独特做法与经验。江苏省南通市通州区特殊教育学校为不同需要的学生提供三大类课后服务课程，为能力相对较好的学生提供书法、舞蹈、烘焙、绘画等课程，为能力相对欠佳的学生则提供感觉统合、基本劳动等课程。安徽省合肥市特殊教育中心实施了特殊教育课后服务的"1+X+3"模式（见专栏5）。

专栏5

　　合肥特殊教育中心则积极探索特殊教育课后服务的"1+X+3"模式，充分考虑孩子的缺陷，又能满足孩子的个性化需求。其中"1"指的是针对特殊学生的学习特点，开展分类、分层或个别化的作业辅导；"X"指的是为特殊学生提供形式多样、内容丰富的特色课程，如：德育、心理帮扶、文体活动、兴趣活动等；"3"则指的是针对听障、视障、培智三类残疾儿童特点开设的有针对性的服务课程。如：听障部开设有泥塑、乒乓球、足球、羽毛球、舞蹈、影视赏析、书法等课程；视障部开设有钢琴、古筝、演讲与朗诵、美工、阅读指导等课程；培智部开设有绘本、手工、游戏、音乐、运动等课程。这些课程既充分考虑到孩子的缺陷补偿，又满足了孩子的个性化需求。

　　来源：合肥特殊教育中心课后服务有质量 特殊教育有温度［EB/OL］.（2022-02-28）［2022-12-05］.http：//jyt.ah.gov.cn/xwzx/zyjy/40519712.html.

（四）引进校外优质资源参与校内课后服务

　　为了进一步缓解学校教师的压力，更好地满足学生的多样化需求，强化学校教育主阵地作用，长三角一市三省均鼓励各校积极引进校外优质资源参与校内课后服务，如高校、青少年活动中心、少年宫、各种公益场馆、科研院所、企事业单位、优质的非学科类培训机构以及退休教师，家长、社区、大学生志愿者以及各种专业人士（如科学家、主持人、演员）等。如上海市在《上海市义务教育课后服务工作指南》中提到可以引入的校外人员有退休教师、具备资质的社会专业人员以及社区志愿者、大学生志愿者。校外资源广泛，包括教育系统内部资源，如青少年活动中心、少年宫、少科站等校外教育单位，高等院校、科研院所等。在拓展校外资源提供优质课后服务方面，江苏的政策文件要求：各地各校要充分利用图书馆、科技馆、博物馆、街道社区、青少年宫、校外活动中心等校外资源，积极争取退休教师、学生家长、高校优秀学生、体育教练、民间艺人、能工巧匠、非物质文化遗产传承人等具备资质的社会专业人员或志愿服务力量，科学使用国家中小学网络平台、省"名师空中课堂"等线上平台，为学生提供更好服务。

　　针对丰富的校外资源，各地也探索了学校课后服务引入的相关制度与做法。如上海市要求建立健全校外资源和人员引入与退出机制、校外人员的资格审查机制、流程管理和质量评估机制以及完善家校社合力育人机制。同时，上海市要求各区建立区义务教育课后服务引入非学科类校外培训机构相关制度，完善进入与退出机制，部分区已经在探索建立课后服务引入非学科类校外培训机构的"白名单"。2022年2月，浙江省教育厅发布《关于遴选非学科类校外培训机构参与学校课后服务工作的指导意见（征求意见稿）》并公开征求意见，设置准入条件，建立双层遴选机制，规范遴选程序，推动各地有序开展非学科类校外培训机构参与学校课后服务的遴选工作，提供区域"白名单"，供学校选择，充实学校课后服务。宁波市教育局协同市体育局、市文广旅局、市科协等八部门组成宁波市素质教育领导小组，并成立了体育、文艺、美术、劳动、综合5个教育指导中心，引进各类高水准、专业化、稀缺性的社会资源进校园。绍兴市拓展托管队伍，组建"五老"宣讲团队，开设家长助教课程，招聘校外培训机构特长教师、退休教师、非遗传承人、具备资质的志愿者等参与课后服务工作，联合24个部门和单位招募各行各业优秀专业人士，成立"红领巾公益课堂助力校内托管"联席会，通过多方参与确保拓展课程的实际效果。江苏省南京市强化部门联动，指导各区明确细化校外资源进校园的具体工作规范，建立黑白名单制度和退出机制，引导鼓励机关部门、事业单位、国有平台、在宁高校和科研院所等公有公益主体的优质资源向薄弱学校、农村地区倾斜，有序吸纳资质优良、管理规范的非学科类校外资源参与。

当然，各地在引入校外资源上有很多独特与创新的做法。在引进专业人士方面，上海市的昆曲、越剧、京剧等"艺术大咖"也纷纷走进校园，为学生打开艺术之门，以美培元，通过美育熏陶启智润心。浙江省宁波市宁海县通过"五师进课后服务"模式，邀请社会上的书画大师、体育达人、音乐爱好者、非遗传承人、传统手工艺人等进校园参与课后服务，目前已有约150位社会人士登记在册。江苏省在南京市5个区开展了科学家、院士、体育教练员和专业人士参加课后服务试点工作，首批免费向学校推送462门优质体育和科技类课程。在利用高校资源方面，上海市杨浦区利用区域内的高校资源，与复旦大学、同济大学等高校"结对"开展课后服务。杭州市余杭区通过多方共建，将高校资源引入学校课后托管服务中，开展大学生志愿者辅导、"博士课程"等。在发挥群团优势助力课后服务方面，衢州市团委依托青少年宫资源，在浙江省率先推出了"红领巾助力5+2"课后服务项目，积极探索并打造共青团参与课后服务的工作样板。衢州市妇联则充分发挥市妇女儿童服务中心的阵地作用，推出了"多彩童年促成长"系列公益课后服务活动，将课后服务向周末及假期延伸。上海市黄浦区充分发挥教育系统"大黄锋"青年突击队的团员青年的作用，让他们结合自身专业、挖掘自身潜力，为参加课后服务的学生授课。在引入校外非学科类培训机构方面，上海市教委引入了上海文化广播影视集团旗下的"小荧星艺校"，以公益价格为中小学提供了专业"菜单式"的课后服务。浙江省金华金东区组建校外培训教师资源库，引导其参与学校课后服务。在引入家长力量方面，南京市中小学的"家长课堂"成为课后服务的"常规设置"，南京教育部门还会同市妇联等部门成立了"家长成长学院"，帮助家长转变教育观念，加强家校协同。

（五）强化课后服务经费与其他保障

为了做好课后服务工作，保障教师的补贴待遇，调动教师教书育人的积极性和幸福感，引进社会优质资源，丰富课后服务内容，都需要有充足的经费。因此，各地都加大了财政支持力度，加强课后服务经费保障。从课后服务经费的来源看，上海市的学生课后服务坚持免费原则，所有经费均由市和区两级财政承担。其他三省的学生收费与否以及收费标准不尽相同。浙江省金华市按小学阶段每生每学期 600 元、初中阶段每生每学期 800 元的标准收费，并全部用于参与课后服务的教师和相关人员的补助，同时财政对义务教育学校按照每生每学期 100 元的标准给予补贴，困难家庭学生一律免缴费用。绍兴市采用财政补贴、服务性收费、社会赞助等多种方式筹措经费，保障教师课后服务补助。绍兴市上虞区则规定课后服务的区财政补助标准为家长缴费的 30%。江苏省鼓励有条件的地区将课后服务经费全额纳入财政保障，其他地区可按每生每学期不超过 300 元的标准收费。南京市按照平均每生每年不少于 500 元标准设立专项资金用于课后服务。安徽省合肥市规定对于第三方机构提供的"个性化课程"，家长可自愿选择参加，且每生每学期收费不超过 600 元。

从课后服务的教师报酬看，各地的标准不一。目前从公开资料看，大部分地区的学校教师课后服务报酬标准在 60~85 元/课时。上海市教师的报酬标准最高，为每课时 85 元，法定工作日进行课后服务 2 小时按 3 课时折算，少年宫、青少年活动中心等校外教育单位的教师参与课后服务均按此标准执行。浙江省台州市椒江区按学校教职工 80 元/课时，外聘专业人士不高于 200/课时的标准给教师发放课后服务报酬。江苏省规定按照每课时不低于 60 元的标准给教师发放课后服务报酬。南通市以小学 70 元/课时，初中 80 元/课时的标准给教师发放课后服务补助。南京市明确参与课后服务人员每课时补贴不少于 80 元标准。安徽省池州市要求按照每课时（含初中阶段晚自习辅导）不低于 40 元、不高于 70 元的标准向参与课后服务的教师及相关人员发放补助，并向班主任和一线教师倾斜。

对参与课后服务的学校教师而言，除了报酬，还有其他一些福利与后勤服务也非常必要。一市三省纷纷通过各种举措与措施给予教师更多的关心和支持，主要包括弹性上下班/调休、提供方便菜、晚餐和休息场所等。在浙江省金华市，"无理由休息日"是很多学校的"标配"。宁波市采取了弹性上下班、设置 AB 岗均衡配置师资等创新举措。绍兴市为参与课后服务的教师和子女提供晚餐和休息场所，并实行弹性上下班及调休制度。衢州市推出"爱心早晚餐、弹性上下班、休息周转房、哺乳有空间、考核有体现、辛苦有酬劳"六大保障机制，教师"舒心"留校。嘉兴市建立柔性出勤考核机制，推出"时间银行卡""调休条""心情假"等措施，简化"弹性上下班"请假流程，让参与课后服务的教师可灵活调配工作休息时间。鼓励各校为教师休息、锻炼身体提供设备和环境，大力开展"冬暖夏凉"工程，评选"最美办公室"，开辟流动书屋、开心农场、文化沙龙、课间茶歇等休憩场所。江苏省南京市鼓励学校试行弹性上下班，一些学校每月一次的"任性假"，为教师送上理解和关怀。

此外，各地对课后服务工作的其他方面进行了全方位的保障，如学生晚餐、学生安全、放学的交通管理、保安安排、照明工程等。例如，上海市很多学校为允许学生自带独立包装的点心定时进食，一些学校为了课后服务学生的放学安全而加装照明灯等。杭州市"双减"工作专班及时研究制定"护校安园"方案，专门设置了课后服务组。组内的交警部门、教育部门借助大数据治理，全面排摸接送家长、上放学时间、接送方式等基础数据，分析拥堵成因。公交集团精准优化公交站点，调整时间，开通了600多条"求知专线"，14条线路。在此基础上，各地各校合理制定错时上放学方案，组织教师、家委会代表、志愿者参与"疏堵行动"。绍兴市上虞区政府投入资金317万元，新建18个学生等候室，学校安排值班教师和安保人员进行管理，解决部分学生过早到校和课后服务结束后家长晚接孩子的难题。

五、 长三角学生校外培训负担与长三角校外培训机构治理情况

（一）长三角教育现代化监测问卷校外培训调查结果

如图3-4所示，长三角区域超过七成的学生（73.4%）认为参加校外语文、数学、外语等学科类辅导班会增加学习负担。其中，安徽省比例最高（77.4%），比最低的上海市高逾15个百分点。从不同年级看，四年级（75.7%）略高于初二年级（70.8%）。从学校地理位置来看，乡镇农村的比例（78.9%）最高，比最低的城市高了逾10个百分点。

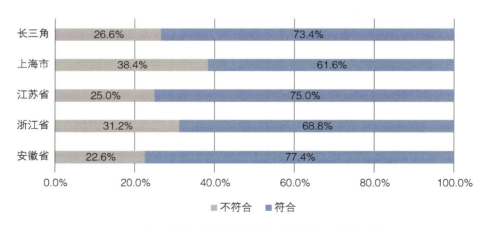

图3-4 长三角学生认为参加校外辅导会增加学习负担的比例

从家长的经济投入看（见图3-5），长三角区域54.9%的家长表示"参加校外学科类培训给家庭造成过重的经济负担""完全符合"实际情况。其中，江苏省最高（57.9%），比最低的上海市（48.7%）高近10个百分点。选择"完全符合"和"比较符合"的家长达到74.2%。结合家长的背景信息看，越靠近市区，家长选择"完全符合"的比例越低，说明城市家长感到的参加校外学科类培训带来的经济负担较低。

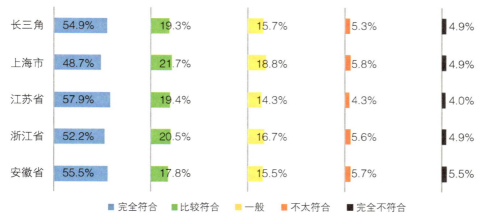

图3-5　长三角家长认为校外教育带来过重经济负担的比例

从家长的时间与精力投入看（见图3-6），长三角区域53.6%的家长表示"参加校外学科类培训给家长带来过重的时间和精力负担""完全符合"实际情况。其中，江苏省最高（57%），比最低的上海市（48%）高近10个百分点。长三角区域选择"完全符合"和"比较符合"的家长达到73.5%。结合家长的背景信息看，越靠近市区，家长选择"完全符合"的比例越低，说明城市家长感到的参加校外学科类培训带来的时间和精力负担较低。随着学段的升高，选择"完全符合"的家长比例反而降低。

图3-6　长三角家长认为校外教育带来过重时间和精力负担的比例

如图3-7所示，长三角91.5%的家长认为"本地的校外培训机构没有在国家法定节假日、休息日及寒暑假期组织学科类培训"。其中，上海市最高（94.1%），浙江省最低（90.5%）。结合家长的背景信息看，随着学段的升高，家长选择"符合"的比例降低。此外，长三角区域95.5%的家长表示"老师没有推荐孩子到校外培训机构或个人培训班补课"。

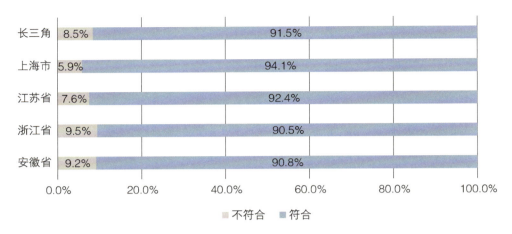

图 3-7　长三角家长认为本地校外教育规范的比例

如图 3-8 所示，长三角区域样本教师对校外培训不起明显作用的认可度较高。首先，从提升孩子的学习成绩看，长三角区域 52.0% 的家长表示"参加校外学科培训不能明显提升孩子的学习成绩""完全符合"实际情况，说明超过一半的家长不认为参加校外学科培训能明显提升学习成绩。其中，江苏省最高（55.6%），上海市最低（43.3%），相差 12.3 个百分点。从教师问卷中的同一题目看，长三角选择"完全符合"的教师比例达到五成，"完全符合"和"比较符合"的教师比例达到近八成。其中，江苏选择"完全符合"的比例最高，达到 57.9%，上海最低（41.2%），相差 16.7 个百分点。

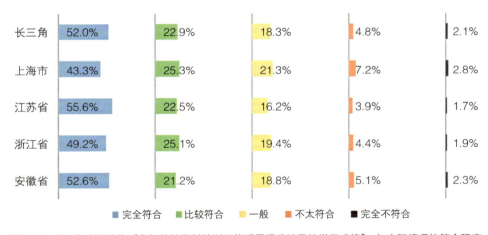

图 3-8　长三角家长认为"参加校外学科培训不能明显提升孩子的学习成绩"与实际情况的符合程度

其次，从提高学生学习的主动性和积极性看，在"据我观察，参加校外学科类培训不能明显提高学生学习的主动性和积极性"上，选择"完全符合"和"比较符合"的教师比例达到 81.5%。江苏省这一比例是最高的，上海市是最低的，差异在 10 个百分点左右，结合前面的数据，说明上海市教师认为校外培训能起到作用的比例明显高于其他三省。结合教师的背景信息看，总体而言，一市三省样本教师对校外学科类培训提高学生学习成绩以及学习主动性和积极性的认可度随着学段的上升而提高，随着年龄、教龄的增长而上升，并且城市略高于乡镇。

如图 3-9 所示，长三角样本中小幼教师对校外培训机构治理成效认同度较高，认为"本地政府治理校外学科类培训工作成效显著""完全符合"和"比较符合"实际情况的教师比例达到 85.3%；在"规范校外培训机构政策的实施，有利于我有序落实教学安排"上选择"完全符合"和"比较符合"的教师比例达到 86.6%。其中，安徽省教师对"本地政府治理校外学科类培训工作成效显著"的认同度最低，上海市和安徽省教师对"规范校外培训机构政策的实施，有利于我有序落实教学安排"的认同度偏低。结合教师的背景信息看，总体而言，教师对这两项的认同度随着学段的升高而下降，随着教师职务的升高而升高，随着年龄、教龄的增长而下降。

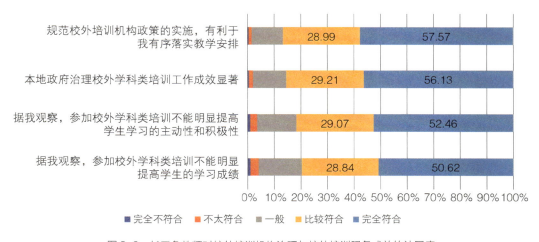

图 3-9　长三角教师对校外培训机构治理与校外培训服务成效的认同度

（二）校外培训治理政策出台与机制构建

一市三省均出台了校外培训治理的相关政策，构建了相关机制。上海作为全国贯彻落实中央"双减"政策 9 个试点地区之一，2017 年在全国率先出台规范校外培训机构的"一标准两办法"（《上海市民办培训机构设置标准》《上海市营利性民办培训机构管理办法》以及《上海市非营利性民办培训机构管理办法》）。此后，上海市针对民办培训机构资金管理，校外培训服务类别鉴定，学科类校外培训收费，校外培训机构设立与管理，学科类、体育类、文化艺术类校外培训机构设置标准等各方面进行发文明确相关规定与要求。2021 年下半年，浙江陆续对校外培训机构学科类和非学科类项目鉴别、营利性学科类校外培训机构转登、营利性学科类校外培训机构换发和注销办学许可证、校外培训机构登记民办非企业单位、营利性学科类校外培训机构转为非学科类机构等工作发文，全面构建"双减"工作政策体系的四梁八柱。2021年底到2022年初，浙江省体育局、科技厅、文旅厅联合省教育厅陆续出台体育类、文化艺术类、科技类校外培训机构准入指引（试行），对这三类非学科类校外培训机构的准入资质进行了详细规定与说明。江苏省针对校外培训收费监管连续出台政策文件，要求全面规范各类校外培训机构收费管理。安徽省针对校外培训机构从业人员管理、校外培训材料管理专门进行发文，同时还出台了文化艺术类、科技类和体育类校外培训机构设置标准以及机构审批流程。

除了出台政策以外，长三角区域多地还建立了专门的信息平台，方便对校外培训机构进行监管。如浙江省建立了"浙里培训"平台系统，集成"机构审批""选课购课""风险预警"等多功能子场景，提供了整合各市县区域校外培训服务应用的全新解决方案。浙江省多地搭建了校外培训机构管理服务平台（如杭州"安心培训"平台、"金信培"、"甬信培"等）并在"浙里办"APP等平台上线运行。江苏省建立统一平台——"江苏省中小学生校外培训机构管理服务平台"，面向全省教育行政部门、中小学生、家长、培训机构、社会大众。江苏省南通市同时建立"双减"一体化大数据管理平台，融入市域治理现代化指挥系统，统一校外培训机构监控设备，打通市场监管、公安、教育等数据库，实现对机构证照信息、学员信息、教师信息等进行预警和24小时全天候监管。安徽省亳州市教育局与科大讯飞公司联合研发了校外培训监管平台，平台数据与省"双减"智慧管理平台互联互通，集教学监管、资金监管、安全监管于一体，大大提高了监管的实效性。

除了出台政策和搭建平台等比较统一的举措以外，多地在校外培训机构治理方面有一些特色的经验与做法。如上海市建设"上海市培训协会跨界公益互助平台"，建立"跨界公益互助机制"，由被动的机构停业应对转为主动的提前储备公益资源，当有培训机构非正常停业时，利益受损的消费者可以在平台上申请获得其他机构提供的公益互助培训课程，目前已形成超过14亿元的公益互助课程库。浙江省绍兴市在全省率先推行校外培训机构积分量化管理办法，模拟交规管理中机动车驾照12分扣分模式，不同违规行为给予不同扣分处理，累计扣6分为约谈并责令整改，扣10分为警告并停业整顿，扣12分为依法取消办学许可。此外，文化馆联合校外艺术类培训机构，成立全民艺术普及联盟，指导机构不断丰富课程项目、提升艺术培训质量。宁波市镇海区探索校外培训机构四级风险管理机制，根据机构类型、学生余量、退费金额、举办现状四大风险因素，将培训机构分为ABCD四个等级，成立"定向包干"的7个检查小组，进行动态评估与分级管理。江苏省南通市要求机构各授课教室须安装24小时全覆盖视频监控，视频内容"云存储"半年以上，连入南通市"双减"监管与服务平台。安徽省铜陵市创新打造校外教育培训特色街区（中航时光街、吾悦广场校外培训特色街区），打造教育"航母巨舰"，积极引导培训机构入驻街区规范发展。

（三）建立培训机构设置标准与实施分类管理

在对校外培训机构的管理中，设置标准与分类是前置性条件。一市三省都出台了专门或相关政策文件对此进行规定，如上海市出台了学科类、体育类、文化艺术类校外培训机构设置标准以及中小学生校外培训服务类别鉴定指引；安徽省出台了文化艺术类、科技类和体育类校外培训机构设置标准及审批流程；浙江省出台了义务教育阶段校外培训机构学科类和非学科类项目鉴别指引。

从各地实践看，浙江省率先成立省市县三级培训项目鉴别机制，成立"1+11+X"三级专家鉴别委员会，即省级、设区市级和县（市）级按要求分别由教育行政部门牵头，组织学科专家、行业专家和法律专家等人员成立鉴别专家委员会。有意愿的校外培训机构可向属地教育主管部门提交申请表及相关佐证材料，经专家组综合研判，给出明确的"学科类"或者"非学科类"鉴别结论。杭州市级层面成立学科审核鉴定专家委员会，区级层面成立项目鉴定委员会，实行"专家委员会+专家审查小组+法律专家"联审。在此基础上，西湖区、萧山区还率先制定赋分细则，按照专家资料审核占比40%，实地核查占比50%，家长评价占比10%的比例赋分，确保主客观相对统一。金华市在全国率先出台艺术、体育、科技、托育等4类非学科类培训机构设置标准，全方位加强校外培训机构的监管治理工作。舟山市同步组织成立的9个义务教育学科鉴别小组，采取"四不两直"方式，对辖区内培训机构实行随机"推门听课"。江苏省南通市明确由体育、文广旅、科技等部门对相应的非学科类培训机构进行审批，成立校外培训机构学科类、非学科类鉴定专家组，组织多轮专家鉴定培训会。

（四）加强对校外培训机构的资金监管

一市三省出台的大政策都涉及到校外培训机构的资金监管，此外，有些地方还专门出台针对资金监管的政策文件，如《上海市民办培训机构培训资金管理指引》《浙江省校外培训机构预收费管理暂行办法》等。从一市三省的实践看，对资金的监管主要通过监管平台开展，主管部门与银行合作对校外培训机构的资金进行过程监控。上海要求校外培训机构预收费的，一次性预收费不得超过3个月或者60课时（含以"赠送"等名义提供的培训服务），预收时间不得早于对应所有培训服务开始前的1个月。浙江省严格控制资本过度涌入培训机构，落实资本管理"四个不得"（即学科类培训机构一律不得上市融资，严禁资本化运作；上市公司不得通过股票市场融资投资学科类培训机构，不得通过发行股份或支付现金等方式购买学科类培训机构资产；外资不得通过兼并收购、受托经营、加盟连锁、利用可变利益实体等方式控股或参股学科类培训机构）等。浙江省宁波市探索实施成本预拨、计次消课、隔天划算的培训收费模式。江苏省南通市确定校外培训机构资金监管方案，将培训预收费纳入资金监管平台，实行一课一划账。安徽省合肥市教育局会同市地方金融监督管理局共同开发了合肥市校外培训机构学员预缴费服务系统。

六、 长三角中小学生的其他负担

（一） 与考试有关的负担与压力

1. 成绩排名与根据成绩排座情况

如图 3-10 所示，在"我们班级没有对考试成绩进行排名"的回答中，长三角区域 84.4% 的被调查学生反馈班级没有对成绩进行排名，15.6% 的学生反馈存在对成绩排名的情况。其中浙江省家长反馈存在排名情况的比例（23.4%）最高，上海市最低（9.5%），两者相差近 14 个百分点。结合学生的背景信息看，四年级学生反馈存在成绩排名情况的比例为 9.1%，而初二年级学生反馈存在分班情况的比例 22.9%，说明初中阶段的成绩排名现象相对较多。同时，民办学校相对而言存在排名现象的比例（16.2%）大于公办学校（11.0%）。

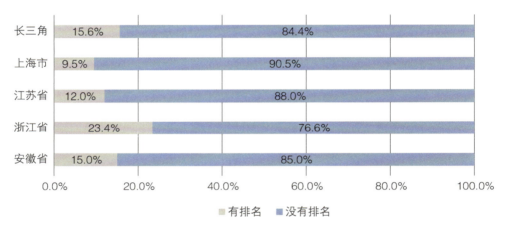

图 3-10 长三角中小学生对是否进行成绩排名的反馈

从家长问卷的结果看，长三角区域 91.2% 的家长表示"老师没有在班级或班级群中公布过学习成绩排名"。其中，浙江省和安徽省家长反映公布过排名的比例较高，在一成左右，上海市最低（5.7%）。结合家长的背景信息看，小学家长反映公布过排名的比例（5.6%）明显低于初中家长（10.1%）和普通高中家长（11.5%）。

如图 3-11 所示，在班级是否会根据学习成绩排座位的调查内容上，长三角区域 91.8% 的被调查学生反馈没有根据成绩排座位的现象。其中，浙江省学生反馈根据学习成绩排座位的比例（11.1%）最高，上海市最低（5.0%）。四年级学生反馈存在根据成绩排座情况的比例（6.1%）低于初二年级学生（10.6%）。

2. 均衡分班情况

如图 3-12 所示，在"我们学校没有分'重点班、快慢班、实验班'"的回答中，长三

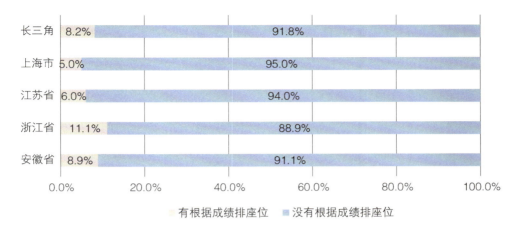

图 3-11　长三角中小学生对是否根据成绩排座位的反馈

角区域有 88.5% 的被调查学生反馈不存在分班情况。其中，浙江省学生反馈存在不均衡分班情况的比例最高（16.0%），江苏省最低（6.3%），两者相差近 10 个百分点。结合学生的背景信息看，四年级学生反馈存在不均衡分班情况的比例为 6.4%，比初二年级学生（17.2%）低 10.8 个百分点。从学校性质看，民办学校（16.2%）高于公办学校（11.0%）。

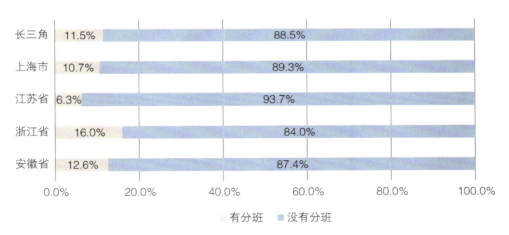

图 3-12　长三角中小学生对是否分快慢班、实验班、重点班的反馈

（二）睡眠时间

如图 3-13 所示，长三角区域中小学生报告睡眠充足的整体比例为 81.2%，其余近两成的学生反映睡眠不足。其中，安徽省的比例最高（84.1%），上海市最低（77.3%）。结合学生的背景信息看，四年级学生达到睡眠时间充足的比例为 89.3%，比初二年级学生（72.1%）高 17.2 个百分点。越接近市区，睡眠不足的学生比例越高，城市比乡镇农村高近 15 个百分点。

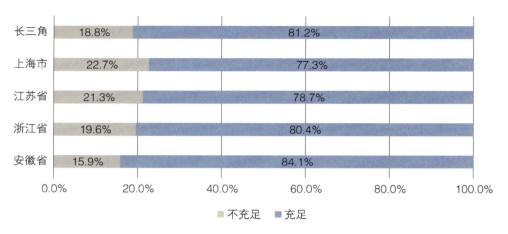

图 3-13　长三角中小学生对睡眠时间是否充足的反馈

如图 3-14 所示，长三角 61.4% 的家长认为"孩子睡眠时间充足""非常符合"实际情况，23.7% 的家长认为"比较符合"。其中，上海市家长选择"非常符合"的比例较低。浙江省选择"非常符合"和"比较符合"的家长比例之和（87.4%）最高，比最低的上海市高5.6 个百分点。结合家长的背景信息看，随着学段的升高，选择"完全符合"的家长比例降低，高中比小学低近 20 个百分点。越靠近市区，选择"完全符合"的家长比例越低，城市的比例比农村低近 15 个百分点。

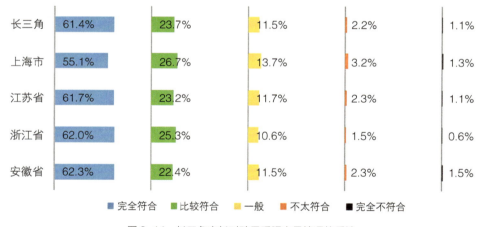

图 3-14　长三角家长对孩子睡眠充足情况的反馈

（三）体质健康与校内外运动情况

1. 体质健康状况

根据国家学生体质健康监测结果，2020 年长三角大中小学学生体质健康优良率为42.1%，其中小学、初中和高中的学生体质健康优良率均已超过 50%（见图 3-15）。相比较而言，2015 年到 2020 年间，长三角从东部、京津冀、长江经济带、长三角中体质健康优良率最末位上升到了第一位，其中主要原因是长三角的体质健康优良率的下降幅度最小（见图3-16）。

图3-15　长三角各级教育学生体质健康优良率

图3-16　全国及部分区域大中小学生体质健康优良率

2. 学生校内外运动情况

2021年长三角教育现代化问卷调查结果显示，长三角区域91.8%的学生每天校内运动不少于1小时，85.3%的学生每天校外运动不少于1小时，校内运动时间相对于校外而言更有保障。其中，安徽省能保证每天校内运动1小时的学生相对而言比例较低，上海市能保证每天校外运动1小时的学生相对而言比例较低。结合学生的背景信息看，越靠近市区，学生校内、外运动时间不小于一小时的比例越低。

3. 近视率

如图3-17所示，2018年，全国儿童青少年总体近视率为53.6%，长三角儿童青少年总体近视率57.6%，高于全国平均水平，在京津冀、东部地区、长江经济带等几个区域中是最高的，需要引起进一步的重视。2019 年总体近视率下降为 50.2%，比 2018 年下降了 3.4 个百分点。受新冠疫情影响，2020 年全国儿童青少年总体近视率为 52.7%，较 2019 年上升了 2.5 个百分点，但较 2018 年仍下降 0.9 个百分点，基本实现了近视率每年下降 0.5 个百分点的防控目标，儿童青少年近视防控工作取得了明显进展。

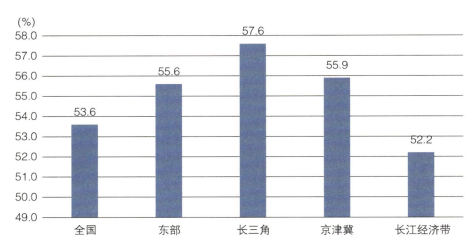

图 3-17　2018 年全国及部分区域儿童青少年总体近视率

七、 对长三角减轻中小学生过重学业负担的意见与建议

无论是公开统计数据还是问卷调查数据都显示，"双减"实施半年多以来已经取得一定成效，说明长三角学生学业负担有一定程度的缓解。然而，减轻学生的学业负担不可能一蹴而就，"双减"实施依然存在诸多痛点和难点等待我们去攻克，本研究提出以下几个方面的意见与建议。

（一）开展长三角学生学业负担联合监测

目前，长三角没有统一的学生学业负担监测，导致我们对长三角学生的总体学业负担没有量化的了解，一市三省的很多学业负担无法进行比较。因此，建议研制长三角学生学业负担监测指标体系，加强指标体系的科学性、可操作性和数据获取的便捷性。在此基础上，每年定期开展长三角学生学业负担联合监测，发布学业负担监测报告，分析长三角学生学业负担情况存在的问题，提出针对性的政策改进建议，推进长三角学生过重学业负担得到进一步减轻。

（二）提升作业设计和课后服务的质量

目前学校给学生布置作业重"量"轻"质"的情况依然存在。高质量的作业设计能增强学生的学习兴趣、巩固学习内容、发展学习能力、培养良好的学习习惯。因此，要将作业设计纳入地方教研体系和教师教研规划，对教师开展作业设计的专项培训，并利用各级中小学智慧教育平台，汇聚共享优质作业资源，提高教师分层、个性作业设计与评价能力。此外，要丰富作业内容与形式，增加长作业、实践性作业、动手类作业，探索基于五育融合的创新型作业等等。此外，学校要充分调动校内外各种资源，丰富课后服务内容，提高课后服务课程与活动的质量，丰富课后服务的形式，不断提高家长和社会对学校提供的课后服务的满意度。

（三） 减轻教师负担与提升教师专业能力并重

"双减"之后，各方普遍反映教师的工作量明显增加，工作时间延长，担子和压力也更大。在给学生减负的同时，教师也同样需要减负。这方面可以在制度上做一些更大范围的探索和具体举措，如弹性上下班、轮休等等。学校长效落实"双减"，着眼点在于促进教师专业发展，特别是激发教师专业成长的内驱力。随着作业时长和课外"补餐"的减少，家长、学生和社会对校内教育质量的追求和要求更高，需要教师下更大功夫、投入更多精力提升自己的专业能力。作业设计能力、课后服务课程与活动设计与实施能力、导师能力都是对教师专业能力的一些新要求。新出台的《新时代基础教育强师计划》为造就新时代高素质专业化创新型中小学教师队伍描绘了蓝图，对现有教师队伍建设提出"实施高素质教师人才培育计划"，推动教师队伍整体素质提升。

（四） 完善家校社协同的合力育人机制

落实"双减"，需要政府、学校、家庭、社会多方协同、统筹推进、共同治理，要明确各主体的责任和边界，形成合力。学校应构建好学校教育和家庭教育的协同共育关系，重视"双减"政策背景下家庭教育和学校教育的关系，着重关注如何构建良好的家校协同共育体系和机制。《家庭教育促进法》已经正式实施，家庭和学校要在教育理念、教育方式、学业安排、习惯养成、亲子教育等方面协同。社会教育也是学校教育的重要补充，经过一些教育行政部门认可的非学科类培训机构已经参与到课后服务中，此外还有更多高校、企事业单位、社会场馆等社会力量参与到课后服务以及其他校内教育中。在坚持学校是课堂教学主阵地的前提下，制定相关制度，系统整合社会力量参与学校教育是非常有必要的。构建以学校教育为主导、家庭教育为基础、社会教育为依托的育人协作共同体，优化教育生态体系、助力学生全面发展。[①]

（五） 利用信息技术与人工智能为"双减"服务

落实"双减"需要应用信息化手段推动教育系统的深层次变革，扩大优质教育资源供给，创新教学服务方式，为师生创建有利于减负增效提质的育人环境。有学者提出需要从线上学习资源、立德树人主题资源、家校协同育人资源、智能化作业工具等方向扩大优质资源

---

① 陈晓慧. "双减"时代智能技术的可为与能为——基于"家—校—社"协同育人视角［J］. 中国电化教育，2022（4）：40-47.

供给，并探索了如何应用数字资源服务课堂教学、服务个性化学习、服务分层作业、服务课后服务的基本策略，为数字教育资源赋能"双减"改革提供理论依据。[①] 从人工智能与教育的深度融合来看，人工智能对"双减"行动的体系赋能主要表现在运用人工智能重组教育材料、重设教育环境、重塑教育过程、重构教育评估。[②]

（六） 加强长三角地区"双减"典型做法与经验的交流和借鉴

目前，长三角各地基本各自埋头苦干，缺乏相互之间的沟通、互动与交流。部分地区在"双减"上有较好的做法与经验，但没有得到长三角范围内的大范围推广与交流。因此，建议加强长三角地区"双减"典型做法与经验的交流与学习借鉴，分主题召开"双减"经验交流会，每年至少开展一次，每次由一市三省轮流主办，广泛邀请长三角的地区与学校参加交流会，会议前可开展"双减"典型案例征集，也可进行优秀案例评选。

（七） 探索"创新能力"培养路径和方法

鉴于长三角"一极三区一高地"的战略定位，创新人才的培养与储备至关重要。为不断扩大长三角创新人才蓄水池，建议以学生"创新能力"培养为抓手进一步推进长三角"双减"工作。对教育而言，减轻学生过重学业负担本身并不是目的，培养德智体美劳全面发展的学生才是目的。创新能力对学生的重要性已经不言而喻，建议在学校课程、教学方式、作业布置、课后服务等各个方面关注培养学生的创新能力，创造更有利于学生创新能力发展的学习环境，同时也要提高教师的创新能力，注重对教师预备人员的创新能力培养与考核。

参考文献

［1］艾兴. 中小学生学业负担：概念、归因与对策——基于当前基础教育课程改革的背景 ［J］. 西南大学学报（社会科学版），2015（4）：93-97.

［2］艾兴，王磊. 中小学生学业负担：水平、特征及启示 ［J］. 教育研究，2016（8）：77-84.

［3］陈霜叶，柯政. 从个人困扰到公共教育议题：在真实世界中理解中小学生课业负担 ［J］. 全球教育展望，2012（12）：15-23.

［4］陈晓慧. "双减"时代智能技术的可为与能为——基于"家—校—社"协同育人视角 ［J］. 中国电化教育，2022（4）：40-47.

［5］胡惠闵，王小平. 国内学界对课业负担概念的理解：基于500篇代表性文献的文本分析 ［J］. 教育发展研究 2013（6）：18-24.

［6］柯清超，鲍婷婷，林健. "双减"背景下数字教育资源的供给与服务创新 ［J］. 中国电化教育，2022（1）：17-23.

［7］李佳丽，张民选，张平平. 实现"双减"的路径探究：基于外部和内部激发因素的分析 ［J］. 教育发展研究，2022（4）：9-20.

［8］鲁林岳. 综合辩证论"减负" ［J］. 教育研究，2007（5）：69-72.

［9］陶蕾，杨欣. "双减"的价值证成与时代路向 ［J］. 中国电化教育，2022（3）：7-15.

［10］肖建彬. 学习负担：涵义、类型及合理性原理 ［J］. 教育研究，2001（5）：53-56.

---

① 柯清超，鲍婷婷，林健. "双减"背景下数字教育资源的供给与服务创新 ［J］. 中国电化教育，2022（1）：17-23.

② 陶蕾，杨欣. "双减"的价值证成与时代路向 ［J］. 中国电化教育，2022（3）：7-15.

教师队伍建设

4

长三角教师队伍建设现代化研究报告（2021年）
——基于长三角教育现代化监测评估数据的分析

课题组①

一、导　言

教师是教育发展的第一资源。造就让党和人民满意的现代化教师队伍，对于落实立德树人根本任务，培养德智体美劳全面发展的社会主义建设者和接班人，建设高质量教育体系，实现教育现代化，建成教育强国，办好人民满意的教育具有重要战略意义。长江三角洲地区是全国经济发展最活跃、开放程度最高、教育发展水平最好、创新能力最强的区域之一，考察其教师队伍建设现代化水平，对于推动该地区教育高质量发展，引领全国教师队伍现代化建设有着重要的政策和实践意义。

（一）问题提出

党的十八大以来，以习近平同志为核心的党中央始终将教师队伍建设作为基础工作，摆在突出位置。2018年1月，中共中央、国务院印发《关于全面深化新时代教师队伍建设改革的意见》，对新时代教师队伍建设作出顶层设计。此后又先后颁布《教师教育振兴行动计划（2018—2022年）》《深化新时代职业教育"双师型"教师队伍建设改革实施方案》《关于加强新时代乡村教师队伍建设的意见》《关于加强新时代高校教师队伍建设改革的指导意见》《关于实施职业院校教师素质提高计划（2021—2025年）》《新时代基础教育强师计划》等文件。从总体性文件到专项政策，从教师教育、职业教育、乡村教育、高等教育到基础教育，国家层面面向"十四五"及今后一段时间的全口径高质量教师队伍建设政策体系已构建形成。

近年来，世界各国也纷纷将高素质教师队伍建设作为教育竞争力提升的重点。美国的《不让一个孩子掉队法案》中明确提出"高质量教师计划"，此后颁布的《让每个孩子都成功法案》进一步聚焦高质量教师队伍建设。② 英国教育部于2017年与该国国家教学与领导学院组建一个新部门，旨在吸引最优秀和最有能力的人加入教师队伍；2019年，为吸引和留住

---

① 课题组成员：顾春明、周明、洪港、甘媛源、王欣蕊、邓佳、陈学军、李佳哲、叶萌、姜萌萌。
② 焦楠，陆莎，李廷洲. 落后地区教师队伍建设的政策创新——新世纪美国联邦政府的政策举措与启示 ［J］. 教育发展研究，2018（2）：62-70；谷小燕. 美国三位一体的教师队伍建设体系 ［J］. 世界教育信息，2016（16）：49-54.

更多教师，英国政府又颁布《教师招聘和留任战略》。[①] 为吸引优秀青年人加入教师队伍，日本中央教育审议会于 2019 年审议通过《改革学校工作方式的综合措施——为新时代的教育建立可持续的学校指导和管理体系》。[②] 此外，联合国教科文组织、经济合作与发展组织（OECD）、世界银行等国际组织也给予教师质量与教师发展政策特别的关注，继 2008 年后，这些组织每年陆续发布报告，努力推动教师队伍建设政策创新。

掌握教师队伍建设的动态和水平，了解教师队伍建设过程中的问题和短板，是靶向发力、精准施策的前提。2008 年，OECD 启动 "教师教学国际调查"（Teaching and Learning International Survey，TALIS），分别于 2008 年、2013 年和 2018 年进行调查，并发布三份教师队伍建设的报告。联合国教科文组织的教育指标体系中也有关于教师队伍建设的相关指标，用以对各国的师资情况进行监测和评估。联合国教科文组织的全民教育全球监测中，尽管每年监测主题不同，但是优质教师队伍建设始终是其重要关注。同时，美国等国家也专门开展了针对教师队伍建设的大规模监测项目。[③]

结合政策需求和国际趋势看，如何基于大规模监测与数据分析，为我国高质量教师队伍建设提供决策支持成为当务之急。

（二）框架与指标

1. 文献梳理

（1）国际组织的指标框架

TALIS 的指标框架：2018 年的 TALIS 指标框架由 11 个主题和 56 个指标构成。11 个主题为教师教学实践、学校领导、教师专业实践、教师教育与职前培养、教师反馈与发展、学校氛围、教师满意度（含动机）、教师人力资源问题与利益相关者关系、教师自我效能感、创新、平等和多样化，它们对应着 "吸引教师、发展教师、留任教师、学校效能和有效教学" 5 个政策关注中的 1—3 个问题。[④]

联合国可持续发展目标中的相关指标：联合国可持续发展目标的 "目标 4.c" 为：到 2030 年，大量增加合格教师的供给，包括通过国际合作在发展中国家，特别是最不发达国家和小岛屿发展中国家进行教师培训。其全球指标为 "特定国家学前教育、初等教育、初中教育和高中教育阶段的教师，接受相应教育阶段所要求的最低程度职前或教师培训（如教学培训）的比例"；主题指标包括资格、培训、激励和支持四个内容。[⑤]

---

① 李旭. 中小学教师队伍建设全球展望 [J]. 新课程评论，2020（12）：119-128.

② 高慧斌. 社会变革下，日本努力提升教师地位 [N]. 中国教育报，2020-04-17（6）.

③ 檀慧玲，刘艳. 教师队伍建设政策创新研究：国际比较的视角 [J]. 西北师大学报（社会科学版），2017，54（6）：111-116.

④ Ainley J, Carstens R. Teaching and Learning International Survey（TALIS）2018 Conceptual Framework [R]. OECD Education Working Papers 187, OECD Publishing, 2018.

⑤ UNESCO. Education 2030: Incheon Declaration and Framework for Action for the Implementation of Sustainable Development Goal 4 [EB/OL].［2022-12-15］. http://uis.unesco.org/sites/default/files/documents/education-2030-incheon-framework-foraction-implementation-of-sdg4-2016-en_2.pdf.

（2）国内研究者的主要观点

体系取向的观点：体系取向研究的理论色彩较浓，致力于对教师现代化或教师队伍建设问题形成一个整体性的认识。在此取向中，又有两个不同的关注焦点：一是关注教师本身；二是关注教师队伍建设。前者以阮成武等为代表，后者以赵明仁等为代表。阮成武认为，教师现代化是实现教师形象、教师制度和教师行为现代转型的过程，包括世俗化、专业化、科学化与人本化、民主化四个方面。[①] 赵明仁等人从基础层、核心层、制度层和社会层四个层面出发，构建了包含十方面内容教师队伍建设的结构。[②]

政策取向的观点：政策取向的研究聚焦国家重大教师队伍建设政策，有着鲜明的问题导向特征。朱旭东强调关注五个问题：一是教师的使命感、责任感和荣誉感；二是教师人力资源配置；三是教师职称评定；四是教师工作负担；五是教师专业发展及其支持体系。[③] 荀渊认为，建立教师教育体系与专业制度体系是高素质专业化创新型教师队伍建设的关键路径，提高教师社会地位则是其有效保障。[④] 王定华认为，新时代教师队伍建设要关注师德师风建设、教师教育改革、校长专业化建设、教师管理体制机制改革、教师地位提升、乡村教师资源配置、教师队伍建设投入等八项重点任务。[⑤]

实践取向的观点：实践取向的研究也以重大政策为指向，但更注重反映教师队伍建设的实际情况。李广的团队开发"中国教师发展问卷"，并对全国 8 个省份进行调研，反映了教师队伍现代化建设过程中的成就与问题。该团队的分析框架包括结构与规模、师德修养、核心能力、职业声望 4 个维度。

2. 分析框架

TALIS 的概念框架分两个维度：焦点与层次。"焦点"维度包括"教师职业"和"教与学"两个方面。"层次"维度包括"教师"和"机构"两个层面（见图 4-1）。[⑥] 如果说 TALIS 的概念框架偏重"过程"与"实践"，联合国可持续发展目标的指标框架更关注"基础"与"保障"，且在层次上更侧重国家或区域层面。

综合 TALIS 和联合国可持续发展目标的框架看，教师队伍建设水平分析的概念框架，可从层次和焦点两个维度构建。其中，"层次"包括教师、机构、区域三个层面；"焦点"包

① 阮成武. 中国教师现代化的路径选择 [J]. 安徽师范大学学报（人文社会科学版），2011，39（3）：327-333.
② 赵明仁，陆春萍. 新时代我国高素质专业化创新型教师队伍建设论纲 [J]. 教育科学，2021，37（1）：9-16.
③ 朱旭东. 当前我国教师队伍建设面临的问题刍议 [J]. 教育发展研究，2018（18）：1.
④ 荀渊. 新时代基础教育教师队伍建设的目标、内容与路径 [J]. 教师教育研究，2019，31（2）：8-14.
⑤ 王定华. 新时代我国教师队伍建设的形势与任务 [J]. 教育研究，2018（3）：4-11.
⑥ Ainley J, Carstens R. Teaching and Learning International Survey（TALIS）2018 Conceptual Framework [R]. OECD Education Working Papers 187, OECD Publishing, 2018：29.

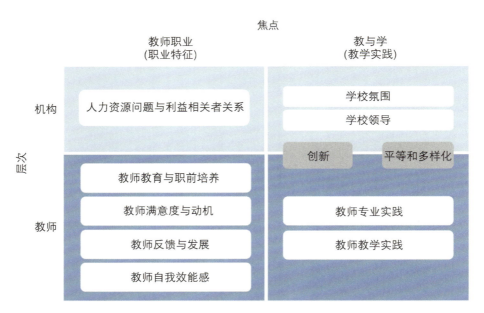

焦点

| 教师职业
(职业特征) | 教与学
(教学实践) |

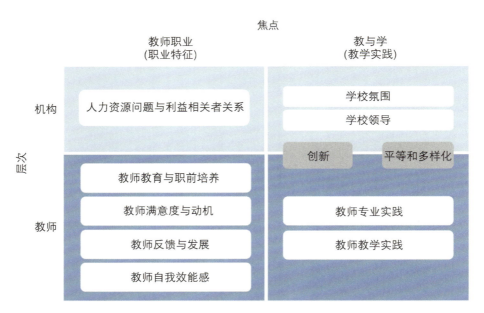

图 4-1　TALIS 2018 的概念框架

图 4-2　本研究的分析框架

括职业和教学两个方面。结合数据可获得性，本研究报告的分析在层次维度定位于区域层面，在焦点维度侧重于职业方面。在此定位下，结合当前教师队伍建设的政策关注与实践问题，研究团队构建包含三个维度的分析框架：数量保障、质量水平、职业地位（见图 4-2）。我们认为，"数量够"是基础，也是基本要求；"质量优"是重点，是体现现代化水平的核心；"地位高"是目标，也是重要条件。其中，在数量保障和质量水平维度还潜隐着"均衡程度"的考虑。[①]

3. 指标权重

（1）指标设定

基于文献梳理、政策需求和实践问题，并着重考虑数据的可得性，研究确立了如表 4-1 所示的长三角教师队伍建设现代化水平监测指标。由于"师德师风"和"信息素养"没有全国层面的数据，在进行长三角层面的分析时，"质量水平"维度包含师德师风、学历层次、职称水平和信息素养 4 个二级指标；而在进行全国层面的比较分析时，"质量水平"维度只

---

① 研究团队本来拟将"均衡程度"作为一个独立的维度，但一方面因为该维度与"数量保障"和"质量水平"维度有重合之处，另一方面相关数据支撑也不够充分，因此未将其独立设置，只是在相关指标的分析中适当关注。

包含学历层次和职称水平 2 个二级指标。

表 4-1　长三角教师队伍建设现代化水平监测指标

一级指标	二级指标	指 标 说 明
数量保障	生师比	主要考察不同学段的生师比情况
	适应度	主要考察教师数增长随学生数增长的情况，计算教师数增长与学生数增长的比例
质量水平	师德师风	主要考察大中小幼教师师德师风水平
	学历层次	主要考察学前教育教师接受专业教育比例、义务教育阶段本科及以上学历教师比例、普通高中研究生学历教师比例、中高职"双师型"教师比例、高校博士研究生学历教师比例等情况
	职称水平	主要考察不同学段高级职称教师的比例
	信息素养	主要考察不同学段教师的信息技术素养
职业地位	绝对工资收入	主要考察不同学段教师工资收入的绝对值
	相对工资水平	主要考察与其他行业人员比较的教师工资收入情况

（2）权重设置

研究运用层次分析法，采用 1—9 标度问卷，邀请专家对 3 个一级指标以及一级指标下的二级指标的重要性进行两两比较。受邀打分专家共 50 人，其中中小学教师 5 人，中小学校长 6 人、教育局副局长 3 人、教育研究者 36 人。但经过一致性检验后，只有 7 人的调查结果符合要求，且全部为教育研究者。基于这 7 位专家的结果，运用 yaahp 软件，分别计算出长三角指标体系和全国比较指标体系（见表 4-2）中各指标的权重。

表 4-2　教师队伍建设现代化指标体系各指标权重

一级指标	长三角层面二级指标的权重	全国层面二级指标的权重
数量保障（38%）	生师比（24%）	生师比（24%）
	适应度（14%）	适应度（14%）
质量水平（40%）	师德师风（14%）	学历层次（22%）
	学历层次（10%）	
	职称水平（8%）	职称水平（18%）
	信息素养（8%）	
职业地位（22%）	绝对工资收入（8%）	绝对工资收入（8%）
	相对工资水平（14%）	相对工资水平（14%）

（三）方法与数据

1. 研究方法

研究以统计分析为主要方法。结合数据情况，统计分析又以描述性统计分析为主。

2. 数据来源

本研究报告的分析以长三角教育现代化监测评估数据为主要数据来源。同时，在分析生师比、教师学历等指标时，采用相应年度的国家教育事业统计数据；在分析教师工资收入指标时，采用了《中国劳动统计年鉴》的数据。

二、长三角地区教师数量保障情况

本部分将报告长三角地区教师数量保障的总体情况以及生师比、适应度两个二级指标的情况。相关指标的监测点如表4-3所示。具体计算方面，数量保障的得分由生师比和适应度两个二级指标根据相应权重计算总分获得；二级指标的值取各监测点的均值。

表4-3　教师数量保障指标及监测点

二级指标	监测点
生师比	学前教育生师比
	小学阶段生师比
	初中阶段生师比
	高中阶段生师比
	高等教育生师比
适应度	学前教育师资适应度
	小学阶段师资适应度
	初中阶段师资适应度
	普通高中师资适应度
	高等教育师资适应度

（一）教师数量保障的总体情况

1. 长三角区域内部

长三角教师数量保障综合得分为73.97分，一市三省得分自高到低为上海、浙江、江苏和安徽，安徽是唯一低于长三角均值的省份。一市三省生师比与适应度的排序与总体情况相同（见表4-4）。

表4-4　长三角地区教师数量保障水平

排　名	地区	生师比得分	适应度得分	数量保障得分
	长三角	40.57	33.40	73.97
1	上　海	52.93	36.56	89.49
2	浙　江	43.95	35.6	79.55
3	江　苏	42.13	33.65	75.78
4	安　徽	23.25	27.77	51.02

2. 全国层面的比较

全国教师数量保障总体水平为65.31分，上海、浙江和江苏数量保障水平高于全国均值，分别列全国第2、6、9位；安徽低于全国均值，列全国第25位。长三角教师数量保障总体水平高于全国均值，低于京津冀和广东（见表4-5）。

表4-5　全国各省（自治区、直辖市）（不含港澳台）和主要区域教师数量保障水平

排　名	地　区	生师比得分	适应度得分	数量保障得分
	全　国	35.50	29.81	65.31
	长三角	40.57	33.40	73.97
	京津冀	44.41	34.47	78.85
2	上　海	52.93	36.56	89.49
6	浙　江	43.95	35.6	79.55
9	江　苏	42.13	33.65	75.78
24	广　东	31.44	23.66	55.1
25	安　徽	23.25	27.77	51.02

（二）生师比情况

1. 总体生师比

在长三角层面，生师比综合得分为64.39分，得分自高到低依次为上海、浙江、江苏和安徽（见图4-3）。在全国层面，生师比综合得分为56.35分，上海、浙江、江苏和安徽分别列全国第2、9、10、29位。长三角生师比综合得分高于全国均值和广东（49.9分），低于京津冀（70.49分）。

2. 各学段生师比

（1）学前教育生师比

《幼儿园教职工配备标准（暂行）》规定，幼儿与全日制幼儿园保教人员数量的比值必

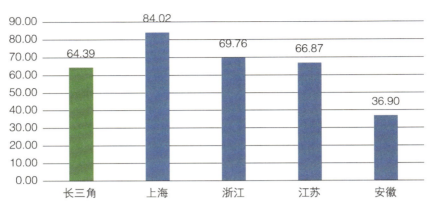

图 4-3　长三角地区生师比得分

须保持在7—9。长三角学前教育生师比均值为15.33。其中，上海、浙江和江苏高于长三角均值；安徽低于长三角均值（见图4-4）。可见，一市三省学前教育师资配置面临较大压力，都没有达到教育部规定的生师比标准。全国学前教育平均生师比为16.5，上海、浙江、江苏高于全国水平，分别列全国第5、8、12位；安徽低于全国水平，列全国第28位。

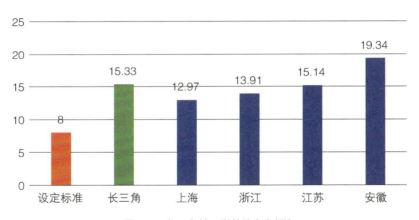

图 4-4　长三角地区学前教育生师比

（2）小学阶段生师比

《关于统一城乡中小学教职工编制标准的通知》规定小学学生与教职工比值应达到19。长三角小学生师比平均为16.39，一市三省均达到了国家规定要求。OECD成员国小学阶段的生师比均值为15。[①]　比较地看，上海小学阶段的生师比已经达到发达国家水平。全国小学阶段的生师比均值为16.67，上海高于全国水平，列全国第7位；江苏、浙江、安徽低于全国水平，分别列全国第19、20、26位。长三角小学阶段生师比水平高于全国均值，弱于京津

---

① OECD. Education at a Glance 2021：OECD Indicators［R］. Paris：OECD Publishing，2021：346.

冀，处于全国中等偏下水平（见图 4-5）。

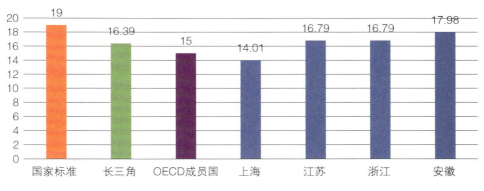

图 4-5　长三角地区小学阶段生师比

（3）初中阶段生师比

《关于统一城乡中小学教职工编制标准的通知》规定初中学生与教职工比值应达到 13.5。从长三角层面看，初中阶段生师比平均为 12.06，只有安徽未达到国家标准。参照 OECD 成员国的初中生师比值为 13[①]，长三角地区的初中阶段生师比已经达到发达国家水平。从全国层面看，初中阶段平均生师比为 12.73，上海、江苏、浙江初中阶段生师比好于全国，分别列全国第 6、13、15 位；安徽低于全国水平，列第 23 位。长三角初中阶段生师比好于全国均值和广东，低于京津冀，处于全国中等水平（见图 4-6）。

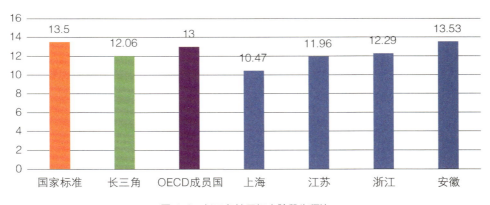

图 4-6　长三角地区初中阶段生师比

（4）高中阶段生师比

《关于统一城乡中小学教职工编制标准的通知》规定高中阶段学生与教职工比应达到 12.5∶1。从长三角层面看，高中阶段生师比平均为 11.13，只有安徽未达到国家标准。参照

---

① OECD. Education at a Glance 2021：OECD Indicators［R］. Paris：OECD Publishing，2021：346.

OECD 成员国的中等教育生师比值为 13，长三角高中阶段生师比总体上亦达到了发达国家的水平（见图 4-7）。从全国层面看，全国高中阶段平均生师比为 12.90，上海、江苏、浙江和安徽分别列列全国第 2、6、7、24 位。长三角高中阶段生师比低于全国均值和广东，高于京津冀，处于全国前列。

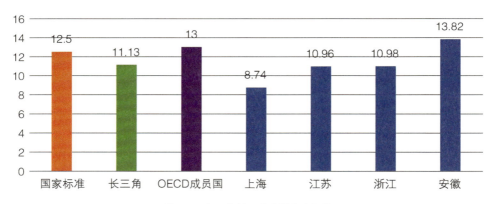

图 4-7　长三角地区高中阶段生师比

（5）高等教育生师比

《普通高等学校基本办学条件指标（试行）》为不同类型的高等院校规定了从 11 到 18 不等的生师比合格标准值。长三角高等教育生师比均值为 17.94，浙江、江苏和上海低于长三角均值，安徽高于长三角均值且总体上未达到国家规定的合格标准。对照 OECD 成员国 15∶1 的高等教育生师比，[1] 并考虑长三角均值受安徽省数值影响较大，长三角地区的高等教育生师比总体上处于逼近发达国家水平的进程中（见图 4-8）。从全国层面看，全国高等

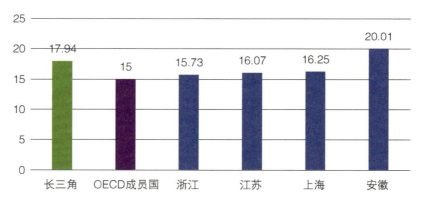

图 4-8　长三角地区高等教育生师比

---

① OECD. Teachers & educators［EB/OL］.［2022-12-19］. https：//gpseducation.oecd.org/IndicatorExplorer? plotter＝h5&query＝12&indicators＝T001＊T002＊T019＊T003＊T009＊T010＊T011＊T014＊T015＊T016＊ T017＊T018…

教育生师比均值为 18.37，浙江、江苏、上海和安徽分别列全国第 1、4、5、29 位。长三角高等教育生师比低于全国均值、京津冀和广东，处于全国前列。

（三）适应度情况

1.总体适应度

适应度指标则反映教师数量与学生数量动态变化的情况，主要考察各省市根据学生数变化及时配备教师资源的程度。本研究中运用"2020 年实际教师增长数量—（2016 年学生增长数/国家生师比标准）"计算适应度。从长三角层面看，适应度均值为 90.25 分，三省一市得分自高到低依次为上海、浙江、江苏和安徽，安徽得分低于长三角均值（见图 4-9）。从全国层面看，全国适应度的均值为 80.57 分，上海、浙江、江苏和安徽分别列全国第 3、7、12、20 位。长三角适应度总体水平位于全国前三分之一的位置，均值高于全国均值和广东，低于京津冀。

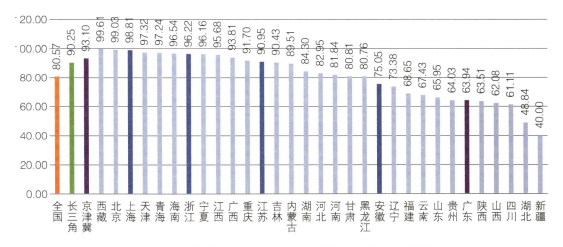

图 4-9　全国各省（自治区、直辖市）（不含港澳台）和主要区域适应度得分

2.各学段适应度

（1）学前教育师资适应度

长三角学前教育师资适应度得分为 100 分。三省一市都根据学前儿童增长数，按国家规定的生师比配备了相应数量的教师，且增长教师数都超出了规定的生师比要求。其中，教师增长数方面，安徽最多（39 113 人）、上海最少（5 789 人）；超配数方面，江苏最多（35 292 人）、上海最少（3 915 人）。长三角学前教育师资适应度得分高于全国均值（94.76 分）、京津冀地区（98.96 分）和广东（97.09 分）。

（2）小学阶段师资适应度

长三角小学师资适应度得分为 99.95 分。三省一市中，江苏、浙江和上海不仅按规定生师比保证了教师配备且有超出，安徽基本上也按规定生师比保证了教师配备。就教师增长数方面看，江苏最多（56 675 人）、上海最少（8 077 人）；就超配数量方面看，江苏最多（25 823 人），安徽是唯一配备不足的省份。长三角小学教育师资适应度得分高于全国均值，低于京津冀地区（100 分）和广东（100 分）。

（3）初中阶段师资适应度

长三角初中阶段师资适应度得分为 76.77 分。三省一市中，上海和浙江不仅按规定生师比保证了教师配备且有超配；江苏和安徽未能按标准配足师资，存在不小的缺口。教师增长数方面，江苏最多（35 980 人）、上海最少（6 626 人）；超配数方面，上海最多（2 569 人），江苏（-7 957 人）和安徽（-8 374 人）为负值。长三角初中师资适应度得分高于广东，但低于全国均值，特别是低于京津冀均值（91.25 分）较多。

（4）普通高中师资适应度

长三角普通高中师资适应度得分为 88.23 分。三省一市中，只有江苏按规定生师比保证了教师配备且有超配（超配 5 914 人）；上海、浙江和安徽按生师比标准配备的缺口分别为 685 人、2 215 人和 2 594 人。教师增长数方面，江苏最多（10 397 人）、上海最少（1 373 人）。长三角普通高中师资适应度得分高于全国均值和广东，但低于京津冀均值（94.59 分）。

（5）高等教育师资适应度

长三角高等教育师资适应度得分为 86.31 分。三省一市中，上海、浙江和安徽按规定生师比保证了教师配备且有超配，安徽未能按最宽标准配足高校师资且存在不小缺口。总增长数方面，江苏最多（16 873 人），其次是浙江（12 878 人），再次是上海（5 933 人）；超配数方面，上海最多（4 488 人），浙江和江苏超出数分别为 4 401 人、1 937 人，安徽缺口最大为 6 128 人。长三角高等教育师资适应度得分高于全国均值（75.12 分）、京津冀均值（80.71 分）和广东得分（72.17 分）。

三、 长三角地区教师队伍质量水平

本部分报告了长三角地区教师队伍质量的总体情况以及师德师风、学历层次、职称水平、信息素养 4 个二级指标的情况。相关指标的监测点如表 4-6 所示。具体计算方面，质量水平的得分由师德师风、学历层次、职称水平、信息素养等二级指标根据相应权重计算总分获得；二级指标的值取各监测点的均值；全国及不同区域的得分由所包含省（自治区、直辖市）（不含港澳台）的值取均值合成。

表 4-6　教师队伍质量水平指标及监测点

二级指标	监 测 点
师德师风	大中小幼教师师德师风水平
学历层次	学前教育教师接受专业教育比例
	学前教育专业专任教师占比区域差距
	小学本科及以上学历教师占比
	小学本科及以上学历教师比例区域差距
	初中本科及以上学历教师比例
	初中本科及以上学历教师比例区域差距
	普通高中专任教师中研究生学历教师占比
	中职学校专任教师中双师型教师占比
	高职(专) 高校专任教师中双师型教师占比
	高校博士研究生学历教师占比
职称水平	学前中级及以上职称教师占比
	小学中级及以上职称教师占比
	中学副高级及以上职称教师占比
	普通高校正高级职称教师占比
信息素养	大中小幼教师信息素养

（一）教师队伍质量水平的总体情况

1. 长三角区域内部

长三角教师队伍质量综合得分为 51.94 分。其中，江苏教师队伍质量水平指数最高（74.10 分），其次为上海（73.19 分），二者均高于长三角平均水平；浙江和安徽教师队伍质量水平均低于长三角平均水平，得分分别为 46.53 分、13.92 分（见图 4-10）。

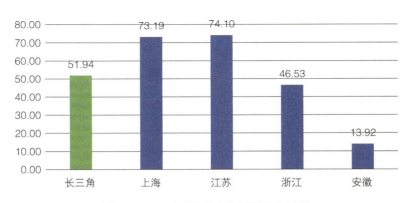

图 4-10　长三角及各省市教师队伍质量水平

2. 全国层面的比较

全国教师队伍质量水平综合得分为 41.39 分，长三角教师队伍质量水平得分为 59.51 分，总体水平处于全国前列，略高于京津冀，也高于广东和全国平均水平。上海、江苏、浙江和安徽教师队伍质量水平分别列全国第 2、4、5、16 位（见图 4-11）。

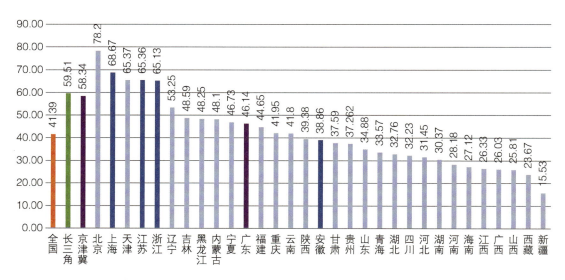

图 4-11　全国各省（自治区、直辖市）（不含港澳台）和主要区域教师队伍质量水平

（二）师德师风情况

1. 长三角教师师德师风总体水平

长三角大中小幼教师师德师风整体得分为 95.08 分，呈"总体高水平的弱差距"的特征。其中，上海得分最高，浙江最低，二者相差近 2%。上海和江苏大中小幼教师师德师风整体得分高于长三角平均水平，浙江和安徽则低于长三角平均水平（见图 4-12）。

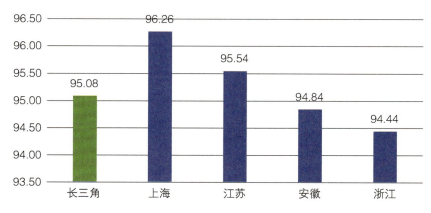

图 4-12　长三角地区大中小幼教师师德师风水平

2. 长三角中小学^①教师师德师风

（1）学生评价的长三角中小学教师师德师风的总体情况

长三角中小学生对教师师德师风的满意度总体较高，均分为 96.73 分，满意度最高的是"教师有没有及时关心和安抚心情不好的同学"（TMPS-1），满意度最低的是"有没有辱骂或体罚过同学"（TMPS-2），满意度倒数第二的是"教师有没有在上课时接听电话、查看微信，迟到、早退的情况"（TMPS-4）（见图 4-13）。两个满意度低的题项相对集中在教师的具体教学行为上。

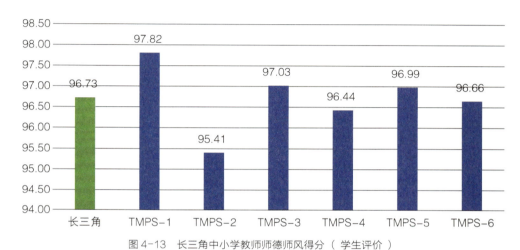

图 4-13　长三角中小学教师师德师风得分（学生评价）

注：TMPS 指学生评价的长三角中小学教师师德师风情况相关指标。其中，TMPS-1：教师有没有及时关心和安抚心情不好的同学；TMPS-2：有没有辱骂或体罚过同学；TMPS-3：有没有收过学生家长的礼品、礼金；TMPS-4：教师有没有在上课时接听电话、查看微信，迟到、早退的情况；TMPS-5：有没有随意按照自己的喜好安排班级事务；TMPS-6：有没有听说过学校老师在校外培训机构中兼职授课。

（2）家长评价的长三角中小学教师师德师风的总体情况

长三角中小学生家长对教师师德师风的满意度得分为 95.30 分，满意度在 99 分以上的题项有 4 个："教师的专业水平"（TMPP-12）、"教师的敬业程度"（TMPP-11）、"学生遇到困难时可以获得教师帮助"（TMPP-10）和"给学生公平的学习锻炼计划"（TMPP-9）。满意度最低的题项有 3 个："在班级或班级群中公布过学生成绩排名"（TMPP-5）、"要求过家长检查、批改作业"（TMPP-8）和"被任何一个老师辱骂或体罚过"（TMPP-1）（见图 4-14）。总体上看，家长对中小学教师的能力、态度、公正性高度认可，不满意的地方主要涉及到学生的学习与作业问题。

3. 长三角高校教师师德师风

长三角高校教师师德师风评价得分为 99.35 分，说明在遵守师德"红线"方面有较好的表现。从另一个角度看，因为是明令禁止的"红线"，违规失范的现象也就极少。相比较而

———————————————

① 含小学、初中、中职、普通高中。

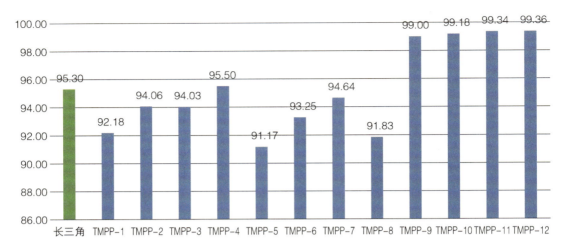

图 4-14　长三角中小学教师师德师风得分（家长评价）

注：TMPP 指家长评价的长三角中小学教师师德师风情况相关指标。其中，TMPP-1：被任何一个老师辱骂或体罚过；TMPP-2：听说或看到过老师收受学生家长的礼品、礼金；TMPP-3：听说或看到过孩子的老师在校外培训机构中兼职授课或有过有偿家教行为；TMPP-4：推荐孩子到校外培训机构或个人培训班补课；TMPP-5：在班级或班级群中公布过学生成绩排名；TMPP-6：给孩子布置过惩罚性作业；TMPP-7：直接或变相地给家长布置作业；TMPP-8：要求过家长检查、批改作业；TMPP-9：给学生公平的学习锻炼计划；TMPP-10：学生遇到困难时可以获得教师帮助；TMPP-11：教师的敬业程度；TMPP-12：教师的专业水平。

言，题项 4 和题项 5 得分最低，说明长三角高校教师在不违反教学纪律，敷衍教学，或擅自从事影响教育教学本职工作的兼职兼薪行为，不要求学生从事与教学、科研、社会服务无关的事宜等方面还存在不足之处。题项 6 和题项 7 得分最高，说明长三角高校教师在没有与学生发生不正当关系或实施猥亵、性骚扰行为，没有抄袭剽窃、篡改侵吞他人学术成果或滥用学术资源和学术影响等方面有较好的表现（见图 4-15）。

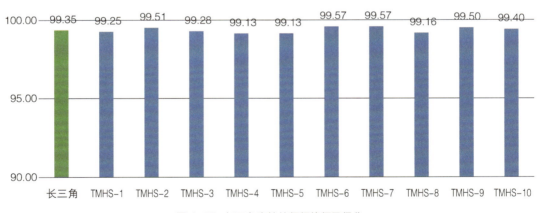

图 4-15　长三角高校教师师德师风得分

注：TMHS 指长三角高校教师师德师风水平相关指标。其中，TMHS-1：在教育教学活动等场合中没有损害党中央权威、违背党的路线方针政策的言行；TMHS-2：没有损害国家利益、社会公共利益、违背社会公序良俗的言行；TMHS-3：没有通过课堂、讲座、信息网络等渠道发表、转发错误观点，或编造散布虚假信息、不良信息；TMHS-4：没有违反教学纪律，敷衍教学，或擅自从事影响教育教学本职工作的兼职兼薪行为；TMHS-5：没有要求学生从事与教学、科研、社会服务无关的事宜；TMHS-6：没有与学生发生不正当关系或实施猥亵、性骚扰行为；TMHS-7：没有抄袭剽窃、篡改侵吞他人学术成果，或滥用学术资源和学术影响；TMHS-8：没有在招生、考试、推优、保研、就业等工作中徇私舞弊、弄虚作假；TMHS-9：没有参加由学生及家长付费的宴请、旅游、娱乐休闲等活动或利用家长资源谋取私利；TMHS-10：没有假公济私，擅自利用学校名义或校名、校徽、专利、场所等资源谋取个人利益。

（三）学历层次

长三角范围内计算教师学历层次情况，长三角教师学历层次总体得分为 57.25 分。浙江教师学历层次得分最高，其次为江苏和上海，安徽得分最低（见图 4-16）。全国层面比较，江苏、浙江、上海和安徽教师学历层次得分分别列全国第 2、3、4、13 位。长三角教师学历层次居全国前列，得分高于京津冀（63.69），也高于广东和全国平均水平。

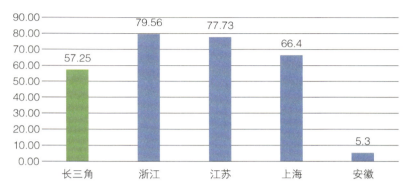

图 4-16　长三角地区教师学历层次得分

（四）职称水平

长三角范围内计算教师职称水平情况，长三角教师职称水平总体得分为 52.27 分。江苏教师职称水平得分最高，其次为浙江，二者均高于长三角平均水平。而上海和安徽教师职称水平得分较低，低于长三角平均水平（见图 4-17）。从全国层面来看，长三角一市三省中，上海排名最高，位列第 5，教师职称水平得分达到 52.98 分；浙江和江苏教师职称水平得分分别为 44.11 分和 43.75 分，分别位列第 10 和第 11；安徽教师职称水平得分相对较低，位列第 18 位。长三角教师职称水平得分为 42.06 分，整体水平居全国中等偏上，高于广东和全国平均水平，但低于京津冀教师职称水平得分。

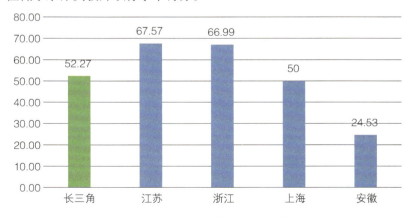

图 4-17　长三角地区教师职称水平得分

（五）教师信息素养

1. 长三角教师信息素养整体水平

长三角大中小教师信息素养整体得分为 85.28 分，说明长三角大中小教师信息素养水平良好。在三省一市的比较中，江苏大中小教师信息素养整体得分较高，达到 87.53 分；安徽大中小教师信息素养整体得分较低，二者相差 5%。江苏、浙江和上海大中小教师信息素养整体得分均高于长三角，但安徽整体得分低于长三角（见图 4-18）。

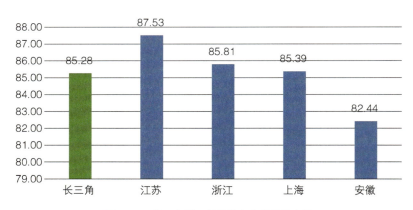

图 4-18　长三角地区教师信息素养整体水平

2. 长三角中小幼教师信息素养整体水平

调查数据显示的长三角中小幼教师信息素养的总体水平较高（见图 4-19）。EIPT-4 题项（我能独立解决信息技术应用过程中出现的常见问题）得分为 5 个题项中最低，说明中小幼教师在"硬"技术方面最为欠缺。"我能主动运用信息技术优化课堂教学"（EIPT-1）、"我能通过多种途径获取数字教育资源"（EIPT-2）、"我能利用技术工具收集学生学习过程和结果信息"（EIPT-3）3 个题项得分最高，说明教师对于信息技术的运用主要围绕课堂教学需要展开。

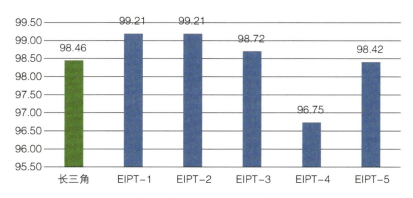

图 4-19　长三角地区中小幼教师信息素养整体水平

注：EIPT 指测量长三角中小幼教师信息素养的相关指标。其中，EIPT-1：我能主动运用信息技术优化课堂教学；EIPT-2：我能通过多种途径获取数字教育资源；EIPT-3：我能利用技术工具收集学生学习过程和结果信息；EIPT-4：我能独立解决信息技术应用过程中出现的常见问题；EIPT-5：我经常利用教师网络研修平台等查阅相关资料。

3. 长三角高校教师信息素养

（1）教师评价的高校教师信息素养水平

调查数据显示，长三角高校教师自评的信息素养水平整体较好，各题项综合均分为96.76分（见图4-20）。题项"能独立解决信息技术应用过程中出现的常见问题"（EIHT-4）的得分最低，其他三个题项的得分接近且水平较高，说明高校教师在运用信息技术"服务教学"方面能力较强，但在"解决技术问题"方面能力相对较弱。

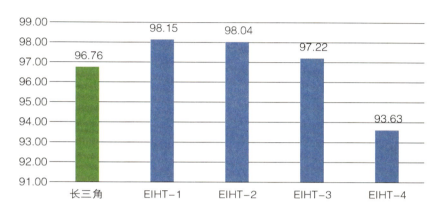

图4-20　教师评价的长三角高校教师信息素养水平

注：EIHT 指教师评价的高校教师信息素养水平相关指标。其中，EIHT-1：能够主动运用信息技术优化课堂教学；EIHT-2：能通过多种途径获取数字教育资源；EIHT-3：能利用技术工具收集学生学习过程和结果信息；EIHT-4：能独立解决信息技术应用过程中出现的常见问题。

（2）学生评价的高校教师信息素养水平

学生评价的长三角高校教师信息素养水平为99.04分，高于高校教师对于自己的评价。高职高专学校教师得分高于本科高校教师；中央部委直属高校教师低于地方高校；公办高校教师得分最高，民办高校次之，中外合作办学高校教师的信息素养得分最低。由此，学生评价视角下，长三角本科高校教师、中央部委直属高校教师以及中外合作办学高校教师应着重提高自身的信息素养（见图4-21）。

四、 长三角地区教师职业地位状况

本部分报告了长三角地区教师职业地位的总体情况及绝对工资收入与相对工资水平两个二级指标的情况。相关指标的监测点如表4-7所示。教师工资收入指基本工资、津贴补贴、奖金、伙食补助费、绩效工资、其他工资福利支出。绝对工资收入为收入绝对值，相对工资水平为与最高行业工资和公务员工资的比值。

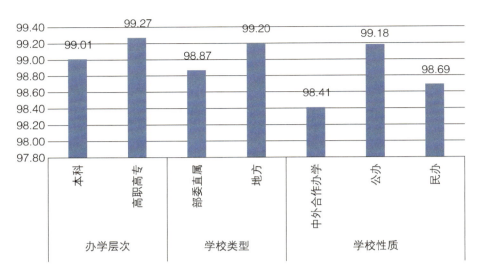

图 4-21　长三角不同特征高校教师信息素水平（学生评价）

表 4-7　教师职业地位指标及监测点

二级指标	监 测 点
绝对工资收入	小学教师平均工资收入及区域差距
	初中教师平均工资收入及区域差距
	高中教师平均工资收入及区域差距
	高校教师平均工资收入
相对工资水平	小学教师工资收入/最高行业工资收入
	初中教师工资收入/最高行业工资收入
	高中教师工资收入/最高行业工资收入
	高校教师工资收入/最高行业工资收入
	小学教师工资收入/公务员工资收入
	初中教师工资收入/公务员工资收入
	高中教师工资收入/公务员工资收入
	高校教师工资收入/公务员工资收入

（一）教师职业地位的总体情况

　　长三角教师职业地位综合得分为 34.95 分。其中，上海得分最高，是唯一高于长三角均值的省市；浙江、安徽和江苏均低于长三角均值。这表明，三省一市教师职业地位存在两分趋向的特征（见图 4-22）。长三角教师地位得分高于全国均值和广东得分，低于京津冀均值，处于全国中等偏上水平。上海、浙江、安徽和江苏分别居于全国第 4、14、20、21 位。

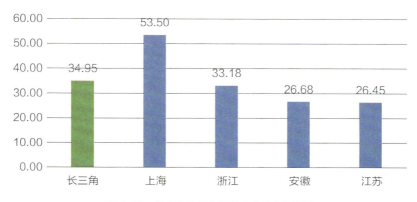

图4-22　长三角地区教师职业地位总体情况

（二）教师绝对工资收入情况

1. 教师绝对工资收入总体水平

长三角教师绝对工资收入综合得分为 48.84 分。上海、浙江、江苏和安徽绝对工资得分呈梯度递减的特征（见图 4-23）。三省一市中，上海、浙江、江苏超过全国均值，分别列全国第 2、3、6 位；安徽省低于全国均值，列全国第 16 位。长三角均值高于全国均值，整体水平居全国前列，但略低于京津冀地区和广东。

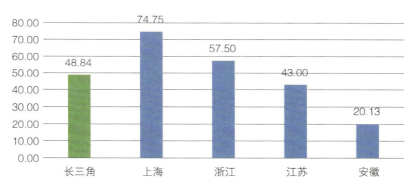

图4-23　长三角地区教师绝对工资总体情况

2. 各学段教师绝对工资状况

（1）小学教师绝对工资收入

长三角小学教师绝对工资收入均值为 159 312 元。上海小学教师绝对工资收入最高，也是唯一的小学教师工资超过 20 万的省市。浙江小学教师绝对工资收入高于长三角均值，江苏和安徽低于长三角均值。全国小学教师平均绝对工资收入为 121 471 元，长三角小学教师绝对工资收入高于全国均值和广东均值，但低于京津冀均值。上海、浙江、江苏和安徽分别居于全国第 2、4、6、17 位。与 OECD 成员国均值比较，长三角均值接近 OECD 成员国均值，上海、浙江高于 OECD 成员国均值（见图 4-24）。

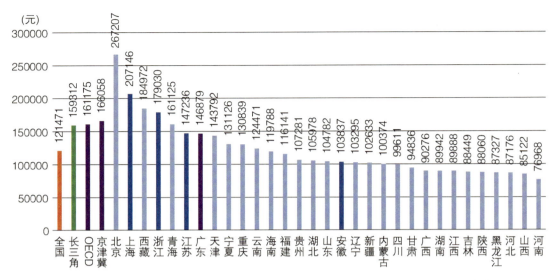

图 4-24　全国各省（自治区、直辖市）（不含港澳台）和主要区域小学教师绝对工资收入

（2）小学教师绝对工资收入区域差异①

长三角绝对工资收入区域差异均值为 1.7，差异水平偏高。全国小学教师绝对工资收入区域差异均值为 1.67，上海市最好，浙江、安徽和江苏居全国第 16、25 和 29 位。长三角小学教师绝对工资收入区域差距均值弱于全国均值和京津冀均值，整体表现处于全国中下部（见图 4-25）。

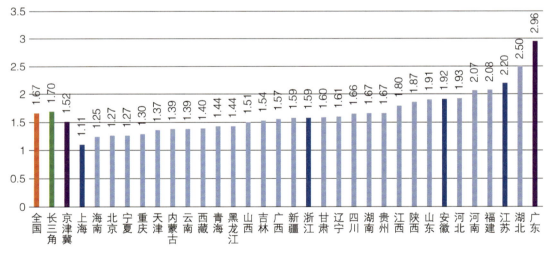

图 4-25　全国各省（自治区、直辖市）（不含港澳台）和主要区域小学教师绝对工资收入区域差距

---

① 区域差距是按照绝对工资收入值对省域内区县进行排序，计算前 20% 区县平均数/后 20% 区县平均数的比值。他同。

（3）初中教师绝对工资收入

长三角初中教师绝对工资收入平均为 166385 元，整体水平较高。上海、浙江、江苏和安徽分别居于全国第 2、3、6、18 位。长三角初中教师绝对工资收入的均值高于全国均值、广东均值和 OECD 成员国均值，但低于京津冀均值（见图 4-26）。

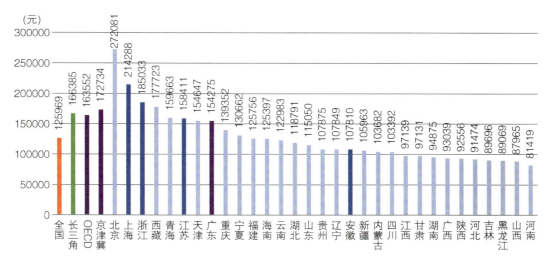

图 4-26　全国各省（自治区、直辖市）（不含港澳台）和主要区域初中教师绝对工资收入

（4）初中教师绝对工资收入区域差异

长三角初中教师绝对收入区域差异均值为 1.69。全国初中教师绝对收入区域差异均值为 1.70，上海差距较小，居于全国第一；浙江、安徽和江苏位于全国第 14、23、29 位。安徽和江苏不仅教师绝对工资收入相对较低，且区域之间的差异偏大。长三角初中教师绝对工资收入的区域差距均值优于广东均值和全国均值，但差于京津冀均值（见图 4-27）。

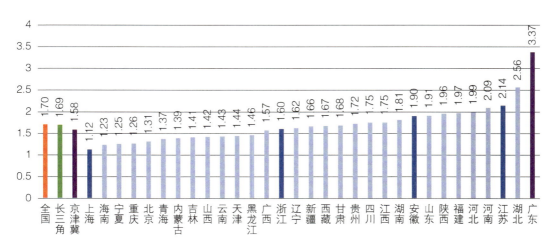

图 4-27　各省（自治区、直辖市）（不含港澳台）和主要区域初中教师绝对工资收入区域差距

（5）高中教师绝对工资收入

长三角高中教师平均绝对工资收入为 180 438 元。安徽与其他两省一市有不小的差距，几乎只达到上海的一半。上海、浙江、江苏、安徽分别居全国第 2、3、5、16 位。长三角高中教师绝对工资收入情况整体较高，均值高于全国均值、OECD 成员国均值和京津冀均值（见图 4-28）。

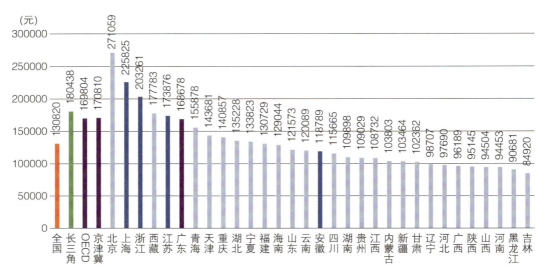

图 4-28　全国各省（自治区、直辖市）（不含港澳台）和主要区域高中教师绝对工资收入

（6）高中教师绝对工资收入区域差异

长三角初中教师绝对收入区域差异均值为 1.71。全国初中教师绝对收入区域差异均值为 1.77。上海、浙江、安徽和江苏分别居于全国第 2、15、19、29 位。江苏高中教师绝对工资表现出收入水平较高但区域差距也较大的特征。长三角高中教师绝对工资收入的区域差距均值优于广东均值、全国均值和京津冀均值（见图 4-29）。

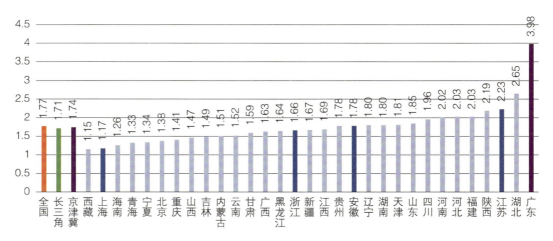

图 4-29　各省（自治区、直辖市）（不含港澳台）和主要区域高中教师绝对工资收入区域差距

（7）高校教师绝对工资收入

长三角高校教师绝对工资收入平均为 162 326 元，低于高中教师绝对工资收入平均水平。长三角高校教师绝对工资收入情况整体较高，上海、浙江、江苏和安徽分别居于全国第2、4、7 和 11 位。长三角高校教师绝对工资收入的均值高于全国均值和京津冀均值，但低于广东均值（见图4-30）。

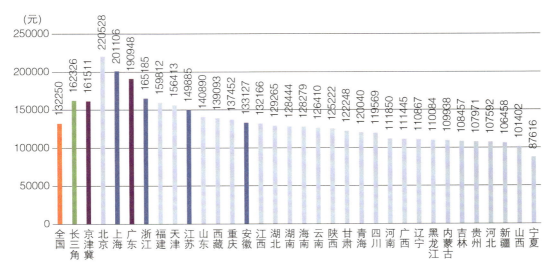

图4-30　全国各省（自治区、直辖市）（不含港澳台）和主要区域高校教师绝对工资收入

（三）教师相对工资水平情况

1. 教师相对工资水平总体水平

长三角教师相对工资收入综合得分为 27.00 分，整体水平较低，高于广东，但低于京津冀和全国的均值。上海、安徽、浙江和江苏别位于全国第 12、18、26 和 28 位（见图4-31）。

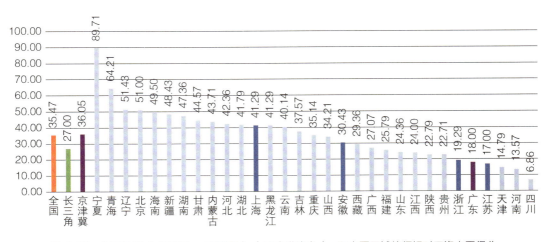

图4-31　全国各省（自治区、直辖市）（不含港澳台）和主要区域教师相对工资水平得分

2. 各学段教师相对工资水平

（1）小学教师相对工资水平

① 与最高行业工资收入相比

与最高行业相比，长三角小学教师相对工资水平较低，上海、安徽、江苏和浙江的比值分别居于全国 12、15、17 和 24 位，比值均小于 1。长三角小学教师工资收入与最高行业收入的比值低于全国平均水平，但高于京津冀和广东均值（见图 4-32）。

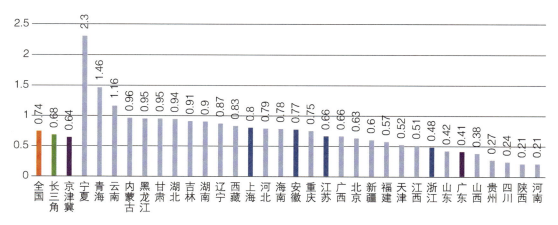

图 4-32　各省（自治区、直辖市）（不含港澳台）和主要区域小学教师工资与最高行业工资比值

② 与公务员工资收入相比

与公务员相比，长三角小学教师收入相对更高，比值为 1.18。上海、浙江、安徽和江苏的比值分别居于全国 8、18、24 和 29 位。长三角小学教师工资收入与公务员工资收入的比值低于全国平均水平和京津冀平均水平，但高于广东均值（见图 4-33）。

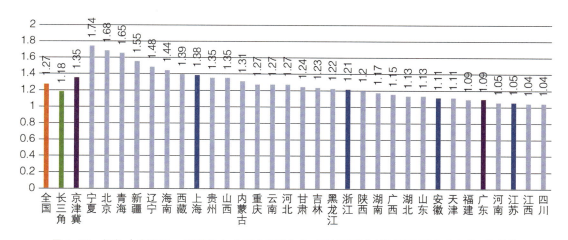

图 4-33　各省（自治区、直辖市）（不含港澳台）和主要区域小学教师工资与公务员工资比值

（2）初中教师相对工资水平

① 与最高行业工资收入相比

与最高行业相比，长三角初中教师工资的比值为 0.71。上海、安徽、江苏和浙江的比值分别居于全国 12、14、17 和 24 位。长三角初中教师工资收入与最高行业收入的比值总体水平处于全国中下等，低于全国平均水平，但高于京津冀和广东均值（见图 4-34）。

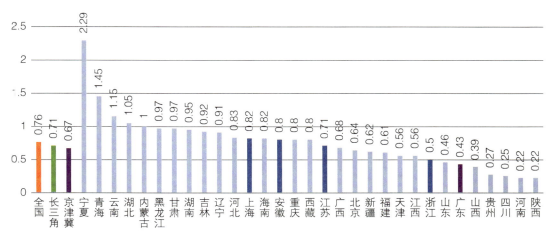

图 4-34　各省（自治区、直辖市）（不含港澳台）和主要区域初中教师工资与最高行业工资比

② 与公务员工资收入相比

与公务员相比，长三角地区初中教师相对工资收入比值为 1.24。上海、浙江、安徽和江苏的比值分别居于全国 7、19、26 和 28 位。长三角初中教师工资收入与公务员工资收入的比值处于全国中下等，低于全国平均水平和京津冀平均水平，但高于广东均值（见图 4-35）。

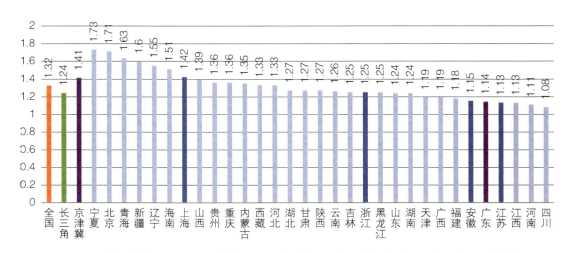

图 4-35　各省（自治区、直辖市）（不含港澳台）和主要区域初中教师工资与公务员工资比值

（3）高中教师相对工资水平

① 与最高行业工资收入相比

与最高行业相比，长三角高中教师工资的比值是0.77。安徽、上海、江苏和浙江的比值分别居于全国9、12、17和23位，且均小于1。长三角高中教师与最高行业相比的相对工资水平较低，低于全国平均水平，但高于京津冀和广东均值（见图4-36）。

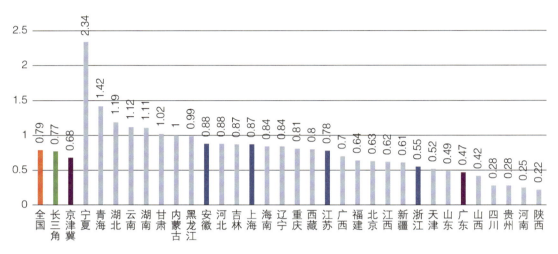

图4-36　各省（自治区、直辖市）（不含港澳台）和主要区域高中教师工资与最高行业工资比

② 与公务员工资收入相比

与公务员相比，长三角地区高中教师相对工资收入比值为1.34。上海、浙江、安徽和江苏的比值分别居于全国6、14、22和25位。长三角高中教师工资收入与公务员工资收入的比值低于全国平均水平和京津冀平均水平，但高于广东均值（见图4-37）。

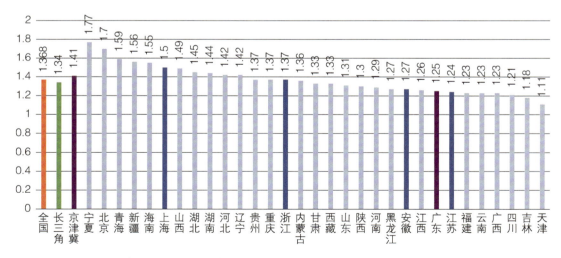

图4-37　各省（自治区、直辖市）（不含港澳台）和主要区域高中教师工资与公务员工资比值

（4）高校教师相对工资水平

① 与最高行业工资收入相比

与最高行业相比，长三角高校教师工资的比值是 0.72。三省一市中，浙江高校教师工资不及当地最高行业工资一半。安徽高于全国均值，列全国第 10 位；上海、江苏和浙江高校教师工资收入则较低，比值分别居于全国 17、19 和 27 位。长三角高校教师工资收入与最高行业收入的比值低于全国平均水平，但高于京津冀和广东均值（见图 4-38）。

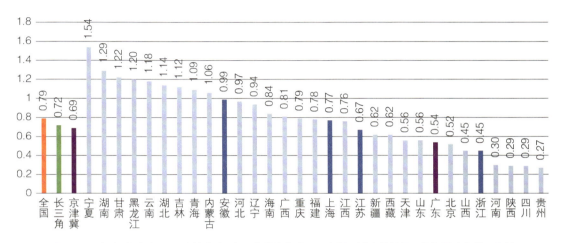

图 4-38 各省（自治区、直辖市）（不含港澳台）和主要区域高校教师工资与最高行业工资比

② 与公务员工资收入相比

与公务员相比，长三角地区高校教师相对工资收入比值为 1.23。安徽、上海、浙江和江苏的比值分别居于全国 17、23、29 和 30 位。长三角高校教师工资收入与公务员工资收入的比值低于全国平均水平、广东平均水平和京津冀平均水平，在全国位置靠后（见图 4-39）。

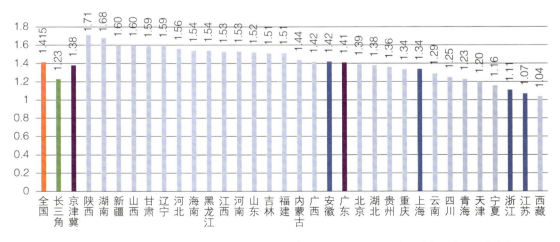

图 4-39 各省（自治区、直辖市）（不含港澳台）和主要区域高校教师工资与公务员工资比值

五、 长三角地区教师队伍建设现代化整体水平

本部分综合数量保障、质量水平和职业地位三个一级指标，从长三角和全国两个层面，考察长三角地区教师队伍建设现代化的整体水平。从小学、初中和高中等三个学段分析长三角教师队伍建设现代化水平。

（一）长三角自身的考察

1. 长三角区域总体情况

（1）长三角总体情况

基于 8 个二级指标的数据统计显示（见表4-8），就长三角总体情况看，长三角教师队伍建设现代化水平得分为 66.65 分。一市三省中，上海得分最高，浙江、江苏和安徽分别列第 2、3、4 位。

表4-8　长三角教师队伍建设现代化整体水平

	数量保障（38%）		质量水平（40%）				职业地位（22%）		总分
	生师比（24%）	适应度（14%）	师德师风（14%）	学历层次（10%）	职称水平（8%）	信息素养（8%）	绝对工资收入（8%）	相对工资水平（14%）	
长三角	64.39	90.25	95.08	73.78	42.06	85.28	48.84	27.00	66.65
上 海	84.02	98.81	96.26	81.51	52.98	85.39	74.75	41.29	78.46
浙 江	69.76	96.21	94.44	82.33	44.11	87.53	57.50	19.29	69.50
江 苏	66.87	90.94	95.54	83.04	43.75	85.81	43.00	17.00	66.65
安 徽	36.90	75.04	94.84	48.24	27.40	82.44	20.13	30.43	52.12

（2）一市三省情况

就一市三省自身情况看，上海市在 3 个一级指标上的得分率从高到低依次为数量保障、质量水平、职业地位，是唯一一个数量保障得分高于质量水平得分的省市；在 8 个二级指标上的得分率依次为师资适应度、师德师风、信息素养、生师比、学历层次、绝对工资收入、职称水平和相对工资水平。其他三省一市 3 个一级指标得分率从高到低次序都为质量水平、数量保障、职业地位。8 个二级指标中，浙江总分处于第 2 位，虽然生师比得分居 8 个指标的第 2 位，但是与第 1 位差距较大，同时相对工资水平得分较低，师德师风与相对工资水平得分均低于长三角均值；江苏学历层次指标相比其他两省一市得分较高，但相对工资水平指标得分较低；安徽除师德师风、信息素养和自适应度三个指标外，其他二级指标的得分相对都较低，但其也是唯一一个相对工资水平得分高于绝对工资收入的省市。

2. 长三角教育现代化指标体系中相关监测点达标情况

对照《长三角教育现代化指标体系（试行）》中二级指标"师资队伍建设水平"2025年监测目标值，得出长三角总体及三省一市达标情况（见表4-9）。

表4-9　长三角地区师资队伍建设水平主要监测点达标情况

监测点	目标值	长三角	上　海	江　苏	浙　江	安　徽
大中小幼教师师德师风水平	优良水平	95.08	96.26	95.54	94.44	94.84
中小幼学校师生比	幼儿园 1：70	1：15.33	1：12.97	1：15.14	1：13.91	1：19.34
	小学 1：19.00	1：16.39	1：14.01	1：16.79	1：16.79	1：17.98
	初中 1：13.50	1：12.10	1：10.47	1：11.96	1：12.29	1：13.53
	高中 1：12.50	1：11.10	1：8.74	1：10.96	1：10.98	1：13.82
学前教育教师接受专业教育比例	>85%	80.85%	74.1%	85.80%	88.95%	74.53%
义务教育本科及以上学历教师比例	小学>85%	82.04%	87.41%	91.67%	86.36%	62.73%
	初中>85%	95.73%	99.33%	98.53%	97.38%	87.69%
普通高中研究生学历教师比例	>15%	17.69%	28.04%	20.48%	13.93%	8.29%
中高等职业院校"双师型"教师比例	中等 55%	38.62%	32.74%	37.00%	46.23%	38.52%
	高等 55%	45.23%	36.12%	52.98%	54.38%	37.45%
普通高校学生与专职辅导员、心理咨询工作人员之比	专职辅导员比例 1：200	211	189	209	212	232
	心理咨询工作人员比例 1：4 000	1 632	2 119	845	1 721	1 843

就长三角层面看，大中小幼教师师德师风、义务教育和高中教育的师生比、初中本科及以上学历教师比例、普通高中研究生学历教师比例、普通高校学生与心理咨询工作人员之比等7个监测点已经达到了2025年的目标值，超过所有监测点的一半；学前教育教师接受专业教育比例、小学本科及以上学历教师比例、普通高校学生与专职辅导员之比等3个监测点接近达标；幼儿园生师比、中等职业院校"双师型"教师比例和高等职业院校"双师型"教师比例等3个监测点在可努力范围之内达成目标较为困难。分省市看，上海9个监测点已经达到目标值，1个监测点可努力达成，3个监测点的目标达成有一定难度。江苏9个监测点已经达到目标值，2个监测点接近达成，2个监测点可努力达成，1个监测点达成存在困难。浙江9个监测点已经达到目标值，2个监测点接近完成，1个监测点可努力达成，1个监测点达成存在困难。安徽4个监测点已经达到目标值，2个监测点接近完成，1个监测点可努力达成，6个监测点达成存在困难（见表4-10）。

表 4-10　长三角及其省份教师队伍建设水平主要监测点达成水平

	已经达成					即将达成					努力达成					达成困难				
	长三角	上海	江苏	浙江	安徽	长三角	上海	江苏	浙江	安徽	长三角	上海	江苏	浙江	安徽	长三角	上海	江苏	浙江	安徽
大中小幼教师师德师风水平	△	△	△	△	△															
幼儿园生师比																△	△	△	△	△
小学生师比	△	△	△	△	△															
初中生师比	△	△	△	△						△										
高中生师比															△					
学前教育教师接受专业教育比例			△	△		△						△								△
小学本科及以上学历教师比例		△	△			△														△
初中本科及以上学历教师比例	△	△	△	△																
普通高中研究生学历教师比例	△						△	△												△
中等职业院校"双师型"教师比例													△	△		△	△			△
高等职业院校"双师型"教师比例								△	△							△	△			△
普通高校学生与专职辅导员之比		△	△			△		△		△										
普通高校学生与心理咨询工作人员之比	△	△	△	△	△															

（二）全国层面的比较

1. 整体水平比较

基于 6 个二级指标的全国层面的数据统计显示，全国教师队伍建设现代化水平得分均值为 48.44 分，上海、浙江和江苏得分高于全国均值，分别列全国第 2、3 和 5 位，安徽得分低于全国均值，列全国第 24 位。长三角教师队伍建设现代化水平居于全国前列，整体得分为 59.60 分，高于全国均值和广东得分，低于京津冀均值（62.27 分）（见图 4-40）。

2. 主要指标维度比较

就一级指标看，长三角在数量保障、质量水平和职业地位三个一级指标上的得分都高于全国平均和广东；参照省级排名的话，作为整体的长三角教师队伍的数量保障、质量水平和职业地位得分大体分别居全国第 10、6、11 位。与京津冀相比，长三角数量保障和职业地位

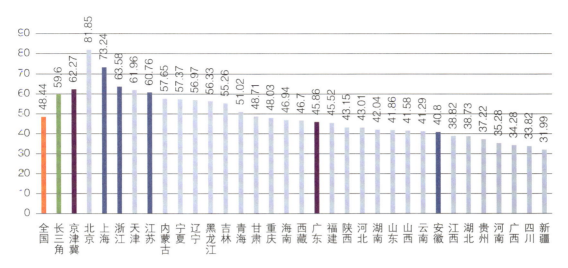

图 4-40 各省（自治区、直辖市）（不含港澳台）和主要区域教师队伍建设现代化水平得分

得分不及京津冀，质量水平得分略高于京津冀。其中，上海三个一级指标得分均居全国第2、2、4位，处于排头方阵；浙江数量保障和质量水平居全国前列，职业地位得分居全国中等；江苏质量水平得分居全国前列，数量保障水平居全国中上，职业地位得分排名偏后；安徽三个一级指标中表现最好的是质量水平，列全国中等位置，数量保障水平全国排名靠后（见表4-11）。

表4-11 长三角教师队伍建设现代化主要指标的全国比较

	指　标	全国	长三角	京津冀	广东	全国最高	上海	浙江	江苏	安徽
一级指标	数量保障	24.80	28.09	29.95	20.93	北京	第2位	第6位	第9位	第25位
	质量水平	16.56	23.80	23.34	18.45	北京	第2位	第5位	第4位	第16位
	职业地位	7.07	7.69	8.98	6.47	北京	第4位	第13位	第20位	第21位
二级指标	生师比	13.52	15.45	16.92	11.98	北京	第2位	第9位	第10位	第29位
	适应度	11.28	12.64	13.03	8.95	西藏	第3位	第7位	第12位	第20位
	学历层次	10.53	16.23	14.01	14.10	北京	第4位	第3位	第2位	第13位
	职称水平	6.03	7.57	9.32	4.36	北京	第5位	第9位	第10位	第18位
	绝对工资收入	2.10	3.91	3.93	3.95	北京	第2位	第3位	第6位	第16位
	相对工资水平	4.97	3.78	5.05	2.52	宁夏	第11位	第26位	第28位	第18位

就二级指标看，长三角在7个指标上高于全国均值，唯一低于全国均值的指标是相对工资水平；在7个指标上高于广东得分，唯一低于广东的指标的绝对工资水平。与京津冀相比，除学历层次指标外，其他7个指标得分均低于京津冀。其中，上海的生师比、适应度和

绝对工资收入 3 个指标居全国前三，学历层次和职称水平 2 个指标居全国前五，相对工资水平得分相对较低，居全国第 11 位；浙江的学历层次和绝对工资收入 2 个指标居全国前三，生师比、适应度和职称水平居全国 7—9 位，相对工资水平居全国中下部；江苏的学历层次得分居全国第 2 位，绝对工资收入居全国第 6 位，生师比、适应度和职称水平居全国第 10—12 位，相对工资水平得分居全国底部；安徽的学历层次得分居全国中等稍偏上，其他指标排名均居全国中等之后，生师比得分居全国底部。

（三）基础教育学段的比较

1. 基础教育学段总体情况

长三角各学段之间，初中得分最高，其次是普通高中，最后是小学。其中，上海和江苏都是普通高中得分最高，小学得分最低；浙江初中得分最高，小学最低；安徽则是小学得分最高，普通高中最低。所有学段得分最高和最低的都分别是上海与安徽；初中方面，浙江得分高于江苏；小学和普通高中方面，江苏得分高于浙江（见图 4-41）。

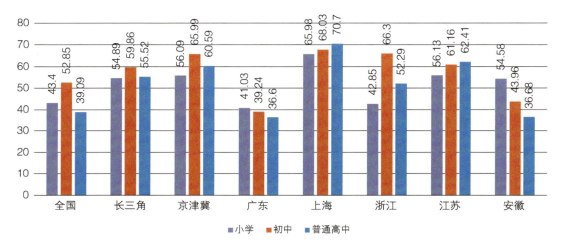

图 4-41　长三角及主要地区和省市基础教育各学段教师队伍建设水平得分

2. 小学教师队伍建设水平

长三角小学教师队伍建设水平得分为 54.89 分，高于全国均值和广东省得分，略低于京津冀。其中，上海得分最高；江苏得分高于长三角均值；浙江和安徽得分低于长三角均值。上海、江苏、浙江和安徽分别列全国 3、9、11、16 位（见图 4-42）。

3. 初中教师队伍建设水平

长三角初中教师队伍建设水平得分为 59.86 分，高于全国均值和广东得分，低于京津冀。上海、江苏、浙江和安徽分别列全国 5、6、10、25 位（见图 4-43）。在 3 个一级指标得分高低上，全国、长三角、京津冀以及长三角各省市都呈现出"数量保障最高、质量水平居中、职业地位最低"的特征。

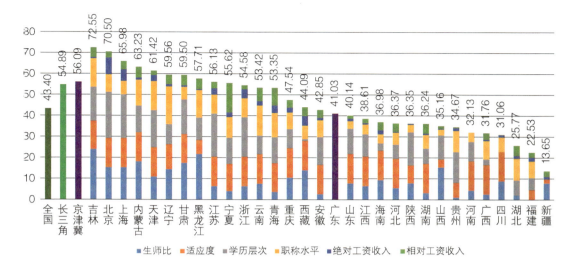

图 4-42 各省（自治区、直辖市）（不含港澳台）和主要区域小学教师队伍建设水平得分

图 4-43 各省（自治区、直辖市）（不含港澳台）和主要区域初中教师队伍建设水平得分

4. 普通高中教师队伍建设水平

长三角普通高中教师队伍建设水平得分为 55.22 分，高于全国均值和广东省得分，低于京津冀。其中，上海得分最高，江苏得分高于长三角均值，浙江和安徽得分低于长三角均值。上海、江苏、浙江和安徽分别列全国第 2、3、5、15 位（见图 4-44）。与初中一样，在三个一级指标得分方面，全国、长三角、京津冀以及长三角各省市都呈现出"数量保障最高、质量水平居中、职业地位最低"的特征。

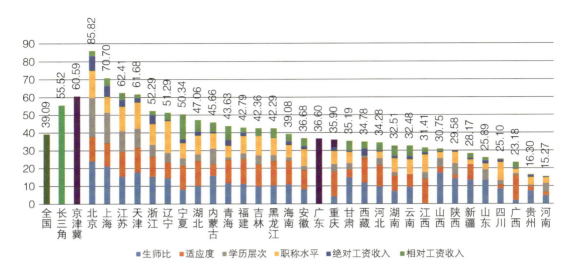

图4-44　各省（自治区、直辖市）（不含港澳台）和主要区域普通高中教师队伍建设水平得分

六、结论与建议

基于对数量保障、质量水平和职业地位及整体情况的数据分析，可以发现，长三角教师队伍现代化建设总体上呈现"高水平"与"不平衡"的特征。"高水平"指长三角教师队伍建设现代化水平处于全国前列；"不平衡"指长三角教师队伍现代化建设存在各省市不平衡、各指标维度不平衡、各学段不平衡、各类学校不平衡等问题。针对建设中的突出问题，本研究提出了如下几点改进建议。

（一）研究结论

1. 高水平：长三角教师队伍现代化水平居全国前列

（1）长三角整体水平居全国前列

基于本研究指标框架的数据分析显示，长三角教师队伍建设现代化水平得分为59.60分，虽低于京津冀均值（62.27分），但整体水平居于全国前列。一市三省中，上海、浙江和江苏的教师队伍建设现代化水平得分分别列全国第2、3、5位，体现出较为明显的整体优势。

在数量保障、质量水平和职业地位三个一级指标中，长三角地区在"质量水平"指标上的表现最为突出，均值超过京津冀地区。质量是教师队伍现代化的核心。数量保障和职业地位很大程度上只能确保教师队伍建设的基本现代化，质量水平则是教师队伍建设高水平现代化的关键。"质量水平"指标方面的突出表现，也充分地显示了长三角教师队伍建设在全国的领先地位。

一些重要监测点上的表现，也体现出长三角地区教师队伍现代化水平的领先之处。如在生师比、绝对工资收入等监测点上，长三角地区超过或接近 OECD 成员国均值，达到发达国家发展水平；教师师德师风、信息素养等监测点得分较高，达到了优良水平；学前教师接受专业教育教师比例区域差距、小学本科及以上学历教师比例区域差距和初中本科及以上学历教师比例区域差距等监测点表现优异，处于全国领先水平。

（2）一市三省多项指标居全国前列

就一市三省情况看，在 3 个一级指标中，上海全部列全国前 4 位，江苏在质量水平上列第 4 位，浙江在质量水平和数量保障上分别列第 5 和第 6 位。在 6 个二级指标中，上海有 5 个列全国前 5 位，江苏有 2 个指标列全国前 6 位，浙江有 2 个指标列全国前 3 位（见附录 2）。在监测点方面，上海在高中生师比、普通高中专任教师研究生学历教师占比等 22 个监测点上位居全国前列，浙江在高等教育生师比、学前教育专业专任教师占比区域差距、中（高）职学校专任教师中双师型教师占比等 14 个监测点上位居全国前列，江苏在小学本科及以上学历教师占比、普通高中专任教师中研究生学历教师占比等 11 个监测点上位居全国前列，安徽在高中和高校教师相对工资收入方面排位也较前。

2. 不平衡：长三角教师队伍现代化建设的主要不足

（1）总体上的"不平衡"问题

就长三角层面看，"不平衡"是长三角教师队伍建设过程中存在问题的总体特征。一是各省市之间的不平衡。数据显示，上海市整体水平居于长三角首位，浙江与江苏两省大体相当，安徽省与其他两省一市存在一定差距。能否缩小省市之间的差距，是长三角教师队伍建设实现区域整体高质量发展的关键。二是维度之间的不平衡。在数量保障、质量水平和职业地位 3 个一级指标中，"质量水平"较好，"职业地位"得分明显低于其他两个指标，"数量保障"方面也有不足。如何确保数量、质量和地位的齐头并进、相得益彰，是三省一市都需要考虑的问题。三是学段之间的不平衡。幼儿园师资队伍建设是一个明显的短板，普通高中专任教师中研究生学历教师占比存在不足，高中教师绝对工资水平明显高于其他学段等。四是各类学校之间的不平衡。中高职（专）专任教师中双师型教师占比是另一短板；与公办中小学相比，民办中小学师德师风表现有所欠缺；与本科高校相比，高职高专学校教师师德师风有所欠缺；与公办和民办高校相比，中外合作办学高校教师的师德师风有所欠缺。

（2）相较于京津冀地区的差距

与京津冀相比，长三角除了在"学历层次"上得分更高外，其他 5 个指标均低于京津冀，尤其生师比、职称水平和相对工资水平 3 个指标上存在一定的差距（见图 4-45）。具体而言，长三角教师队伍建设须着重关注学前生师比、中高职（专）高校专任教师中双师型教师占比、教师相对工资水平等问题。

（3）一市三省的薄弱点

就一市三省各自情况而言，安徽省须重点关注教师队伍建设水平，尤其要重视学前生师

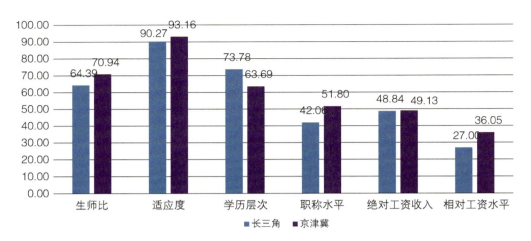

图 4-45　长三角与京津冀二级指标得分

比、高等教育生师比、普通高中研究生学历教师比例等 7 个问题；江苏省须重点关注学前生师比、基础教育教师平均工资区域差异等 5 个问题；浙江省须重点关注学前生师比、各级各类教育教师工资收入与最高行业工资收入的差距等 5 个问题；上海市须重点关注中高职（专）专任教师中双师型教师占比、学前教育生师比等问题（见表 4-12）。

表 4-12　一市三省教师队伍建设的薄弱点

上　海	学前生师比（5）
	中职学校专任教师中双师型教师占比（14）
	高职（专）专任教师中双师型教师占比（19）
浙　江	学前生师比（8）
	小学教师工资收入/最高行业工资收入（24）
	初中教师工资收入/最高行业工资收入（24）
	高中教师工资收入/最高行业工资收入（23）
	高校教师工资收入/最高行业工资收入（27）
江　苏	学前生师比（12）
	中等职业院校"双师型"教师比例（6）
	小学教师平均工资收入区域差距（29）
	初中教师平均工资收入区域差距（29）
	高中教师平均工资收入区域差距（29）
安　徽	学前生师比（28）
	学前教育教师接受专业教育比例（13）
	小学本科及以上学历教师比例（11）

安　徽	高等教育生师比（29）
	普通高中研究生学历教师比例（22）
	中职学校专任教师中双师型教师占比（14）
	高职（专）专任教师中双师型教师占比（19）

（二）研究建议

1. 系统思考：探索教师队伍建设的新机制

一是探索构建一市三省教师队伍建设协同机制。在国家层面，建议在"省"和"高校（部属、部省合建）"之外，将"区域"作为政策单位之一，从"区域"层面考虑相关教师政策的制定与实施。一方面可出台区域教师队伍建设专项政策，整体部署京津冀、长三角、粤港澳等主要区域的教师队伍建设工作；另一方面可在既有政策中强化区域协同发展的取向。譬如，将推动长三角地区教师队伍现代化协同发展方面的努力和贡献，作为国家师范教育基地建设、中小学教师校长"国培计划"、教师资源数字化建设、全国高校黄大年式教师团队示范创建等工作的考虑因素之一。在长三角层面，建议在长三角区域合作办公室中常设一名负责科教文卫工作的人员，一市三省教育厅（教育委员会）中设立长三角区域教育合作办公室，形成明确的协同发展主题与常规化的工作制度。就教师队伍现代化建设而言，建议在教师队伍发展规划、师资培养、教师招聘、教师培训等重点工作和重要环节上，加强一市三省的交流、联动与互助，强化优势互补、共建共享、共同发展。

二是探索构建各级各类教育教师队伍建设并进机制。教师在教育事业发展中的"基础"作用是针对所有教师而言的，不存在某个学段、某类教育的教师是基础，另一学段、另一类教育的教师不是基础的情况。然而，数据显示，无论是长三角整体层面还是三省一市内部，各级各类教育教师队伍建设水平并不同步。就长三角层面而言，建议由长三角区域合作办公室设立专项课题，委托相关机构就各级各类教育教师队伍建设并进机制问题做专门系统的研究，并在一市三省各选择一个县（市、区）就基础教育阶段各级各类师资队伍并进发展做试点探索。就各省份而言，要确保各级各类教育教师队伍建设的投入平衡与政策公平，要重点加强学前教育、职业教育、民办教育教师队伍建设，须确保不同教育阶段教师工资收入的相对平衡。就小学、初中和普通高中三个学段而言，上海市、浙江省和江苏省要重点加强小学阶段的教师队伍建设，安徽省须重点加强普通高中教师队伍建设。

三是探索构建各项教师队伍建设要素协调机制。职业地位是前提，数量保障是基础，质量水平是关键。缺少了任何一项要素，都不可能实现教师队伍的高水平现代化。数据显示，长三角教师队伍 3 项一级指标和 8 项二级指标的建设水平并不平衡。职业地位和数量保障的建设明显落后于质量水平。也就是说，在教师学历和职称整体提高的情况下，并没有充分吸纳优秀人才进入教师队伍，教师工资水平也没有得到充分改善。建议上海市重点改进教师的相对工资水平；浙江省要花大力气解决教师相对工资水平不高的问题，也要关注生师比、教师职称水平排名相对不高的问题；江苏省要高度重视教师相对工资水平不高的问题，要进一步加大教师数量保障的力度，也要关注教师职称水平排名相对不高的问题；安徽省要高度重视教师数量保障不足的问题，要想办法解决教师职业地位相对不高的问题，也须进一步提高教师队伍质量水平。

2. 优先保障：继续加大教师队伍建设投入

一是加大教师队伍建设经费保障。建议国家层面进一步明确各级政府在推进教师队伍建设方面的主体责任，探索建立教育公务员制度，使教师拥有与公职身份对应的权利和义务，建立教师工资最低保障制度，提升教师职业吸引力。一市三省要坚持教育优先发展战略，把教师队伍建设作为教育事业发展的重点，优先考虑教师队伍建设规划，把教师队伍建设作为教育投入重点予以优先保障，优先满足教师队伍建设的经费需要。上海市要在双师型教师队伍建设、教师相对工资水平改进上加大投入，浙江省、江苏省和安徽省要在缩小不同区域教师绝对工资收入差距、改进教师相对工资水平、加强双师型教师队伍建设以及进一步补充教师队伍数量上加大投入。

二是加大教师编制保障力度。一市三省幼儿园生师比与监测目标值都存在不小的差距；浙江省和江苏省小学、初中、高中生师比虽达到监测目标值，但在全国的排名并不靠前；安徽省初中生师比只是接近达标水平，高中生师比达标还存在一定压力。建议一市三省在现有编制总量内，统筹考虑、合理核定教职工编制，采取多种形式增加教师编制总量，优先保障教育发展需要，重点考虑薄弱环节。建立中小学教职工编制市域统筹配置和跨县（市、区）调整制度，全面实行义务教育学校教师"县管校聘"，强化县级教育行政部门的统筹管理权，提高教师编制、岗位等使用效益。探索基础教育学校教师编制不足部分开展备案制管理，备案制人员与事业编制人员同招同管、同工同酬，所需经费纳入同级财政预算。积极探索高等学校人员总量管理改革，支持高校依法采取多元化聘用方式自主灵活用人，推动高校与教师按规定签订聘用合同。

3. 补强短板：重点实施两项建设行动计划

一是三省一市聚焦短板、精准改进。一市三省中，即便是教师队伍建设现代化水平最高的上海市，也存在一些不足之处；浙江省和江苏省都存在明显的建设短板；安徽省教师队伍建设现代化水平更是在全国排位偏后。建议各省市教育厅师资处系统梳理教师队伍建设中的不足和问题，区分轻重缓急、明晰改进目标、确定施策路线，强化主体责任。其中，上海市要重点关注幼儿园生师比、学前教师接受专业教育比例、双师型教师比例三个问题；浙江省要重点关注幼儿园生师比、双师型教师比例、教师相对工资水平三个问题；江苏省要重点关注幼儿园生师比、双师型教师比例、教师工资区域差距、教师相对工资水平四个问题；安徽省要重点关注幼儿园生师比、高中生师比、学前教师接受专业教育比例、小学本科及以上学历教师比例、普通高中研究生学历教师比例、双师型教师比例六个问题。

二是区域层面实施两项建设行动计划。针对学前师资队伍建设和中职高职（专）双师型教师队伍建设两个整体性的薄弱点，建议在长三角层面实施"学前师资建设行动计划"和"双师型教师深化建设行动计划"，明确任务图和时间表，确保2025年长三角教育现代化建设目标的实现。"学前师资建设行动计划"要兼顾数量与质量，力争通过有效政策杠杆和高质量学前教师教育，提升学前生师比和学前教师接受专业教育比例两个指标。"双师型教师深化建设计划"既要强化国家和一市三省职业教育及双师型教师队伍建设政策的落地落实，也要充分挖掘长三角地区"校、企、地"之间互联互通、共建共享的优势和潜能，确保中职学校专任教师中双师型教师占比、高职（专）专任教师中双师型教师占比两项指标的高质量达成。三省一市中，浙江省在双师型教师队伍建设上表现较好，建议提炼总结双师型教师队伍建设的"浙江模式"，并在此基础上探索形成双师型教师队伍建设的"长三角模式"。

4. 强化监测：建立教师队伍质量评估体系

一是开发一套教师队伍建设现代化水平评估工具。发达国家的经验显示，高质量的教师队伍现代化水平监测必须涉及教学实践层面。本研究报告因为数据获得方面的原因，所选择的指标较为局限，主要聚焦在教师职业层面，且多是条件性、基础性的指标，无法充分反映作为教师队伍质量核心的课堂教学与职业体验等方面的情况。建议在一市三省中选择一地设立"长三角教师队伍建设现代化监测中心"，研制符合先进性、系统性、精准性、可比较性等要求的长三角教师队伍建设现代化监测评估指标体系，开发一套能够真实、敏感、有效地反映监测指标情况的测评工具。如教师教学能力调查问卷、教师职业认同量表、教师自我效能感量表、教师专业发展状况调查问卷等测评工具。

二是形成常态化教师队伍建设现代化水平监测机制。建议由"长三角教师队伍建设现代化监测中心"牵头，集聚一市三省力量，协同各级政府、学术机构和公共部门，构建科学、便捷、稳定、安全的长三角教师队伍建设现代化监测数据采集系统，确保数据的代表性与有效性；形成一支专业的教师队伍建设质量评估团队，确保监测评估工作的持续性与专业性；重视评估结果的反馈与运用，用高质量评估推动教师队伍建设现代化。监测评估工作建议每五年举行一次，时间放在五年规划起始年的前一个年度，以通过系统的监测数据分析为五年规划的制定提供证据基础。

附　录

全国各省（自治区、直辖市）（不含港澳台）和主要区域教师队伍建设现代化水平总体得分

排　名	地　区	数量保障		质量水平		职业地位		得　分
		生师比	适应度	学历层次	职称水平	绝对工资收入	相对工资水平	
	全　国	13.52	11.28	10.53	6.03	2.10	4.97	48.44
	长三角	15.45	12.64	16.23	7.57	3.91	3.78	59.60
	京津冀	16.92	13.03	14.01	9.32	3.93	5.05	62.27
1	北　京	21.56	13.86	19.76	11.52	8.00	7.14	81.85
2	上　海	20.16	13.83	17.93	9.54	5.98	5.78	73.24
3	浙　江	16.74	13.47	18.11	7.94	4.60	2.70	63.58
4	天　津	16.97	13.63	14.85	11.30	3.14	2.07	61.96
5	江　苏	16.05	12.73	18.27	7.88	3.44	2.38	60.76
6	内蒙古	18.73	12.53	11.25	7.99	1.02	6.12	57.65
7	宁　夏	11.01	13.46	11.59	7.11	1.61	12.56	57.37
8	辽　宁	17.14	10.27	9.93	11.37	1.05	7.20	56.97
9	黑龙江	19.36	11.31	10.15	9.15	0.59	5.78	56.33
10	吉　林	17.38	12.66	9.87	9.57	0.52	5.26	55.26
11	青　海	12.01	13.61	7.26	6.17	2.96	8.99	51.02
12	甘　肃	15.06	11.31	8.78	6.26	1.06	6.24	48.71
13	重　庆	10.94	12.84	12.37	4.41	2.52	4.92	48.03
14	海　南	13.62	13.51	7.21	3.64	2.00	6.93	46.94
15	西　藏	15.24	13.94	5.06	4.41	3.92	4.11	46.70
16	广　东	11.98	8.95	14.10	4.36	3.95	2.52	45.86
17	福　建	11.97	9.61	12.17	5.69	2.46	3.61	45.52
18	陕　西	14.40	8.89	11.83	3.92	0.91	3.19	43.15
19	河　北	12.22	11.61	7.43	5.15	0.65	5.93	43.01
20	湖　南	10.28	11.80	8.54	3.61	1.16	6.63	42.04
21	山　东	13.42	9.23	11.17	2.78	1.84	3.41	41.86
22	山　西	17.31	8.69	8.04	2.29	0.46	4.79	41.58
23	云　南	7.60	9.44	7.56	9.16	1.90	5.62	41.29

排 名	地 区	数量保障		质量水平		职业地位		得 分
		生师比	适应度	学历层次	职称水平	绝对工资收入	相对工资水平	
24	安 徽	8.86	10.51	10.61	4.93	1.61	4.26	40.80
25	江 西	10.28	13.39	7.03	3.50	1.23	3.36	38.82
26	湖 北	11.07	6.84	6.85	6.25	1.86	5.85	38.73
27	贵 州	8.99	8.96	10.09	4.81	1.16	3.18	37.22
28	河 南	10.16	11.46	8.96	2.31	0.47	1.90	35.28
29	广 西	6.17	13.13	6.66	3.75	0.74	3.79	34.28
30	四 川	10.12	8.56	7.94	4.96	1.28	0.96	33.82
31	新 疆	12.39	5.60	5.08	1.13	1.01	6.78	31.99

附录 2　　　　　**三省一市一级指标、二级指标及监测点全国排名**

一市三省 3 个一级指标得分全国排名

	上 海	江 苏	浙 江	安 徽
数量保障	2	9	6	25
质量水平	2	4	5	16
职业地位	4	21	14	20

注：1—6 位标为绿色，7—12 位标为浅绿色，13—18 位标为黄色，19—24 位标为橙色，25—31 位标为红色。

一市三省各二级指标得分全国排名

	上 海	江 苏	浙 江	安 徽
生师比	2	10	9	29
适应度	3	12	7	20
师德师风	1	2	4	3
学历层次	4	2	3	13
职称水平	5	10	9	18
信息素养	3	1	2	4
绝对工资收入	2	6	3	16
相对工资水平	13	28	26	18

注：（1）1—6 位标为绿色，7—12 位标为浅绿色，13—18 位标为黄色，19—24 位标为橙色，25—31 位标为红色。（2）师德师风和信息素养为长三角内部指标。

一市三省各监测点得分全国排名

一级指标	二级指标	监测点	上海	江苏	浙江	安徽
数量保障	生师比	学前教育生师比	5	12	8	28
		小学阶段生师比	7	19	20	26
		初中阶段生师比	6	13	15	23
		高中阶段生师比	2	6	7	24
		高等教育生师比	5	4	1	29
	适应度	学前教育师资适应度	1	1	1	1
		小学阶段师资适应度	1	1	1	19
		初中阶段师资适应度	1	26	1	27
		普通高中师资适应度	13	1	17	18
		高等教育师资适应度	1	1	1	26
质量水平	师德师风	长三角大中小幼教师师德师风	1	2	4	3
	学历层次	学前教育教师接受专业教育比例	14	4	2	13
		学前教育专业专任教师占比区域差距	4	2	1	13
		小学本科及以上学历教师占比	3	2	4	17
		小学本科及以上学历教师比例区域差距	1	3	2	11
		初中本科及以上学历教师比例	1	3	5	19
		初中本科及以上学历教师比例区域差距	1	3	5	21
		普通高中专任教师中研究生学历教师占比	2	3	7	22
		中职学校专任教师中双师型教师占比	10	6	1	3
		高职（专）高校专任教师中双师型教师占比	19	2	1	18
		高校博士研究生学历教师占比	2	3	5	18
	职称水平	学前中级及以上职称教师占比	1	11	9	19
		小学中级及以上职称教师占比	21	12	11	15
		中学副高级及以上职称教师占比	21	5	7	15
		普通高校正高级职称教师占比	2	9	8	26
	信息素养	大中小幼教师信息素养	3	1	2	4
职业地位	绝对工资收入	小学教师平均工资收入	2	7	5	17
		小学教师平均工资收入区域差距	1	29	16	25
		初中教师平均工资收入	2	6	3	18
		初中教师平均工资收入区域差距	1	29	14	23
		高中教师平均工资收入	2	5	3	16
		高中教师平均工资收入区域差距	2	29	15	19
		高校教师平均工资收入	2	7	4	11

一级指标	二级指标	监测点	上海	江苏	浙江	安徽
职业地位	相对工资水平	小学教师工资收入/最高行业工资收入	12	17	24	15
		小学教师工资收入/公务员工资收入	8	29	18	24
		初中教师工资收入/最高行业工资收入	12	17	24	14
		初中教师工资收入/公务员工资收入	6	28	19	26
		高中教师工资收入/最高行业工资收入	12	17	23	9
		高中教师工资收入/公务员工资收入	6	25	14	22
		高校教师工资收入/最高行业工资收入	17	19	27	10
		高校教师工资收入/公务员工资收入	23	30	29	17

注：（1）1—6 位标为绿色，7—12 位标为浅绿色，13—18 位标为黄色，19—24 位标为橙色，25—31 位标为红色；（2）对照《长三角教育现代化指标体系（试行）》中二级指标"师资队伍建设水平" 2025 年监测目标值，凡达到目标值的不论排位皆标为绿色；（3）师德师风和信息素养为长三角内部指标。

5 长三角基础教育阶段高质量教师队伍状况分析研究

杨文杰

华东师范大学

一、 问题的提出

（一） 长三角区域对于引领国家现代化发展具有重大意义

城市群是推动国家及区域增长的主动力，1970 年长三角城市群首次列入六大世界城市群之一。[①] 长江三角洲地区自古以来是国家财赋重地、鱼米之乡，是我国经济发展最活跃、开放程度最高、创新能力最强的区域之一，在国家现代化建设大局和全方位开放格局中具有举足轻重的战略地位。

2018 年 11 月 5 日，习近平总书记在首届中国国际进口博览会上宣布，支持长江三角洲区域一体化发展并将其上升为国家战略，着力落实新发展理念，构建现代化经济体系，推进更高起点的深化改革和更高层次的对外开放，同"一带一路"建设、京津冀协同发展、长江经济带发展、粤港澳大湾区建设相互配合，完善中国改革开放空间布局。2021 年，中共中央、国务院印发的《长江三角洲区域一体化发展规划纲要》，推动长三角一体化发展，增强长三角地区创新能力和竞争能力，提高经济集聚度、区域连接性和政策协同效率，对引领全国高质量发展、建设现代化经济体系意义重大。

（二） 长三角区域教育发展在国家战略中的重要作用

长三角地区是我国基础教育的先行区、示范区，长三角地区基础教育质量在世界各国基础教育中也处于标杆地位，基础教育一体化的发展与成果充分体现出长三角作为发展示范区和全国高质量发展引领区的表率作用。

2018 年 12 月，长三角三省一市签署系列教育一体化协议。2019 年 5 月 13 日，中共中央政治局召开会议审议《长江三角洲区域一体化发展规划纲要》，指出长三角一体化发展具有极大的区域带动和示范作用，要紧扣"一体化"和"高质量"两个关键，带动整个长江经济带和华东地区发展，形成高质量发展的区域集群。同年 5 月 22 日，长三角地区主要领导

---

① Gottmann J M. Or the urbanization of the northeastern seaboard [J].Economic Geography，1957，33（3）：189-200.

座谈会在安徽芜湖召开，进一步明晰高质量一体化发展的战略目标、战略定位和战略方向。同年 12 月，中共中央、国务院印发《长江三角洲区域一体化发展规划纲要》，明确提出要"协同扩大优质教育供给，促进教育均衡发展，率先实现区域教育现代化"。

（三） 高质量的教师队伍是高质量教育体系的关键因素

基础教育在国民教育体系中处于基础性、先导性地位，是提高民族素质的奠基工程。党中央高度重视基础教育工作，近年来连续印发了关于学前教育、义务教育、普通高中改革发展的相关文件，从顶层架构起基础教育的四梁八柱。其中，教师是办好教育的第一资源。作为人类社会最古老的职业之一，教师肩负着教书育人的神圣使命，是立教之本、兴教之源。教师不仅要传授学生知识技能，还要培养学生的健全人格，对学生施加价值层面的影响。落实党的教育方针，促进学生德智体美劳全面发展，培养能够担当民族复兴大任的时代新人，教师是基础，也是关键所在。党的十九届五中全会提出"建设高质量教育体系"新的蓝图。高质量教育体系的关键要素和显著特征之一是高质量教师队伍的支撑，这意味着基础教育质量提升手段要从过去注重硬件投入转向依靠人力资源的支撑上来。2021 年 3 月，习近平总书记在全国政协医药卫生界教育界联组会上强调，"教师是教育工作的中坚力量。有高质量的教师，才会有高质量的教育"。习近平总书记关于教育和教师工作的一系列重要论述是新时代加强教师队伍建设的根本遵循。

二、 高质量教师队伍相关研究

（一） 教育高质量发展的三个维度

1. 作为一种创新的政策话语

高质量发展是 2017 年中国共产党第十九次全国代表大会首次提出的新表述，表明中国经济由高速增长阶段转向高质量发展阶段。2017 年，《南方经济》率先以"解读十九大报告亮点"为主题刊发一组文章，其中《以高质量发展推进新时代经济建设》一文指出，新时期解决好发展不平衡不充分问题的关键在于高质量发展，体现为经济、社会、政治、文化与生态等方面的协同发展。[①]

从逻辑层面上看，教育高质量发展理应是社会高质量发展的题中应有之义。从教育不同阶段的发展特点来看，追求质量始终是教育发展的核心主线。教育高质量发展，是现阶段经济高质量发展新理念、新模式在教育领域的渗透与延伸，也是教育系统对公众所要求的优质教育资源的回应。党的十九届五中全会提出"以推动高质量发展为主题"，强调"建设高质量教育体系"，开启了中国教育发展的历史新阶段。根据十三届全国人大四次会议审议通过

---

① 王珺. 以高质量发展推进新时代经济建设 ［J］. 南方经济, 2017（10）: 1-2.

的《中华人民共和国国民经济和社会发展第十四个五年规划和 2035 年远景目标纲要》，"建设高质量教育体系"成为"十四五"期间乃至更长一段时期的教育发展目标。这一政策话语，是新时代背景下对于教育事业发展的更高目标的描述与要求，是旨在形成适应当下以及未来社会发展的教育高阶形态。它包含了"高质量教育体系""高质量的教育需求""教育高质量的标准"等一系列与教育高质量发展政策概念的复合体。

2. 作为一种更高规格的教育形态

质量是一个事实与价值耦合的概念，不同主体所理解、认可的质量都是事物自身属性与个体合意性的函数。[①]"高质量发展"是对教育发展状态的一种事实与价值判断，意味着教育在"质"与"量"两个维度上达到与以往不同的、更高规格优质状态，具体如下所述。

（1）教育公平的发展质量更高。进一步调整区域教育布局，完善偏远农村地区教育资源供给制度，建立健全"兜底"机制、保障机制，基本消除区域、城乡、学校之间教育不公平现象。

（2）教育优质均衡的发展质量更高。全面贯彻党的教育方针，落实立德树人根本任务，坚持德育、智育、体育、美育、劳动教育五育并举，培养德智体美劳的社会主义建设者和接班人。全面深化教育改革，破除各方面体制机制障碍和弊端。立足教育布局差异和区域发展不均衡现实，科学规划区域教育协调发展空间布局，健全区域教育协调发展体制机制，引导各地因地制宜、发挥比较优势、优化教育格局。

（3）教育创新发展的质量更高。实施教育创新驱动发展战略，培育教育创新新动能，突出问题导向，深化教育改革创新，探索适合学生全面发展的教育教学方法创新、人才培养模式创新、课程与教材体系创新等，发挥大数据、人工智能在教育改革和发展中的支撑与引领作用，统筹兼顾、综合施策、提前布局，补齐制度短板，消除僵化路径依赖，打破固化行为结构，激发教育创新活力。

3. 作为一种以人为本的教育模式

以人为本的教育理念是时代发展的产物。它的意义在于把人放在第一位，主张以人作为教育教学的出发点，顺应人的禀赋，发掘人的潜能，完整而全面地观照人的发展。教育高质量发展作为一种新发展模式，在行动上理应继续落实"以人为本"教育发展思想的务实举措。坚持以人民为中心的发展思想，不断促进人的全面发展，乃是习近平新时代中国特色社会主义思想的要点之一。

（二）教师高质量发展的相关论述

教育质量高低最终取决于教师队伍的水平，"我们无论怎样强调教学质量亦即教师质量的重要性都不会过分"。研究表明，除了儿童个体和家庭背景因素外，教师和教学是儿童学

---

① 柳海民，邹红军. 高质量：中国基础教育发展路向的时代转换［J］. 教育研究，2021（4）：11-24.

习最为重要的影响因素。

1. OECD 关于教师质量的相关论述

（1）教师教学国际调查

经济合作与发展组织（OECD）于 2008 年策划并实施了"教师教学国际调查"（TALIS），迄今为止已于 2008 年、2013 年和 2018 年进行了三次。TALIS 涉及四个调查领域：教师专业发展；对教师的评价与反馈；学校领导能力；教学实践与教学观。在教师专业发展领域，TALIS 主要关心的是成员国教师专业发展状况，如教师专业发展的规模和需求等。在对教师的评价与反馈部分关注的是，学校如何评价教师的工作，这种评价对教师的专业发展是否具有促进作用，评价是否会伤及教师的工作热情；教师如何获得对他们教育教学工作的反馈，反馈的来源和频率如何；评价系统在奖励表现良好的教师的同时，是如何为那些需要专业支持的教师提供帮助的；不同的评价与反馈系统如何作用于学校文化、教师之间的合作与团结等问题。在此基础上，根据调查的目的内容，TALIS 进一步研发确定了指标体系，并对每一部分调查所用的关键指标进行界定。教师专业发展部分的关键指标有：教师专业发展的规模；专业发展的类型；专业发展的影响和专业发展的需求。对教师评价与反馈部分的核心指标为：评价的来源；评价的标准；评价的结果和评价的影响。通过这几个核心指标的测量，掌握国家中的教师评价系统与学校教师之间是否有合作及合作的情况，学校风气，对教师工作的满意度，教学实践，学校领导层之间的关系，以及评价系统是如何支持教师专业发展的。

（2）其他发布的与教师相关的报告

2021 年 2 月，OECD 发布《培养高成就的学生：学校和教师能做什么》报告，在指标选取上，报告从直接和间接影响学生学习成绩和社会情感发展两个方面入手选取了 7 个维度的教师因素和 11 个维度的学校因素，每个维度包括若干具体指标。其中，教师因素的直接影响维度包括 1 个，即"课堂实践"；间接影响维度包括 6 个，具体为"教师特征""入职动机""入职前教育与培训""幸福感和工作满意度""自我效能感"和"工作时间的使用"。

2. 美国关于教师质量问题的相关论述

美国第三次全国教育高峰会议（1999 年 9 月 30 日—10 月 1 日）的《汇报书》指出，要让美国学校的每一间教室都能配备高质量的优秀教师，"美国各州必须加快努力，全面改革培养和保留优秀教师的全过程——大学招生、职前培养、初次颁证、就职录用、专业发展"。

（1）21 世纪核心技能

2002 年美国正式启动 21 世纪核心技能研究项目，创建美国 21 世纪技能联盟（Partnership for 21st Century Skills，P21），努力探寻那些可以让学生在 21 世纪获得成功的技能，美国 P21 框架的核心技能、与之配套的课程以及支持系统之间的相互关系以彩虹图呈现，如图 5-1 所示。图中彩虹部分的外环呈现学生学习结果的内容，即核心素养，主要包括"学习与创新技能"（创造力与创新、批判思维与问题解决、交流沟通与合作）、"信息、媒体与技术技能"（信息素养、媒体素养、ICT 素养）、"生活与职业技能"（灵活性与适应性、主动性与自我导向、社会与跨文化素养、效率与责任、领导与负责）三个方面。这三方面主要描述学生在未来工作和生活中必须掌握的技能、知识和专业智能，是内容知识、具体技能、专业智能与素养的融合；每一项核心素养的落实都要依赖于基于素养的核心科目与 21世纪主题的学习，即彩虹的内环部分；图中的底座部分呈现的四个支持系统，包括 21 世纪核心素养的标准与评价、课程与教学、教师专业发展以及学习环境，它们构成了保证 21 世纪核心素养实施的基础。

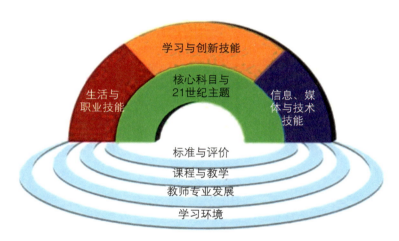

图 5-1　21 世纪核心素养框架

（2）国家教育与经济中心的研究

美国著名智库"国家教育与经济中心"（National Center of Education and Economic, NCEE）曾对全球五个高水平的教育系统：芬兰、新加坡、澳大利亚新南威尔士和维多利亚州、加拿大安大略和阿尔伯塔省及中国上海进行研究。研究认为，在所有的影响因素中，教师质量是重中之重，"没有什么比确保每一位学生面前有一位高质量的教师更重要"。这五个高水平的教育系统虽然国别和文化不同，但都已实现从系统层面为教师赋能。这种赋能贯穿教师职业生涯的每一个阶段，致力于打造一个高效的系统："选拔优秀的人来做教师、为他们提供强有力的专业培训、为他们创设专业的工作环境，充分认可教学的专业地位，使教师成为理想职业，从而提升整个教育系统的教师质量。"

3. 我国关于教师队伍建设的相关论述

（1）政策文件中关于教师队伍建设的论述

合格的老师首先应该是道德上的合格者，好老师首先应该是以德施教、以德立身的楷模。党的十八大以来，习近平总书记多次就加强师德师风建设发表重要讲话，强调评价教师队伍素质的第一标准是师德师风，先后对广大教师提出"四有""四个引路人""四个相统一""六要"的标准和期望，要求在全社会大力弘扬尊师重教的良好风尚，让广大教师在岗位上有幸福感、事业上有成就感、社会上有荣誉感，让教师成为让人羡慕、最受社会尊重的职业。2019 年，教育部、中央组织部等七部门印发《关于加强和改进新时代师德师风建设的意见》，从加强教师队伍思想政治工作、提升教师职业道德素养、将师德师风建设要求贯穿教师管理全过程、营造全社会尊师重教氛围、加强师德师风建设工作保障等 5 个方面提出 15 项举措，全方位构建师德师风建设新格局。2020 年，中共中央、国务院印发《深化新时代教育评价改革总体方案》指出，坚决克服重科研轻教学、重教书轻育人等现象，把师德表现作为教师资格定期注册、业绩考核、职称评聘、评优奖励首要要求，强化教师思想政治素质考察，推动师德师风建设常态化、长效化。

（2）学术界关于高质量教师队伍的论述

有学者通过对习近平总书记对教师队伍建设的重要论述进行梳理，认为习近平总书记关于教师队伍建设的重要论述内容深刻，主要涵盖师德师风建设、教师专业能力建设、教师地位与待遇支撑体系建设、教师职业权力和责任体系建设等领域。[①] 有学者认为教师质量对教育质量具有决定作用，通过提高教师人力资本、社会资本与决策资本促进教师质量，这三种教师专业资本分别指向教师个体的质量、教师群体的质量与随着时间发展的判断能力。[②]

有学者从教师自身发展入手，认为教师队伍建设是包括教师职前与在职教育、配置与管理、社会保障在内的有关教师资源开发与有效发挥的系统化制度设计与政策实践。高质量的教育需要高素质专业化创新型的教师。其中，高素质不仅指的是教师的整体精神面貌和专业能力，特别指的是教师在职业认同、个人素养、社会性发展方面处于较高水平。专业化指的是教师接受专业化的训练，教师教育过程与环境的专业化。建设高素质专业化创新型的教师队伍，需要从社会、制度、核心和基础四个层面发力。[③]

有学者从乡村教师高质量发展入手，指出高质量的乡村教师队伍是一支数量充足、结构合理、素质优良、热爱乡村，能够"下得去、留得住、教得好、有发展"的队伍。数量充足与结构合理是高质量的外显特征，素质优良与热爱乡村是高质量的内在要求；"下得去"与"留得住"是高质量的前提条件，"教得好"与"有发展"是高质量的核心内涵。[④]

① 冉亚辉. 习近平总书记关于教师队伍建设重要论述的理论特质论析［J］. 教育理论与实践，2020，40（13）：38-42.
② Fullan M，Rincón-Gallardo S & Hargreaves A. Professional Capital as Accountability［J］. Education Policy Analysis Archives，2015（23）：1-18.
③ 赵明仁，陆春萍. 新时代我国高素质专业化创新型教师队伍建设论纲［J］. 教育科学，2021，37（1）：9-16.
④ 周晔. 建设高质量的乡村教师队伍［J］. 教育发展研究，2021，41（18）：3.

三、 长三角区域基础教育阶段教师队伍建设现状

结合以上分析，从我国教育、教师发展的现实出发，根据已有的数据、文献资料整体分析的基础上，长三角区域基础教育阶段高质量的教师队伍建设监测指标主要包括：教师基础信息、教师师德师风、教师信息化素养、教师专业发展、教师参与学校治理 5 个一级指标，12 个二级指标，共 24 个监测点（见表 5-1）。

表 5-1　教师高质量发展指标体系

一级指标	二级指标	监 测 点
教师基础信息	教师数量	幼儿园、小学、中学教师数量以及生师比情况
	教师职称	幼儿园、小学、中学专任教师职称情况，城乡专任教师职称情况，城乡县级及以上骨干教师情况
	教师学历	专任教师总体学历，城乡专任教师学历
教师师德师风	教师职业行为	班务安排合理，遵守课堂教师规范
	教师职业道德	体罚行为，关心学生
	教师课外情况	校外兼职情况，收礼行为
教师信息化素养	信息技术运用能力	运用信息技术优化课程教学，利用技术工具收集学习过程和结果信息
	获取资源能力	获取数字教育资源，查阅相关材料
	信息化资源配备	数字学习资源供给，利用现代信息技术提升日常管理效能
教师专业发展	职后培训	教师培训活动
教师参与学校治理	参与治理	政府对教育重视程度、学校办学自主权
	教师待遇	教师自身待遇满意度

（一）教师基本信息

1. 部分省份在各级学校专任教师占比与生师比上表现偏差

2020 年一市三省中小幼学校教职工人数及代课教师、兼任教师人数如表 5-2、表 5-3 所示。根据《中小学教职工编制标准》的规定，非专任教师占教职工的比例，小学一般不超过 9%、初中一般不超过 15%、高中一般不超过 16%。从长三角数据来看，专任教师占比大体上能够达标，但上海市在小学与中学学段仍表现出专任教师占比偏低的现象。上海市的专任教师占全体教职工的比例在小学学段与中学学段分别为 87.81% 与 82.99%，低于《中小学教职工编制标准》的政策要求。

表 5-2　2020 年一市三省幼儿园教职工数(单位：人)

地区		教职工数						代课教师	兼任教师
		合计	园长	专任教师	卫生保健人员	保育员	其他		
幼儿园	上海	80 785	2040 (2.53%)	44 048 (54.52%)	3 303	18 510	12 884	1 651	125
	江苏	297 530	10 742 (3.61%)	167 829 (56.41%)	10 459	72 010	36 490	5 893	365
	浙江	264 601	7 993 (3.02%)	142 698 (53.93%)	9 091	60 063	44 756	0	190
	安徽	189 584	12 058 (6.36%)	112 106 (59.13%)	6 561	39 922	18 937	6 881	2 330

注：括号内为园长或专任教师占教职工数比例。

表 5-3　2020 年一市三省中小学校教职工数(单位：人)

地区		教职工数						代课教师	兼任教师
		合计	专任教师	行政人员	教辅人员	工勤人员	校办企业职工		
小学	上海	54 218	47 609 (87.81%)	2 572	2 202	1 834	1	495	46
	江苏	314 009	299 112 (95.26%)	3 380	5 422	6 014	81	11 019	790
	浙江	196 564	188 669 (95.98%)	2 825	2 127	2 943	0	0	197
	安徽	228 649	220 690 (96.52%)	2 735	1 646	3 578	0	7 488	985
普通中学	上海	93 519	77 613 (82.99%)	5 009	6 795	4 101	1	334	150
	江苏	404 454	364 809 (90.20%)	6 460	15 403	17 539	243	3 984	492
	浙江	267 861	240 072 (89.63%)	5 785	9 540	12 413	51	0	244
	安徽	322 028	287 327 (89.22%)	7 519	7 799	19 379	4	3 975	499

注：括号内为专任教师占教职工数比例。

　　此外，生师比是人才培养质量的一个重要指示器，[①] 也是使教育交往与对话能够充分进

---

① 陈泽，胡弼成. 生师比：人才培养质量的重要指示器［J］. 大学教育科学，2013（3）：118-124.

行并促进人发展的指标。只有生师比合理，教师才能够与学生进行充分的理解与沟通。[①] 所谓"生师比"，指的是学校在校学生数与学校专任教师数的比例，是衡量一个学校教育规模、办学水平和办学质量的重要指标。表5-4呈现了长三角区域2016—2020年各级学校生师比的具体情况。虽偶有波动，但一市三省各级学校生师比在2016—2020年间总体呈逐年下降趋势。其中，上海市在2016—2020年各级学校生师比均低于全国平均值且明显低于其他三省。值得注意的是，2016—2020年间，安徽省各级学校生师比虽处于一市三省下游水平，但均高于全国平均值。江苏省与浙江省2016—2020年小学学段的生师比虽然呈现出逐年下降的趋势，但均高于全国平均水平。

表5-4 2016—2020年一市三省各级学校生师比

	普通小学					初　　中					普通高中				
	2016	2017	2018	2019	2020	2016	2017	2018	2019	2020	2016	2017	2018	2019	2020
全国	17.12	16.98	16.97	16.85	16.67	12.41	12.52	12.79	12.88	12.73	13.65	13.39	13.10	12.99	12.90
上海	14.79	14.35	14.09	13.90	14.01	10.85	10.48	10.55	10.47	10.47	8.93	8.86	8.62	8.57	8.74
江苏	18.06	17.99	17.73	17.25	16.79	11.04	11.48	11.83	12.06	11.96	10.01	9.96	10.26	10.58	10.96
浙江	17.75	17.26	17.14	16.99	16.79	12.34	12.50	12.66	12.54	12.29	11.26	11.11	10.93	10.90	10.98
安徽	17.90	17.98	18.32	18.09	17.98	12.79	13.00	13.16	13.48	13.53	14.31	13.91	13.67	13.54	13.82

2. 一市三省各学段专任教师职称面临着不同问题

（1）长三角一市三省专任教师总体职称情况分析

表5-5报告了长三角区域一市三省2020年中小幼学校专任教师在各类专业技术职务上人数情况。

表5-5 2020年一市三省中小幼学校专任教师专业技术职务情况（单位：人）

		正高级	副高级	中级	助理级	员级	未定级	合　计
幼儿园	上海	16	1 149	13 102	17 008	1 915	12 898	46 088
	江苏	38	3 065	22 968	46 051	5 929	100 520	178 571
	浙江	37	1 822	21 502	54 396	13 291	59 643	150 691
	安徽	24	1 350	9 369	12 311	6 786	94 324	124 164
小学	上海	11	2 060	27 785	25 216	797	5 597	61 466
	江苏	129	25 242	165 213	94 472	4 504	56 317	345 877

[①] 冯芳. 从生师比和平均班额看我国中小学教育现状——从我国与部分 OECD 国家的比较角度 [J]. 教学与管理，2014（30）：35-37.

		正高级	副高级	中级	助理级	员级	未定级	合　计
小学	浙江	104	13 274	109 445	75 613	1 857	21 645	221 938
	安徽	61	21 978	114 884	71 850	11 473	40 179	260 425
初中	上海	17	5 346	21 786	14 160	201	3 204	44 714
	江苏	209	53 297	91 441	41 544	1 204	24 882	212 577
	浙江	91	33 020	57 182	32 633	504	9 711	133 141
	安徽	72	32 657	66 118	36 132	3 434	27 125	165 538
普通高中	上海	100	5 579	8 084	4 040	48	1 191	19 042
	江苏	513	39 522	38 686	16 657	192	9 897	105 467
	浙江	229	25 044	25 565	16 110	232	6 482	73 662
	安徽	195	24 998	28 017	15 675	1 172	11 997	82 054

注：含幼儿园园长。

如图 5-2 所示，各级学校专任教师专业技术职务占比情况有所不同，在长三角区域幼儿园的园长及专任教师群体中，超过一半（53.53%）的教师为"未定级"，仅有 0.02% 的教师为正高级。随着学段的提升，持有"正高级""副高级"证书的教师占比增大。在长三角小学专任教师群体中，专任教师群体中持有"中级"专业技术职务的教师占比最高（为 46.91%）；初中专任教师群体中有 22.36% 的教师为"副高级"，另有 0.07% 的教师为"正高级"；在普通高中专任教师群体中，"副高级"教师占比 33.95%，"正高级"教师占比 0.37%，均高于其他学段。

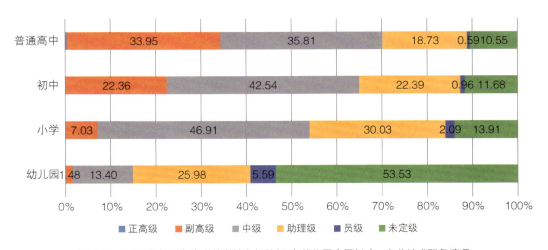

图 5-2　2020 年长三角中小幼学校专任教师（幼儿园含园长）专业技术职务情况

总体来看，一市三省呈现出随着学段的提升，"正高级""副高级"教师的占比也随之增加的特点，但在不同学段呈现不同的特征。在幼儿园学段，安徽省幼儿园园长与专任教师为"未定级"的比例最高，为 75.97%，远高于"未定级"教师占比最低的上海市（27.99%），且安徽省幼儿园园长与专任教师持有"正高级"与"副高级"职称的占比之和最低，为 1.11%。在小学学段，江苏省与安徽省"未定级"的专任教师占比偏高，分别为 16.28% 与 15.43%，而在持有"正高级"与"副高级"职称方面，安徽省占比最高，为 8.46%。在初中学段，一市三省持有"正高级"职称的专任教师占比相差不大，差异主要集中在"副高级"教师占比上，上海市比江苏省低 13.11 个百分点，而上海市持有"中级"职称的教师在一市三省中的比例最高。在普通高中学段，安徽省持有"正高级"职称的专任教师占比最少，而在持有"副高级"职称的教师比例上，上海市低于其他三省（见图 5-3）。

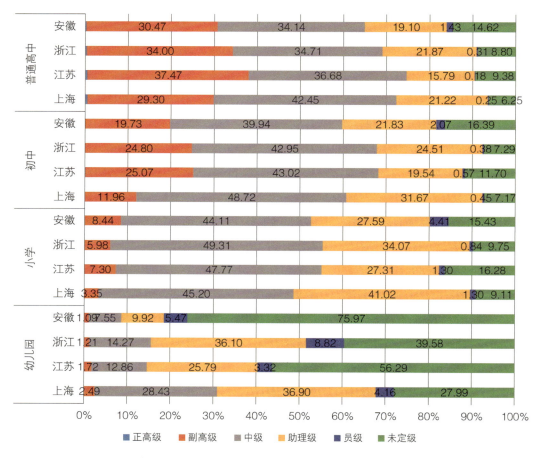

图 5-3　2020 年一市三省中小幼学校专任教师（幼儿园含园长）专业技术职务情况

（2）长三角城乡专任教师职称情况对比分析

① 小学

如图 5-4 所示，2015—2020 年，在长三角小学高级职称教师占比方面，城市、农村比例差有所缩小，农村小学高级职称教师占比已经出现超过城市的趋势。2020 年长三角地区农村小学高级职称教师占比为6.1%,比2015年提高了3.9个百分点,城乡比例差从2015年城市高于农村1.5个百分点下降到2020年城市低于农村0.2个百分点。

图 5-4　长三角农村小学高级职称教师占比及城乡比例差

长三角农村小学高级职称教师占比持续增长趋势明显。农村小学高级职称教师占比2020年比2019年提升了0.9个百分点,过去五年间年均提升至少0.78个百分点,呈现出一定的增长趋势。

一市三省中,安徽省、江苏省农村小学高级职称教师占比增长幅度最大。2020年,一市三省中,上海市、浙江省农村小学高级职称教师占比分别为2.5%和5.2%;安徽省农村小学高级职称教师占比接近10%。2015—2020年,安徽省小学高级职称教师占比增长幅度最大,5年时间提升了8.1个百分点;江苏省提升了3.5个百分点;浙江省提升了2.9个百分点;而上海市该指标与2015年相比仅增长了1.2个百分点(见图5-5)。

图 5-5　一市三省小学高级职称教师占比

一市三省中，江苏省、浙江省、安徽省城乡小学高级职称教师占比差距均有所缩小，而上海市的占比差距变化不大。2020年江苏省、安徽省农村小学高级职称教师的比例分别高于城市0.5和3个百分点，上海市、浙江省农村小学高级职称教师的比例分别低于城市1和1.4个百分点。2015—2020年，安徽省和江苏省城乡小学高级职称教师占比差距缩小最快，分别提升了3.6个百分点和2.6个百分点。上海市2020年小学高级职称教师占比城乡比例差与2015年基本持平，浙江提升了0.8个百分点（见图5-6）。

图5-6　一市三省小学高级职称教师占比城乡比例差

② 初中

如图5-7所示，在长三角初中高级职称教师占比方面，城市高于农村，城市、农村比例差有所缩小。2020年，长三角农村初中高级职称教师占比为19.3%，比2015年提高2.5个百分点，过去5年间年均有提升，呈现出较好的增长趋势。城乡比例差从2015年城市高于农村

图5-7　长三角农村初中高级职称教师占比及城乡比例差

5 个百分点下降到 2020 年城市高于农村 1.7 个百分点。

　　一市三省中，安徽省、浙江省农村初中高级职称教师占比有一定幅度的增长。2020 年，上海市、江苏省农村初中高级职称教师占比分别为 10.1% 和 23.4%；浙江省超过 20.2%。2015—2020年，浙江省农村初中高级职称教师占比的增长幅度最大，5 年间提升了 3.8 个以上的百分点；安徽省也提升了 3.7 个百分点；江苏省的该指标与 2015 年相比提升了 2.5 个百分点（见图 5-8）。

图 5-8　一市三省农村初中高级职称教师占比

　　此外，如图 5-9 所示，一市三省中，城市、农村初中高级职称教师占比差距均有所缩小。2020 年，上海市和浙江省城市、农村初中高级职称教师的占比差距分别缩小了 2.2 个和 2.8 个百分点；江苏省、浙江省和上海市初中高级职称教师占比自 2015 年以来一直是城市高

图 5-9　一市三省初中高级职称教师占比的城乡比例差

于农村，2020 年安徽省农村初中高级职称教师占比高于城市 1.7 个百分点；江苏省、浙江省城市、农村初中高级职称教师占比差距，2020 年比 2019 年分别缩小了 0.8 和 0.7 个百分点，安徽省农村初中高级职称教师占比在 2019 年高于城市初中高级职称教师占比 0.6 个百分点，这一差距在 2020 年继续拉大。

（3）长三角城乡县级及以上骨干教师情况对比分析

① 小学

长三角小学县级及以上骨干教师人数占专任教师比例城市高于农村，城市、农村比例差有所缩小。2020 年，长三角农村小学县级及以上骨干教师人数占专任教师比例为 22.9%，比 2015 年提高 11.2 个百分点，城乡比例差从 2015 年城市高于农村 5 个百分点降到 2020 年城市高于农村 4.9 个百分点，城乡差距在缩小。

长三角农村小学县级及以上骨干教师人数占专任教师比例占比持续增长。长三角农村小学县级及以上骨干教师人数占专任教师占比 2020 年比 2019 年大幅提升了 1.8 个百分点，城乡比例差在 2018 年以后开始缓慢减少（见图 5-10）。

图 5-10　长三角农村小学县级及以上骨干教师人数占专任教师比例占比及城乡比例差

一市三省中，上海农村小学县级及以上骨干教师人数占专任教师比例大幅增长。2020 年，上海市、浙江省、江苏省农村小学县级及以上骨干教师人数占专任教师比例分为 28.5%、26.3% 和 23.9%。2015—2020 年，上海市农村小学县级及以上骨干教师人数占专任教师比例的增长幅度最大，5 年间提高 22.2 个百分点；浙江省也提升了 11.2 个百分点；江苏省该指标与 2015 年相比上升了 6 个百分点（见图 5-11）。

此外，一市三省中，城市、农村小学县级及以上骨干教师人数占专任教师比例的城乡差距，仅有江苏省保持稳定的缩小趋势，其余一市二省皆出现波动的情况。2020 年，江苏省小学县级及以上骨干教师人数占专任教师比例的城乡差距为 4.5 个百分点，相较于 2015 年差距

图 5-11　一市三省农村小学县级及以上骨干教师人数占专任教师比例

减少了 2.7 个百分点。在 2020 年，上海市小学县级及以上骨干教师人数占专任教师比例的城乡差距相较于 2015 年和 2019 年分别上升了 3.7 和 0.7 个百分点，差距反而拉大。浙江省、安徽省除了 2019 年小学县级及以上骨干教师人数占专任教师比例的城乡差距有所反弹以外，其余几年均呈现差距缩小的趋势（见图 5-12）。

图 5-12　一市三省小学县级及以上骨干教师人数占专任教师比例的城乡比例差

② 初中

如图 5-13 所示，长三角初中县级及以上骨干教师人数占专任教师比例城市高于农村，城乡比例差在 2015 到 2020 年间不断波动。2020 年，长三角农村初中县级及以上骨干教师人数占专任教师比例为 22.2%，比 2015 年提高 7.3 个百分点，城乡比例差从 2015 年城市高于农村 2.8 个百分点上升到 2018 年城市高于农村 4.6 个百分点，在此期间不断波动。

长三角农村初中县级及以上骨干教师人数占专任教师比例持续增长，从 2018 年以后呈现缓慢增长趋势。长三角农村初中县级及以上骨干教师人数占专任教师比例 2020 年比 2019 年仅提升了 0.3 个百分点。

图 5-13　长三角农村初中县级及以上骨干教师人数占专任教师比例及城乡比例差

一市三省中，上海市农村初中县级及以上骨干教师人数占专任教师比例大幅增长。2020 年，上海市农村初中县级及以上骨干教师人数占专任教师比例分为 29.3%。2015—2020 年，上海市农村初中县级及以上骨干教师人数占专任教师比例的增长幅度最大，5 年间提高 21.2 个以上的百分点；浙江省也提升了 6 个百分点；江苏省和安徽省该指标增长最低，分别为 2.7 和 2.9 个百分点（见图 5-14）。

图 5-14　一市三省农村初中县级及以上骨干教师人数占专任教师比例占比

一市三省初中县级及以上骨干教师人数占专任教师比例的城乡差距是在不断波动的。2018 年上海市初中县级及以上骨干教师人数占专任教师比例的城乡差距最大，达到了 8.35

个百分点，在 2020 年这一数值缩小到了 5.82 个百分点。2015—2020 年间，江苏省初中县级及以上骨干教师人数占专任教师比例的城乡差距波动最为稳定，在 0.50 个百分点左右。2015—2020 年间，安徽省农村初中县级及以上骨干教师人数占专任教师比例差在小幅度地增长，这一数值在 2015 年为 1.44 个百分点，在 2020 年为 2.23 个百分点，5 年时间内提升了 0.79 个百分点（见图 5-15）。

图 5-15　一市三省初中县级及以上骨干教师人数占专任教师比例的城乡比例差

3. 安徽省各学段专任教师学历仍有较大提升空间

（1）长三角专任教师总体学历情况分析

表 5-6 报告了长三角区域一市三省 2020 年中小幼学校专任教师的学历情况。

表 5-6　2020 年一市三省中小幼学校专任教师学历情况（单位：人）

		研究生毕业	本科毕业	专科毕业	高中阶段毕业	高中阶段毕业以下	合　计
幼儿园	上海	756	36 240	8 437	653	2	46 088
	江苏	620	99 640	75 121	2 998	192	178 571
	浙江	718	74 944	72 283	2 729	17	150 691
	安徽	155	30 618	82 322	10 363	706	124 164
小学	上海	5 338	48 391	7 531	206	0	61 466
	江苏	10 557	306 494	27 973	843	10	345 877
	浙江	5 935	185 741	29 443	818	1	221 938
	安徽	2 235	161 121	93 113	3 956	0	260 425

		研究生毕业	本科毕业	专科毕业	高中阶段毕业	高中阶段毕业以下	合　计
初中	上海	8 029	36 386	299	0	0	44 714
	江苏	15 311	194 151	3 077	37	1	212 577
	浙江	7 639	122 016	3 481	5	0	133 141
	安徽	3 610	141 552	20 336	40	0	165 538
普通高中	上海	5 340	13 698	4	0	0	19 042
	江苏	21 599	83 689	178	1	0	105 467
	浙江	10 260	63 217	185	0	0	73 662
	安徽	6 802	74 333	912	7	0	82 054

注：幼儿园含园长。

图 5-16 报告了长三角中小幼学校专任教师（幼儿园含园长）的学历情况。总体而言，长三角地区中小幼学校专任教师学历呈现出学段越高，高学历教师占比越高的特征。由于按《中华人民共和国教师法》（以下简称《教师法》）规定，幼儿园教师应具备幼儿师范学校及以上学历，小学教师应具备中师及以上学历，初中教师应具备大学专科及以上学历，高中教师应具备大学本科及以上学历。而 2018 年中共中央、国务院颁布的《关于全面深化新时代教师队伍建设改革的意见》（以下简称《意见》）更是明确提出要逐步将幼儿园教师学历提升至专科，小学教师学历提升至师范专业专科和非师范专业本科，初中教师学历提升至本科，有条件的地方将普通高中教师学历提升至研究生。以《教师法》为标准来衡量，长三角区域专任教师学历大体上符合，仅有 0.1% 的初中学段专任教师为高中学历、0.46% 的普通高

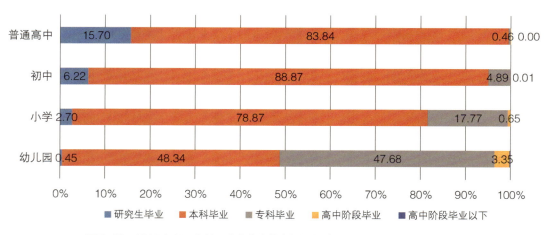

图 5-16　2020 年长三角地区中小幼学校专任教师（幼儿园含园长）学历情况

中学段教师为专科毕业，低于要求。若以《意见》所追求的目标来看，则幼儿园学段有96.47%的教师拥有专科及以上的学历，小学学段则有99.34%的教师拥有专科及以上的学历，初中学段有95.09%的教师毕业于本科及以上，另有15.7%的普通高中学段专任教师拥有研究生学历。

图5-17报告了一市三省中小幼学校专任教师（幼儿园含园长）学历的比较结果。在幼儿园学段，一市三省在"本科毕业"以及"专科毕业"两个学历层次上相差较大，上海市幼儿园园长及专任教师持有"本科学历"的占比高于安徽省78.63个百分点，在持有"专科学历"方面上海市则比安徽省低了47.99个百分点。在小学至普通高中阶段，上海市专任教师群体中拥有研究生学历的比例均最高，安徽省专任教师群体中研究生学历占比均低于其他三地，且"高中阶段毕业""专科毕业"占比均为一市三省中最高。

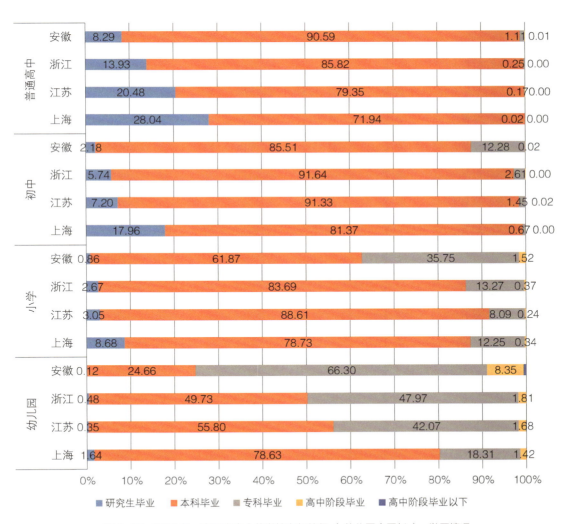

图5-17　2020年一市三省中小幼学校专任教师（幼儿园含园长）学历情况

（2）长三角城乡专任教师学历情况对比分析

① 小学

长三角小学本科及以上学历教师比例城市高于农村，城乡比例差有所缩小。2020年，长三角农村小学本科及以上学历教师比例为78.9%，比2015年提高19.6个百分点，城乡比例差从2015年城市高于农村13.3个百分点变为到2020年城市高于农村6.6个百分点。

如图5-18所示，长三角农村小学本科及以上学历教师比例持续增长，但截至2020年，该指标值尚未达到2025年长三角区域义务教育阶段本科及以上学历教师比例（大于85%）的监测目标值。长三角农村小学本科及以上学历教师比例2020年比2019年提升了4.4个百分点，过去5年间年均约提升4个百分点，按照此趋势发展，长三角农村小学本科及以上学历教师比例将在未来两年内达到监测目标值。

图5-18　长三角农村小学本科及以上学历教师占比及城乡比例差

具体到一市三省，农村小学本科及以上学历教师比例持续增长，其中，江苏省、浙江省、上海市的农村小学本科及以上学历教师比例表现相当，安徽省该指标的总体水平偏低。2020年，一市三省中，江苏省农村小学本科及以上学历教师比例为91.4%，浙江省为83.8%，上海市为81.2%，安徽省为59.3%，可以看出，仅江苏省农村小学本科及以上学历教师比例达到了2025年长三角区域义务教育阶段本科及以上学历教师比例（大于85%）的监测目标值，浙江、上海与安徽三省市尚未达到。2015—2020年，江苏省、安徽省农村小学中本科及以上学历教师比例的增长幅度较大，5年间分别提高了26个百分点和21.5个百分点（见图5-19）。

一市三省小学本科及以上学历教师比例虽一直处于城市高于农村的局面，但差距大体呈现缩小趋势。2020年，上海市、江苏省小学本科及以上学历教师比例的城乡差距分别为7.2个百分点和0.5个百分点，相较2015年，分别缩小了4.7个百分点和13.7个百分点；安徽

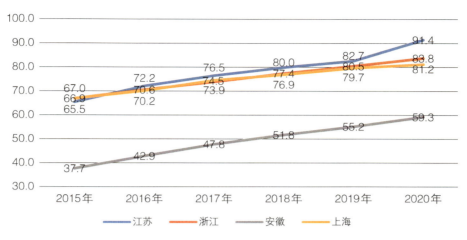

图 5-19　一市三省农村小学本科及以上学历教师比例

省、浙江省小学本科及以上学历教师比例的城乡差距分别为 14.2 和 4.6 个百分点，相较 2015
年，分别缩小了 3 个百分点和 5.1 个百分点。2015—2020 年，江苏省小学本科及以上学历教
师比例的城乡差距变动幅度最大（见图 5-20）。

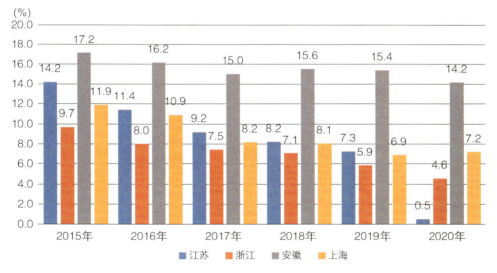

图 5-20　一市三省小学本科及以上学历教师比例的城乡比例差

② 初中

长三角初中本科及以上学历教师比例城市高于农村，城乡比例差有所缩小。2020 年，长
三角农村初中本科及以上学历教师比例为 95%，比 2015 年提高 5.1 个百分点，城乡比例差从
2015 年城市高于农村 3.4 个百分点下降到 2020 年城市高于农村 1.9 个百分点。

如图 5-21 所示，长三角农村初中本科及以上学历教师比例持续增长，已经达到并超过了 2025 年长三角区域义务教育阶段本科及以上学历教师比例（大于 85%）的监测目标值。长三角农村初中本科及以上学历教师比例 2020 年比 2019 年提升了 1.2 个百分点，过去五年间年均提升 1 个百分点，呈现出较好的增长趋势。

图 5-21　长三角农村初中本科及以上学历教师比例及城乡比例差

如图 5-22 所示，一市三省农村初中本科及以上学历教师比例呈现逐年上升趋势，其中，上海市、江苏省、浙江省农村初中本科及以上学历教师比例较高，均在 90% 的水平以上，安徽省在该指标上的表现较弱，5 年间仅在 2020 年达到了 2025 年长三角区域义务教育阶段本科及以上学历教师比例（大于 85%）的监测目标值，但其 5 年间的增长幅度在一市三省中是最大的。2020 年，上海市、江苏省、浙江省、安徽省农村初中本科及以上学历教师比例分别为 98.5%、98.3%、96.6% 和 86.5%。2015—2020 年，安徽省农村初中本科及以上学历教师比例的增长幅度最大，5 年间提升了 9 个百分点。

图 5-22　一市三省农村初中本科及以上学历教师比例

一市三省初中本科及以上学历教师比例的城乡差距均有所缩小，且一直呈现出城市高于农村的局面。2020 年，上海市、江苏省初中本科及以上学历教师比例的城乡差距分别为 0.9 个百分点和 0.6 个百分点，比 2015 年分别缩小了 0.2 个百分点和 3 个百分点；浙江省、安徽省初中本科及以上学历教师比例的城乡差距分别为 1.3 个百分点和 4.7 个百分点，比 2015 年分别缩小了 1 个百分点和 1.9 个百分点。2015—2020 年，安徽省的初中本科及以上学历教师比例的城乡差距大于其他三省市（见图 5-23）。

图 5-23　一市三省初中本科及以上学历教师比例的城乡比例差

（二）部分教师仍存在体罚或不关心学生的行为

从长三角整体数据结果看（见图 5-24），中小学生对于教师师德师风的评价相对较低的是"没有体罚行为"与"关心学生"：76.0% 的学生认为"完全符合——在上一学年中，我的老师没有辱骂或体罚过同学的行为"，75.8% 的学生认为"完全符合——我的老师能及时关心、安抚心情不好的同学"。"关爱学生"分别是教师职业道德规范与新时代中小学职业行为十项准则的要求之一，而"体罚学生"更是被教育部明确列入中小学教师违反职业道德行为当中，鉴于两者的重要教育意义，数据所反映出的问题值得重视。

（三）教师深层次的信息化素养亟需提升

中小幼教师问卷询问了教师关于学校及自身信息技术运用情况，题目要求教师根据实际情况选择题目表述与实际的符合程度。

图 5-25 报告了长三角中小学教师教育信息化应用水平。在所有 8 个题项中，符合程度最高的是"我能够主动运用信息技术优化课堂教学"（91.98%）和"我能通过多种途径获取数字教育资源"（91.53%），最低的是"我能独立解决信息技术应用过程中出现的常见问题（如系统死机等）"（79.23%）。这说明一市三省样本中小幼教师反映的教育信息化运用中最

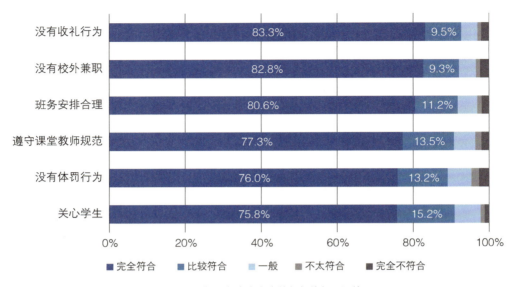

图 5-24　长三角中小学生教师师德师风评价

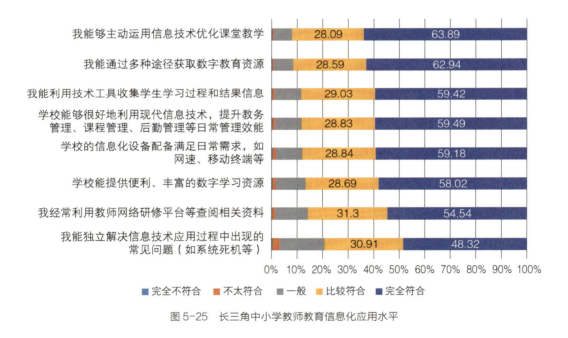

图 5-25　长三角中小学教师教育信息化应用水平

好的方面是"教师能够主动运用信息技术优化课堂教学"和"教师能通过多种途径获取数字教育资源",最弱的是教师能独立解决信息技术应用过程中出现的常见问题(如系统死机等),比倒数第二的"我经常利用教师网络研修平台等查阅相关资料"还低了 6.61 个百分点,说明一市三省教师在独立解决信息技术应用过程中出现的常见问题的能力上弱点特别明显。

图 5-26 报告了一市三省中小学教师教育信息化应用水平比较结果。江苏省样本的中小学教师反映的中小学教育信息化应用水平最高（"比较符合"和"完全符合"的比例之和为90.23%），安徽省最低（84.49%），平均差异为 5.73 个百分点。其中，在教师能独立解决信息技术应用过程中出现的常见问题（如系统死机等）上的差异最大，安徽省比江苏省低 9.61个百分点，这说明该项目是导致一市三省差异的重要原因，安徽省在提高教师独立解决信息技术应用过程中出现的常见问题的能力最为迫切。

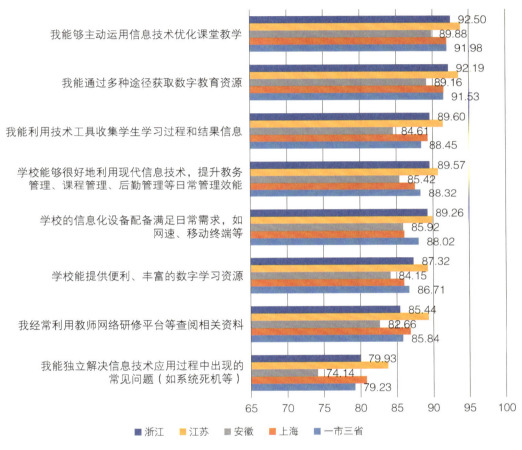

图 5-26　一市三省中小学教师教育信息化应用水平比较

（四）教师培训需求有待调整

教师专业发展是一个以知识获得与显性转化为基础，以专业化的教师身份构建为目的，具有规范性、阶段性及终身性特征的持续发展过程。[①] OECD 的 TALIS 对上海市教师专业发展进行调查，发现上海有 95.5% 的学校为新教师提供正式入职培训，该比例为在提供此类活

---

① 龚宝成. 乡村教师专业发展困境与疏解：地方性知识的视角［J］. 课程·教材·教法，2019（3）：126-130.

动的教育系统中最高。此外,上海市83.1%的教师报告参加过正式入职培训,这是所有参与TALIS的国家(地区)中比例最高的,上海市也是唯一一个所有学校都提供带教活动的地区,最后有87.5%的上海市教师认为专业发展活动带来了积极影响。因此,将上海市的TALIS结果与其他国家(地区)进行比较得出,上海市教师专业发展状况较好,在教师培训等方面取得了不错的效果。在对上海市教师专业发展需求的调查中发现,有77.9%的教师对个性化学习方法的培训有需求,其次是对学生评价训练的需求。此外,虽然上海市教师参加"学生行为与教师管理"的专业发展活动的比例较高,但仍有不少教师表示对这一培训有需求,涉及学科内容、学科教学法以及课程知识、ICT教学技能和跨课程教学能力等的培训也都在被调查的上海市教师的专业发展需求之中。①

(五) 教师对自身待遇的满意度较低

教师的高质量发展也受到政府对教育重视程度、学校办学自主权以及教师自身待遇的影响,图5-27展示了长三角区域中小幼教师在这三个方面的依法治教情况。在3个题项中,中小幼教师对"本地政府能够确保优先发展教育"的认可度最高,其次是政府简政放权,扩大学校办学自主权,而教师对自己的待遇满意度最低。教师获得的物质基础影响到教师教学等的积极性和自主性,因此从数据来看,应加快提升教师薪资和福利待遇水平等,激发教师发展的外生动力。

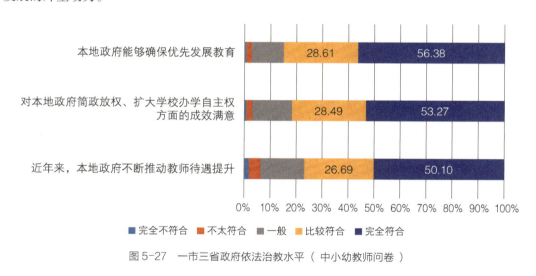

图5-27 一市三省政府依法治教水平(中小幼教师问卷)

具体到一市三省(见图5-28),江苏省在各个方面的满意度仍然最高。安徽省中小幼教师在前两个方面的满意度最低,上海市中小幼教师对教师待遇的满意度最差,且远远低于其他三省,因此对于上海市中小幼教师,应重点关注其待遇问题。

---

① 叶颖. 不同成长阶段教师专业发展的现实困境与对策——基于TALIS2018上海数据结果的实证分析 [J]. 上海教育科研,2020(9):58-62.

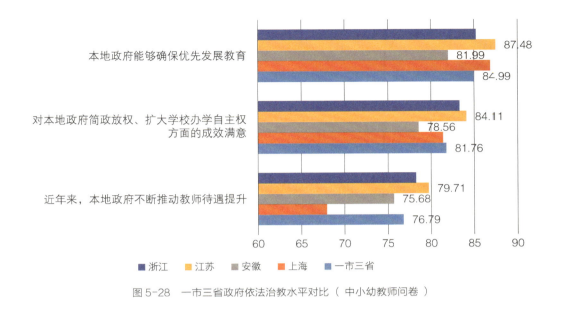

本地政府能够确保优先发展教育 87.48 81.99 84.99

对本地政府简政放权、扩大学校办学自主权方面的成效满意 84.11 78.56 81.76

近年来，本地政府不断推动教师待遇提升 79.71 75.68 76.79

■ 浙江　■ 江苏　■ 安徽　■ 上海　■ 一市三省

图 5-28　一市三省政府依法治教水平对比（中小幼教师问卷）

四、长三角区域基础教育阶段教师高质量发展的对策与建议

（一）推动教师队伍基本素质建设

1. 一市三省应结合自身问题优化教师队伍的数量建设

一方面，上海市应大力提升中小学专任教师占教职工总数的比例，优化学校的教师资源配置情况。由于非教学人员数的庞大势必会挤占相当一部分教育资源，非教学性费用（人头费、行政、管理、后勤费等）占教育总经费支出的比例较高，从而降低了教育投资效益和教育质量。[①] 上海市应进一步优化学校教师队伍的结构，使学校达到合理高效运转的状态。

另一方面，安徽省、江苏省与浙江省应关注探索降低各学段生师比的方法途径。由于生师比是反映教育投入和教育质量的指标之一，也是衡量教师资源配置状况和教师工作负担的重要指标，[②] 且随着"三孩"政策的放开，吸引更多优秀教师进入基础教师师资队伍尤为重要。为此，安徽省、江苏省与浙江省应结合各自的实际需求，丰富教育人力资源的配置，适度扩大专任教师的总规模，确保专任教师数量满足各学段教育发展需要，进一步降低生师比并将其控制在合理的范围内。

---

① 陈泽，胡弼成. 生师比：人才培养质量的重要指示器 [J]. 大学教育科学，2013（3）：118-124.
② 杨晓琳，王文宝，燕学敏，单志艳. 各省份中小学教师发展水平比较研究 [J]. 教育研究，2013，405（10）：84-94.

2. 一市三省应关注各学段专任教师职称的提高

2020 年中国教育统计年鉴数据显示，一市三省各学段高级职称教师比例存在较为明显的差异。对此，一市三省应积极完善中小学教师职务的评价标准和评价机制。一是评价标准要适应实施素质教育和课程改革的新要求，充分体现中小学各学段教师职业特点，并严格规范评审机制，确保结果客观公正。二是应充分发挥教师个体的主观能动性。技术职称制度是教师专业发展的生存性基础，[1] 学校可适当提高中小学中级、高级教师岗位比例，完善符合中小学特点的岗位管理制度，实现职称与教师聘用衔接，[2] 充分激发教师自身的工作活力与发展愿望。三是职称评聘时向乡村倾斜。以上海市为例，该市于 2015 年发布的《乡村教师支持计划（2015—2020 年）》政策中明确要求对乡村学校教师在职称评定时给予倾斜，提出"在乡村学校任教 10 年以上且现仍在乡村学校任教的教师，担任中小学教师中级职务满 4 年且考核特别优秀的，可申报评聘高级教师"。

3. 安徽省应采取多种渠道推动城乡各学段专任教师学历提升

据 2020 年中国教育统计年鉴数据显示，一市三省在基础教育各学段上仍有极少数教师在学历上未达到要求，而安徽省在各学段上未达标的比例明显高于其余一市二省，在各学段中拥有高学历教师占比最低，拥有低学历教师占比最高，且 2015—2020 年间农村小学级初中本科及以上学历教师占比在一市三省中最低。考虑到学历水平是教师职业准入的刚性指标且与教师队伍质量密切相关，安徽省应关注各学段教师学历提升。一是严格把关教师准入门槛。如上海市在义务教育阶段招聘的新教师的学历要求必须达到本科及以上，并将义务教育专任教师本科及以上学历占比作为上海教育现代化的衡量指标之一；2018 年制定的《中共上海市委 上海市人民政府关于全面深化新时代教师队伍建设改革的实施意见》（沪发〔2018〕18 号），进一步要求"新进高中专任教师一般应具备硕士研究生以上学历"。[3] 二是鼓励和支持在职教师进行学历提升。如江苏省南通如皋市实施在职教师学历提升工程；[4] 上海市推荐第四期"双名工程"成员报考华东师范大学教育硕士、教育博士，制定专属于他们专业发展的培养机制和招生计划。[5]

（二）完善教师师德师风建设

数据结果显示，长三角地区中小学生对于教师师德师风的评价相对较低的是"没有体罚

---

① 朱旭东. 论教师专业发展的理论模型建构［J］. 教育研究，2014，413（6）：81-90.

② 中共中央国务院关于全面深化新时代教师队伍建设改革的意见［EB/OL］.（2018-01-20）［2022-02-16］. http://www.moe.gov.cn/jyb_xwfb/moe_1946/fj_2018/201801/t20180131_326148.html.

③ 对市政协十三届三次会议第 0825 号提案的答复［EB/OL］.（2020-09-18）［2022-02-16］.http://edu.sh. gov.cn/xxgk2_zhzw_jyta_02/20201106/v2-0cc9d20fb29a4d8fb28f80d9e4ed755e.html.

④ 南通如皋：打造教育高地 推进高质量发展［EB/OL］.（2021-02-18）［2022-02-16］.http://jyt.jiangsu.gov. cn/art/2021/2/18/art_57812_9673443.html.

⑤ 对市政协十三届三次会议第 0825 号提案的答复［EB/OL］.（2020-09-18）［2022-02-16］.http://edu.sh. gov.cn/xxgk2_zhzw_jyta_02/20201106/v2-0cc9d20fb29a4d8fb28f80d9e4ed755e.html.

行为"与"关心学生"。由此可见，"体罚行为"与"不够关心学生"成为长三角地区一市三省基础教育学段师德师风中较为突出的问题。为此，以问题为导向，精准施策，成为完善长三角地区师德师风建设的重要途径。

由于"体罚"与"关心学生"分别属于中小学教师违反职业道德行为以及教师职业道德规范与新时代中小学职业行为十项准则的要求，因此一市三省应将"完善师德教育机制"放在首位，例如江苏省教育厅于 2015 年所颁布的《关于进一步加强师德师风建设的意见》中提出"师范生培养必须开设师德教育课程，新任教师岗前培训开设师德教育专题，在职教师培训把师德教育作为重要内容""重点加强社会主义核心价值观教育，重视理想信念教育、法制教育和心理健康教育"等要求。① 其次，应通过严格且完善的教师评价体系，强化师德师风第一标准，将师德要求融入教师队伍建设全过程，从而为师德失范行为敲响警钟，切实把好师德关口。

（三） 提升教师深层次的信息素养

在中小幼教师信息化素养方面，长三角区域一市三省的数据反映出教师在"我经常利用教师网络研修平台等查阅相关资料"以及"我能独立解决信息技术应用过程中出现的常见问题（如系统死机等）"等深层次信息素养方面存在不足，而具体到一市三省，安徽省教师同样在以上两方面上表现最差。为此，应从长三角区域教师信息化素养当前所存在的困境出发，探讨教师信息化素养提升的具体对策。一方面，加强培养教师运用新信息技术实现自身专业发展及创新教育教学的意识、理念与能力，结合教师现实需求落实分层分类培训。如浙江省关注从校本出发提升信息化素养，该省教育厅办公室发布《关于推进实施中小学校首席信息官（CIO）制度的通知》，② 要求在中小学校设立首席信息官，负责组织制订学校教师信息素养提升培训研修计划，促进教师跨学科教学能力提升等职责。此外，江苏省高度重视弱势地区教师信息化素养的提升，明确"重点做好经济薄弱和农村地区教师培训工作，提高乡村教师信息技术应用能力"。③ 另一方面，强化典型案例的示范引领作用，辐射带动更多教师信息化素养水平的提升，以及主动运用信息技术实现专业发展与教学方法的优化。例如江苏省在各设区市教育局推荐、省级复核、公示等程序的基础上，确定了第二批江苏省中小学网络名师工作室，④ 以期通过名师工作室的覆盖面和影响力提升全省教师信息化素养水平。

---

① 江苏省教育厅. 关于进一步加强师德师风建设的意见［EB/OL］.（2015-09-02）［2022-02-16］.http：//jyt.jiangsu.gov.cn/art/2015/9/2/art_58379_7507728.html.
② 浙江省教育厅办公室关于推进实施中小学校首席信息官（CIO）制度的通知［EB/OL］.（2021-12-20）［2022-02-16］.http：//jyt.zj.gov.cn/art/2021/12/20/art_1532985_58918511.html.
③ 全省中小学教师信息技术应用能力提升 工程 2.0 专项培训网络视频启动会召开［EB/OL］.（2020-11-12）［2022-02-16］.http：//jyt.jiangsu.gov.cn/art/2020/11/12/art_57807_9566810.html.
④ 省教育厅办公室关于公布第二批 江苏省中小学网络名师工作室的通知［EB/OL］.（2021-01-26）［2022-02-16］.http：//jyt.jiangsu.gov.cn/art/2021/1/26/art_58320_9662272.html.

（四）规范教师专业发展需求

相关数据显示，虽然以上海市为代表的教师专业发展已经取得了较好的结果，但教师的培训需求未得到满足，长三角地区教师专业发展仍存在不完备、不规范等问题。因此，为了推动教师高质量发展，应解决教师专业发展中的不足，因此需加强长三角区域教师专业发展。其发展内容包括：首先，培养教师的 ICT 教学技能，使教师适合信息化时代的教学要求；其次，培养批判性思维与跨学科教学能力，教师帮助学生培养批判思维以及面对复杂的真实情境解决问题的能力；再次，教师也需具备多样化的学生评价能力，在传统的纸笔测试下的总结性评价之外，教师应熟练掌握和使用形成性评价，综合多种评价方式为学生发展提供有效的反馈和建议；最后，对于促进教师专业发展，需建立有效激励机制，TALIS 结果显示工作冲突、缺乏动力、不受重视等是阻碍教师参与专业发展的重要原因，因此应避免教师的专业发展成为教师的负担，设置更为有效的激励机制，激发教师的自我发展动力。

另外，农村地区教师发展情况仍然堪忧，受到资金、支持政策等多方面阻碍。因此，一方面应该加强长三角区域教师专业发展，另一方面更应关注农村地区教师的专业发展情况，破除层层阻碍，包括为乡村教师提供系统持续的入职培训、师徒带教和同伴日常合作的专业发展活动。要基于城乡之间教育资源的差异，为乡村教师专业发展提供充足的资源，提高乡村教育经费的配置效率。由于客观上乡村经济发展薄弱、教育资源缺乏且配置不合理等问题导致的乡村教师整体素质低于城市地区，因此可以加快教育专业发展体系的城乡一体化建设，着力搭建城乡学校和城乡教师互动交流的平台。①

---

① 李琼，张倩，樊世奇. 国际视野中的我国乡村教师专业发展：与 PISA 高绩效东亚四国 TALIS 数据的比较 [J]. 外国中小学教育，2018（11）：53-61.

长三角"十四五" 期间普通中小学师资配置与需求预测

夏 彧

华东师范大学

一、序 言

"十四五"时期是我国开启全面建设社会主义现代化国家新征程、教育实现更高质量发展的关键五年。教师是教育发展的第一资源。高质量、可持续的师资配置需要有前瞻性的安排部署。科学预测教师需求，有助于实现教师精准供给，提高教育资源配置效率。

本研究在《中国教育现代化2035》目标的指引下，基于 Leslie 矩阵模型和队列要素法，对长三角一市三省在"十四五"期间各学段的在校生规模和教师需求进行预测。分析发现，长三角地区小学阶段师资缺口峰值发生在"十四五"初期，初中阶段师资缺口峰值发生在"十四五"中后期，高中师资配置趋势存在较大的省际差异。因此，长三角一市三省需把握各地师资缺口的阶段性特征，实现高质量教师供给。

二、长三角学龄人口预测

（一）长三角地区人口分布情况及影响因素概述

长三角位于长江入海之前的冲积平原，是我国经济最具活力、开放程度最高、创新能力最强的区域之一，在国家现代化建设大局中具有举足轻重的引领作用。2018 年 11 月 5 日，习近平总书记在首届中国国际进口博览会上宣布，支持长江三角洲区域一体化发展并上升为国家战略，这一战略覆盖上海市、江苏省、浙江省、安徽省一市三省。

1. 长三角地区人口现状分析

根据第七次人口普查数据，长三角一市三省总人口规模超过二亿三千五百万人。从人口空间分布特征来看，江苏省从第三次人口普查开始就是长三角人口规模最大的地区，到第七次人口普查时超过了 8 470 万。浙江省、安徽省和上海市人口规模在第七次人口普查时分别为 6 450 万、6 100 万和 2 480 万人。

以城市边界比较人口空间分布特征，上海和杭州市、苏州市人口规模达到 1 000 万以上的地区；江苏的徐州市、南京市，安徽的阜阳市、合肥市，浙江的宁波市、温州市人口规模在 800—1 000 万之间。而人口规模在 300 万以内的地级市包括安徽的淮北市、马鞍山市、铜陵市、池州市、宜城市、黄山市和浙江的衢州市、丽水市。

从人口变动趋势情况来看，江苏省人口规模基数较大，且长期保持稳定增长，近 10 年人口增长率为 7.74%，人口规模位列长三角第一。安徽省在前四次人口普查中，人口规模均在长三角地区排名第二，但其增速逐年放缓，在第七次人口普查时被浙江省超越。浙江省人口规模在前四次人口普查中排名第三，但增速逐年提高，第七次人口普查时赶超安徽省，最近 10 年人口增长率最高，达到 18.63%。上海市人口增长整体上较为稳定，在第六次人口普查时增长幅度较大，近 10 年人口增长趋缓（见表 6-1）。

表6-1　历次人口普查长三角一市三省人口规模与增长趋势

	第三次 人口普查	第四次 人口普查	第五次 人口普查	第六次 人口普查	第七次 人口普查	近 10 年 人口增长率①
上海	11 859 748	13 341 852	16 407 734	23 019 196	24 870 895	8.04%
江苏	60 521 114	67 056 812	73 043 577	78 660 941	84 748 016	7.74%
浙江	38 884 603	41 446 015	45 930 651	54 426 891	64 567 588	18.63%
安徽	49 665 724	56 181 005	58 999 948	59 500 468	61 027 171	2.57%

从人口年龄结构来看，2020 年上海市 0—14 岁的人口占比为 9.80%，在长三角地区为最小值；而 15—59 岁的人口占比 66.80%，在长三角地区为最大值；60 岁以上的人口占比 23.40%，在长三角地区为最大值。0—14 岁的人口占比中，安徽省最高，达 18.17%；江苏省和浙江省较为接近，分别为 15.32% 和 13.27%。对于 15—59 岁的人口，浙江省仅次于上海市，达 66.56%；而江苏省和安徽省都在 62% 左右。长三角 60 岁以上的人口占比均在 20% 左右，上海市老龄人口比例最高。

2. 长三角地区学龄人口和师资预测影响因素分析

学龄人口变化对各级各类教育具有重要影响，是人口预测研究的重点关注议题。人口预测通常需要考虑的基本参数包括出生率、死亡率和迁移率。由于学龄人口预测年龄段死亡率较低，所以需要更加关注出生和迁移这两个因素。对于长三角一市三省的学龄人口预测问题，现阶段主要影响因素为生育政策的变动和城市发展规划带来的出生率、迁移率变动，继而影响学龄人口规模的变化。

首先，生育政策从全面"二孩"到"三孩"政策变动的影响。生育率在短期内的迅速变化，会影响一个地区的出生人口，进而影响一个地区中小学的学额需求情况。2015 年 10 月，党的十八届五中全会曾明确提出"全面实施一对夫妇可以生育两个子女的政

---

① 将第七次人口普查数据和第六次人口普查数据进行比较。

箓"。2015 年 12 月 2 日，国务院常务会议通过《中华人民共和国人口与计划生育法修正案（草案）》，并决定将草案提请全国人大常委会审议。2015 年 12 月 27 日，全国人大常委会表决通过了人口与计划生育法修正案，全面二孩政策随即于 2016 年 1 月 1 日起正式实施。2021 年 7 月 20 日《中共中央、国务院关于优化生育政策促进人口长期均衡发展的决定》公布。7 月 21 日，《国家医疗保障局办公室关于做好支持三孩政策生育保险工作的通知》（医保办发〔2021〕36 号）发布。2021 年 8 月 20 日，全国人大常委会会议表决通过了关于修改人口与计划生育法的决定，修改后的人口计生法规定，国家提倡适龄婚育、优生优育，一对夫妻可以生育三个子女。"十四五"期间，"全面二孩"政策和"三孩"政策将在不同程度上影响不同学段的学龄人口的规划和预测。本研究假定长三角的生育率会在一定程度受生育政策影响，但影响水平不会超过近十年总和生育率平均值的 30%。由于长三角地区总和生育率长期处于相对较低的水平，一旦堆积生育效应结束，长三角的总和生育率会有所回落。

其次，区域人口迁移的影响。人口流动是中国改革开放以来规模最大、意义最为深远的地理过程之一。人口流动带来的大规模学龄儿童迁移和流动，对区域教育资源配置方式、教育结构及教育制度产生重要影响。主导人口流动迁移的关键因素是产业结构、收入水平的地区间差异等宏观经济因素。此外，城市的人口承载力、城市化水平、城市公共服务水平等因素也对人口的跨地区流动有不同程度的影响。

（二）学龄人口预测方法

可用于人口预测的模型较多，主要有线性回归模型、马尔萨斯模型、指数平滑预测模型、Logistic 模型、宋健模型、GM（1，1）模型、BP 神经网络模型、系统动力学模型等。已有研究在进行学龄人口预测时所采用的方法主要有灰色预测、CPPS 人口预测、年龄移算法以及队列要素法等。本研究采用 Leslie 矩阵模型对学龄人口进行预测，以第六次全国人口普查的分年龄数据为基础，建立人口生命表。综合考虑当前人口政策背景下的总和生育率、出生、死亡和迁移等因素，对"十四五"期间长三角一市三省中小学阶段的学龄人口进行推算。①

具体步骤包括：第一，以长三角一市三省 2010 年第六次全国人口普查（简称"六普"）中分户籍、分性别、分年龄的人口数、死亡率、生育率数据为基础，结合长三角一市三省统计年鉴中生育率与人口迁移的变化趋势，以及相关学者对于上海、江苏、浙江、安徽"全面

---

① 学龄人口的预测假设前提：现有的与生育和迁移有关的人口政策不发生重大变动；各年龄段育龄妇女的生育率分布情况不随年份变动，具体取值随总和生育率等比例变化；各年龄段的死亡率不随年份变动；外来常住人口不计入高中学段的学龄人口；入学政策不发生重大变化。基于上述前提，我们使用了队列构成法，将人口划分为具有不同生育、死亡和迁移风险的人群，模拟人口的变动过程。该方法是目前人口预测研究中的主流方法，考虑了人口的出生、死亡和迁移，相较之下可预测的年份更长、预测结果也更准确。

二孩"政策后的生育率预测，推算出 2011—2025 年的学龄人口数，取出"十四五"期间（2021—2025 年）的部分；第二，计算 2015—2019 年预测得到的各学段学龄人口数与实际的各学段在校生规模之比，根据这一系数将 2021—2025 年的学龄人口数折算为各学段的在校生规模。

本研究使用 Matlab7.0 软件构造出 Leslie 矩阵进行计算，该矩阵的基本表达式为：

$$
\begin{bmatrix}
P_{0(t+1)} \\
P_{1(t+1)} \\
P_{2(t+1)} \\
P_{3(t+1)} \\
\cdots\cdots \\
P_{w-1(t+1)}
\end{bmatrix}
=
\begin{bmatrix}
B_0 & B_1 & B_2 & \cdots\cdots & B_{w-1} \\
S_0 & 0 & 0 & \cdots\cdots & 0 \\
0 & S_1 & 0 & \cdots\cdots & 0 \\
0 & 0 & S_2 & \cdots\cdots & 0 \\
\cdots\cdots & & & & \\
0 & 0 & 0 & \cdots & 0
\end{bmatrix}
\times
\begin{bmatrix}
P_{0(t)} \\
P_{1(t)} \\
P_{2(t)} \\
P_{3(t)} \\
\cdots\cdots \\
P_{w-1(t)}
\end{bmatrix}
+
\begin{bmatrix}
G_{0(t)} \\
G_{1(t)} \\
G_{2(t)} \\
G_{3(t)} \\
\cdots\cdots \\
G_{w-1(t)}
\end{bmatrix}
$$

该矩阵的含义为：以当年的分年龄人口数、分年龄生育率、分年龄存活率为基础，计算得到下一年不发生迁移的分年龄人口数。在此基础上加上下一年发生迁移的分年龄人口净增量，得到下一年全部的分年龄人口数，之后不断循环这一过程。在实际操作中，由于男性人口不进行生育、外来常住人口不计入高中学段，所以我们将总人口拆分为不同户籍、不同性别，进行分别计算，再做汇总。该矩阵中，$Px(t)$ 的含义为第 t 年年龄为 x 岁的人口数；Bx 的含义为第 t 年年龄为 x 岁的生育率（在计算男性人口时 $Bx=0$）；Sx 表示第 t 年年龄为 x 岁的存活率；$Gx(t)$ 表示第 t 年发生迁移的年龄为 x 岁的人口净增量。其中分年龄人口数 $Px(t)$ 和分年龄存活率（即 1-死亡率）Sx 可从长三角地区 2010 年第六次全国人口普查数据中直接得到。2010 年至 2019 年的分年龄生育率 Bx 可由 2010 年的六普数据和 2011—2020 年统计年鉴的人口信息推算获得，2020 年后的分年龄生育率则使用尹文耀等人所预测的江苏、浙江、安徽、上海未来百年总和生育率的平均取值进行推算。[①] 由于新增的 0 岁人口大多是生育所得而非迁移所得，所以 $G_0(t)=0$。根据长三角地区统计年鉴中的户籍常住人口数和外来常住人口数，我们计算出 2011—2019 年间历年的户籍常住人口增量和外来常住人口净增量。最后，我们汇总得到 2011—2025 年 0—17 岁分年龄人口数。根据与现有出生人口数据的比对可知，大多数年份的误差控制在 5% 以内。

（三）长三角一市三省"十四五"期间中小学在校生规模预测

表 6-2 报告了在校生规模预测。预测结果表明，长三角地区中小学在校生规模在"十四五"期间保持小幅增长，年均增幅 1.4%。预计到 2025 年，长三角普通中小学在校生规模达

---

① 尹文耀，姚引妹，李芬，等. 生育水平评估与生育政策调整——基于中国大陆分省生育水平现状的分析（英文）[J]. 中国社会科学，2013（6），109-128.

到 2 701.64 万人。其中,上海、浙江、安徽中小学在校生规模将分别达到 166.54 万、715.73 万、876.52 万,各学段相对"十三五"均有不同幅度的增长。江苏在校生规模增长模式略有差异。至 2025 年,江苏中小学在校生规模将达到 942. 85 万,与峰值年份相比与基准年份相比有所下降,学段分布结构有较大变化,生源增幅主要集中在高中阶段。

表6-2 长三角一市三省"十四五"期间中小学在校生规模预测(万人)

地 区	年 份	小 学	初 中	高 中	总 计
上海	2020(基准)	86.10	46.81	16.64	149.54
	2021	90.32	50.38	16.99	157.69
	2022	94.39	50.33	18.24	162.96
	2023	92.50	52.63	19.32	164.45
	2024	89.59	52.42	20.63	162.64
	2025	87.54	58.21	20.79	166.54
江苏	2020(基准)	580.82	254.26	115.54	950.62
	2021	581.28	247.86	119.40	948.54
	2022	582.14	238.55	124.76	945.45
	2023	584.78	236.21	127.84	948.83
	2024	585.29	231.66	130.00	946.95
	2025	579.45	238.22	125.18	942.85
浙江	2020(基准)	372.73	163.64	80.90	617.27
	2021	399.28	167.73	88.29	655.31
	2022	422.58	163.66	88.20	674.44
	2023	442.13	167.11	88.12	697.36
	2024	443.23	172.65	89.82	705.70
	2025	443.13	184.89	87.71	715.73
安徽	2020(基准)	468.24	223.96	113.36	805.55
	2021	470.29	227.68	129.92	827.88
	2022	477.98	231.97	131.44	841.39
	2023	494.29	231.79	134.94	861.02
	2024	495.89	237.02	136.00	868.92
	2025	496.93	241.12	138.47	876.52

图 6-1 分学段呈现了 2010—2025 年长三角一市三省在校生规模的变动趋势与预测结果。图 6-1a 显示，小学在校生规模在 2010—2025 年期间整体上呈上升趋势，预计未来 5 年除江苏可能会出现一定的下降外，上海、安徽、浙江三地均会保持上升。江苏省自 2013 年开始增长，预计 2024 年将达到峰值，在"十四五"末年小幅回落。上海规模相对较小，整体呈增长趋势，但增幅较小，预计 2022 年后会出现小幅度的回落，成为唯一一个在 2021 年后出现负增长的地区。2010 年时安徽省小学在校生规模最大，2012 年江苏省成为长三角小学在校生规模最大的省份，这一格局将在"十四五"期间保持。预计长三角一市三省小学在校生规模最大值已在 2020 年出现于江苏省。初中在校生规模在 2010—2025 年期间，预计将呈先减少、后增长的趋势（见图 6-1b），其中 2010 年至 2015 年为整体规模减小的时期，2015 年以后为整体规模增长的时期。普通高中在校生规模在 2010—2025 年期间，整体将呈小幅波动趋势，上海市与浙江省相对而言波动幅度较小，而安徽省与江苏省波动幅度偏大，呈现先减后增的趋势（见图 6-1c）。其中江苏省在 2010—2017 年期间下降幅度较大，2017 年以后开始缓慢增长预计增长趋势将保持至 2024 年。安徽省整体趋势与江苏省相同。安徽省的普通高中在校生规模预计将于 2021 年超过江苏省，成为长三角地区普通高中在校生规模最大的地区。四地区极差分别为上海市 5.11，江苏省 41.32，浙江省 13.34，安徽省 31.00，可以看出波动幅度最大的是江苏省，其次为安徽省，而浙江省与上海市的普通高中在校生规模较为稳定。

三、 师资规模需求与缺口预测

（一） 师资配置标准

1. 国家标准

2014 年 11 月 13 日，《中央编办 教育部 财政部关于统一城乡中小学教职工编制标准的通知》（中央编办发〔2014〕72 号）统一了城镇乡教职工编制标准："教职工与学生比：高中为 1∶12.5，初中为 1∶13.5，小学为 1∶19。"在《人事部 教育部关于印发高等学校、义务教育学校、中等职业学校等教育事业单位岗位设置管理的三个指导意见的通知》（国人部发〔2007〕59 号）中对非教学岗位占教职工比例做出明确的规定，"普通小学教师岗位占岗位总量的比例一般不低于 90%，管理岗位、其他专业技术岗位和工勤技能岗位一般不超过 10%""普通初中教师岗位占岗位总量的比例一般不低于 85%，管理岗位、其他专业技术岗位和工勤技能岗位一般不超过 15%""普通高中教师岗位占学校岗位总量的比例一般不低于 85%，其他岗位原则上不超过 15%"。依据上述两项规定，对各学段专任教师生师比进行折算，折算后的专任教师和学生的比值最低标准为：小学 21.11∶1、初中 15.88∶1、高中 14.71∶1。

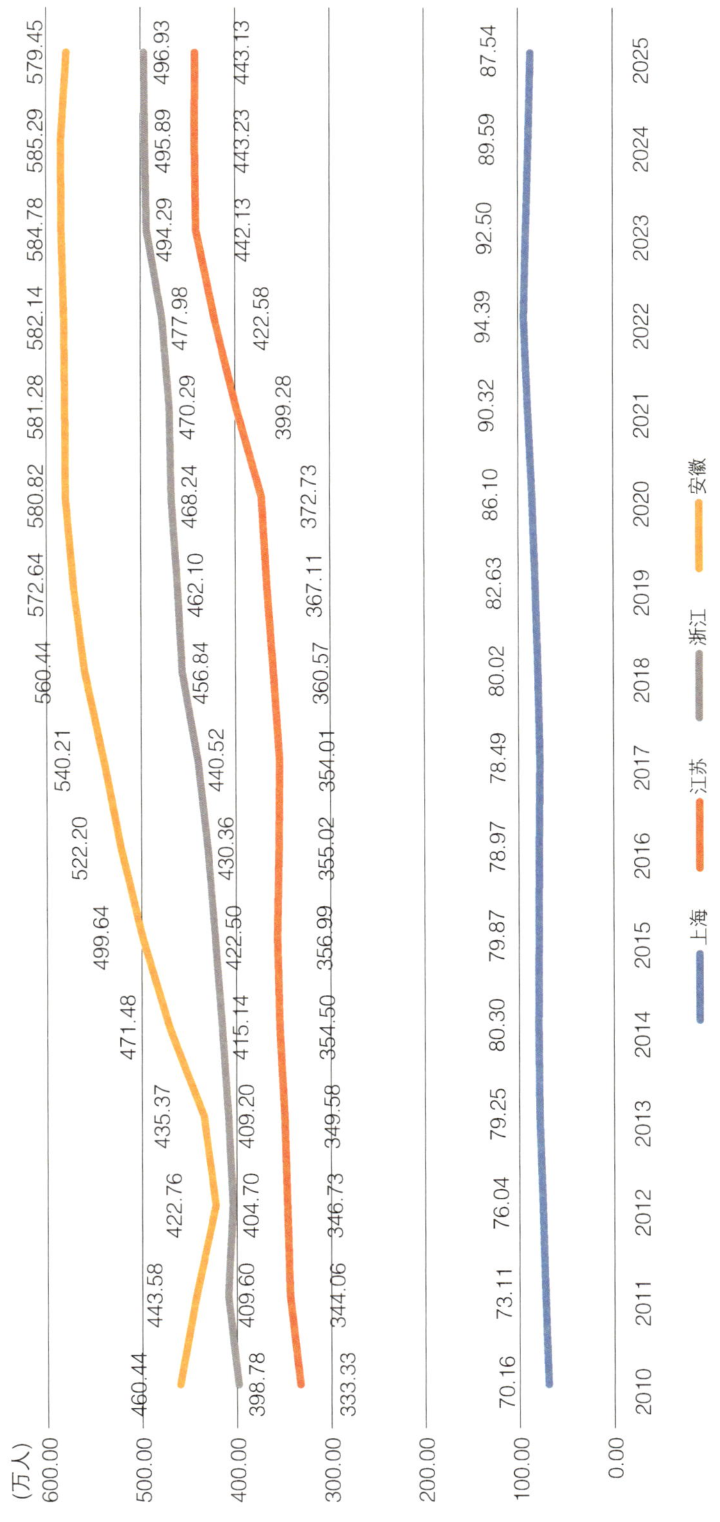

（万人）

图6-1a　长三角小学在校生规模趋势与预测（2010—2025）

上海　　江苏　　浙江　　安徽

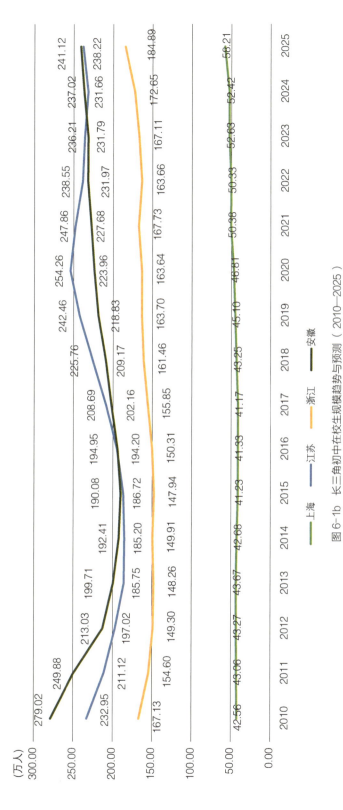

图6-1b 长三角初中在校生规模趋势与预测（2010—2025）

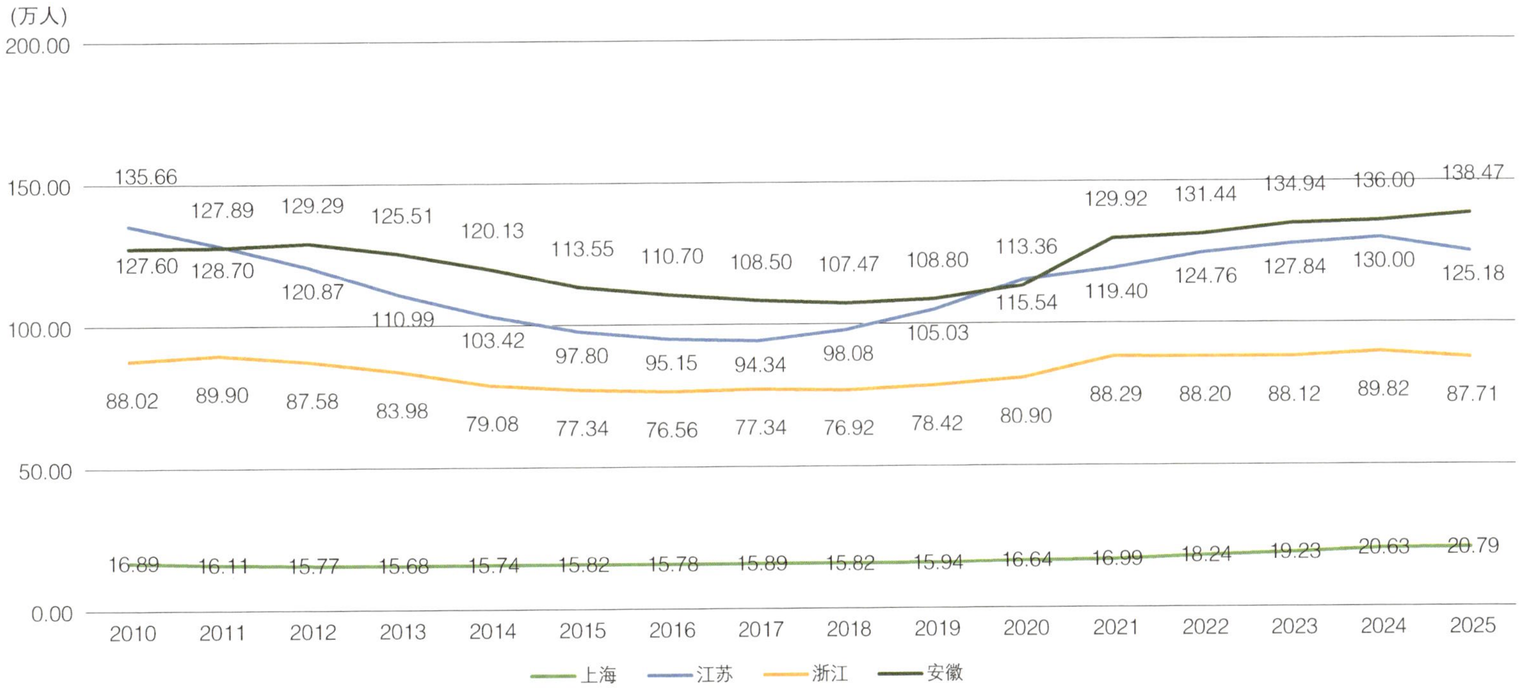

图6-1c 长三角普通高中在校生规模趋势与预测（2010—2025）

上海 　江苏 　浙江 　安徽

2. 不同地区间的生师比描述比较分析

图 6-2 呈现了小学、初中和普通高中生师比指标的区域间比较。① 图 6-2a 显示，小学阶段，芬兰师资配置相对较为充裕，其生师比最低；法国小学生师比最高；长三角小学生师比略优于东京都市圈，接近英国。图 6-2b 显示，初中阶段，芬兰生师比最低；江浙沪三省份初中师资配置的充分程度仅次于芬兰，优于其他国家和地区；长三角整体初中师资配置水平优于东京都市圈、美国东北部城市群以及部分发达国家。图 6-3c 显示，高中阶段，长三角师资配置的充分程度优于其他区域，其中上海生师比最低；而生师比最高的地区是东京都市圈。

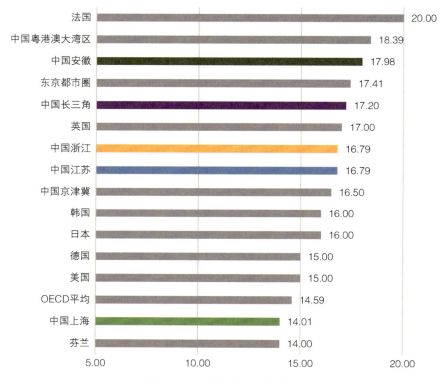

图 6-2a 小学生师比区域间比较

3. 长三角教师规模和生师比变动趋势

长三角地区小学、初中、普通高中生师比变动趋势见图 6-3。长三角地区小学生师比在 2010—2020 年期间呈现出了特点各异的变化趋势（见图 6-3a）。其中，安徽省在 2010—2012 年期间呈大幅下降，2012 年以后又继续保持增长，到 2020 年成为师生比最高

① 国别数据来自 OECD 报告《教育概览》（Education at a Glance），省际数据来源教育部教育统计数据，粤港澳大湾区数据依据中国香港教育局中小学教育统计资料和中国澳门特别行政区政府教育及青年发展局综合等来源计算，东京都市圈数据来自日本统计局。

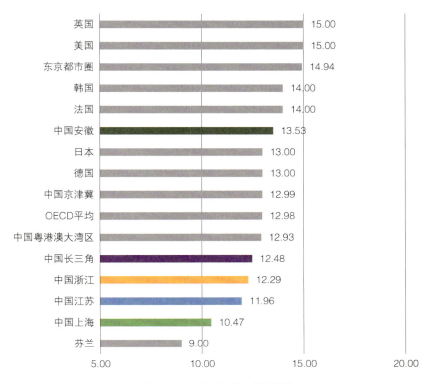

图 6-2b　初中生师比区域间比较

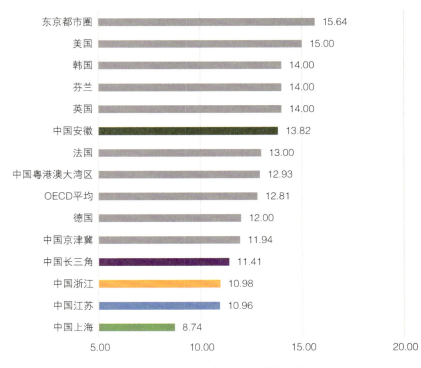

图 6-2c　普通高中生师比区域间比较

的地区。浙江省在2010年最高，但从2011年开始持续大幅下降，到2020年与江苏省并列第二。江苏省2010年排名第三，在2010年—2016年期间持续上升，2016年时达到峰值，但之后开始大幅度下降，到2020年与浙江省并列第二。上海市生师比保持一市三省最低，在2010—2013年期间出现了小幅度上升，2013年后以较大幅度下降，到2019年达到了最小值13.9，但2020年出现了小幅度反弹。

图6-3a　长三角小学生师比变动趋势（2010—2020）

长三角地区初中生师比在2010—2020年期间整体呈现出了下降的趋势（见图6-3b）。2010年江苏省初中生师比与上海市十分接近。江苏省在2010—2013年期间，大幅度下降，成为生师比最低的地区，但2013年开始又继续增长，到2020年排名第三，安徽省在2010年是生师比最高的地区，大幅度高于其余三地，2010—2014年期间持续下降，其中2010—2012年下降幅度最大，到2014年排名第二，之后开始逐年以较小幅度反弹，到2020年时仍然高于其他三省份。浙江省呈

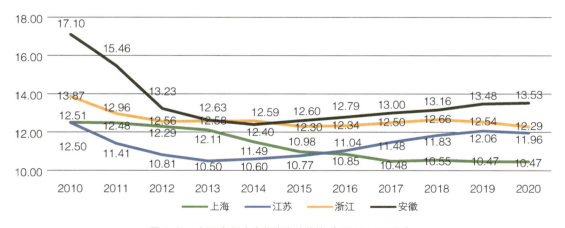

图6-3b　长三角初中生师比变动趋势（2010—2020）

现出了波动下降的趋势，局部交替出现增长和下降，最终比开始时有所下降，排在第二。

长三角地区普通高中生师比在 2010—2020 年期间整体呈现出了下降的趋势（见图 6-3c）。安徽省下降幅度最大，从 19.08 下降到了 13.82，其间几乎没有反弹。浙江省在 2010—2011 年小幅度增长之后，持续下降到了 2019 年，2020 年出现小幅度反弹。江苏省在 2010—2017 年期间持续下降，2017—2020 年出现了反弹，最终略低于浙江省。上海市高中生师比在 2010—2019 年呈现出了持续下降的趋势，2020 年出现了小幅度反弹。

图 6-3c　长三角普通高中生师比变动趋势（2010—2020）

图 6-4 呈现了长三角地区小学、初中、普通高中专任教师规模的整体发展趋势。图 6-4a 显示，小学专任教师规模在 2010—2020 年期间整体上呈增长趋势，且排名也十分稳定，从大到小分别为江苏、安徽、浙江、上海。长三角各地区小学专任教师规模除安徽省在 2010—2015 年期间呈小幅度缩减外，其他三省市均保持不同速度的增长，其中增幅最大的是江苏省，约为 9.63 万人，增幅最小的是上海市，约为 1.63 万人。

图 6-4a　长三角小学专任教师规模的发展趋势（2010—2020）

初中专任教师规模在 2010—2020 年期间趋于稳定，按规模大小排出的序列——江苏、安徽、浙江、上海——也在该期间保持稳定（见图 6-4b）。江苏省在 2010—2015 年期间以较小的幅度持续下降，之后保持了该地区最大的增速；安徽省与浙江省整体上保持不变；而上海市是唯一一个保持增长的地区。

图 6-4b　长三角初中专任教师规模的发展趋势（2010—2020）

普通高中专任教师规模在 2010—2020 年期间整体较为稳定，呈缓慢增长趋势（见图 6-4c）。江苏省除 2019—2020 年有较大幅度的增长外，其余时间呈现出了小幅度下降的趋势。安徽省和浙江省除了个别年份出现了极小幅度的下降，在全区间上保持了较小的增幅，但从起始点来看，安徽省的增幅是最大的。上海市呈现出波动上升的趋势。

图 6-4c　长三角普通高中专任教师规模的发展趋势（2010—2020）

（二）长三角"十四五"期间教师队伍规模需求预测结果

师资配置是保障教育质量的关键环节，如何准确预测教师需求成为当下需要迫切解决的问题，引发了学界的讨论和关注。师资需求主要取决于在校生规模，因此已有研究大多基于学龄人口的变化，对照生师比来预测教师需求量。在预测学龄人口规模之后，本研究按照三套生师比配置标准，预测"十四五"期间需求教师总数。这三套标准分别是：基准年份本省各学段生师比标准、长三角平均生师比配置标准、长三角最高生师比标准（即上海基准年份生师比）。表6-3呈现了依据三套生师比标准计算的教师规模以及教师规模增量预测。

表6-3 长三角一市三省"十四五"专任教师规模预测（万人）

地 区	学段	2020年基数	2025年预测值			教师规模增量		
			现行标准	上海标准	长三角标准	现行标准	上海标准	长三角标准
上海	小学	5.95	6.30	/	/	0.35	/	/
	初中	4.31	5.56	/	/	1.25	/	/
	高中	1.86	2.43	/	/	0.57	/	/
江苏	小学	33.21	30.11	37.37	30.11	−3.10	4.16	−3.10
	初中	20.10	19.75	22.75	/	−0.35	2.65	/
	高中	9.93	11.83	14.61	/	1.90	4.68	/
浙江	小学	21.61	26.08	31.88	/	4.47	10.27	/
	初中	13.06	14.74	17.66	14.81	1.68	4.60	1.75
	高中	7.20	8.05	10.23	/	0.85	3.03	/
安徽	小学	25.54	27.47	35.75	28.89	1.93	10.21	3.35
	初中	16.24	17.89	23.03	19.32	1.65	6.79	3.08
	高中	8.04	10.23	16.16	12.14	2.19	8.12	4.10

注：长三角平均生师比标准低于各省现有标准的，预测数值在表格中不显示。

上海市教师队伍规模需求预测结果：以2019年上海市各学段的生师比为标准保持不变，至2025年底，小学、初中、高中分别需要专任教师6.30万、5.56万、2.43万。

江苏省教师队伍规模需求预测结果：以2019年江苏省各学段的生师比为标准保持不变，至2025年底，小学、初中、高中分别需要专任教师30.11万、19.75万、11.83万；若以2019年上海市生师比标准来预测，至2025年底，小学、初中、高中分别需要专任教师37.37万、22.75万、14.61万。

浙江省教师队伍规模需求预测结果：以2019年浙江省各学段的生师比为标准保持不变，

至 2025 年底，小学、初中、高中分别需要专任教师 26.08 万、14.74 万、8.05 万；若以 2019 年上海市生师比标准来预测，至 2025 年底，小学、初中、高中分别需要专任教师 31.88 万、17.66 万、10.23 万。

安徽省教师队伍规模需求预测结果：以 2019 年安徽省各学段的生师比为标准保持不变，至 2025 年底，小学、初中、高中分别需要专任教师 27.47 万、17.89 万、10.23 万；若以 2019 年上海市生师比标准来预测，至 2025 年底，小学、初中、高中分别需要专任教师 35.75 万、23.03 万、16.16 万；若以 2019 年长三角地区平均生师比标准来预测，至 2025 年底，小学、初中、高中分别需要专任教师 28.89 万、19.32 万、12.14 万。

（三）长三角"十四五"期间教师资缺口预测结果

根据教育事业统计数据中长三角一市三省的分年龄—性别教师信息，计算出"十四五"期间各学段年退休教师规模，根据教师自然流失率推算 2021—2025 年新增教师缺口。表 6-4 估算了 2021—2025 年长三角一市三省新增教师缺口。囿于篇幅所限，本研究仅报告以各省市保持现有生师比为标准估算的师资缺口预测值。

表 6-4　长三角一市三省"十四五"期间新增师资缺口（万人）

地区	学段	2021 年	2022 年	2023 年	2024 年	2025 年
上海	小学	0.41	0.40	0.04	0.02	0.11
	初中	-0.03	0.10	0.37	0.13	0.70
	高中	0.14	0.19	0.19	0.23	0.08
江苏	小学	0.01	1.21	0.86	0.66	0.38
	初中	0.73	-0.25	0.48	0.22	1.28
	高中	0.96	0.69	0.55	0.44	-0.18
浙江	小学	0.86	1.62	1.46	0.38	0.37
	初中	0.45	-0.06	0.61	0.75	1.32
	高中	0.37	0.11	0.17	0.31	-0.03
安徽	小学	0.95	1.21	1.78	0.81	0.72
	初中	0.37	0.72	0.51	0.89	0.84
	高中	0.51	0.28	0.51	0.31	0.41

从表 6-4 可以看出，在考虑"十四五"期间教师流失情况（退休教师规模队列平移）后，长三角地区小学阶段师资缺口峰值发生在 2021—2022 年，初中阶段师资缺口峰值在"十四五"中后期，高中师资配置趋势存在较大的省际差异。具体来看，"十四五"期间上海市的小学教师缺口整体呈现下降趋势，于 2021 年达到峰值 0.41 万人；初中教师缺口波动

上升，2025 年达到峰值 0.70 万；高中教师缺口先上升后下降，2024 年教师缺口最大，为 0.23 万。江苏省的小学教师缺口于 2022 年达到峰值 1.21 万；初中教师缺口波动较大，于 2025 年达到峰值 1.28 万；高中教师缺口呈下降趋势。浙江省的小学教师缺口先升后降，2022 年达到峰值 1.62 万；初中教师缺口呈现上升趋势，于 2025 年达到峰值 1.32 万；高中教师缺口波动下降。安徽省的小学教师缺口先升后降，并于 2023 年达到峰值 1.78 万，2025 年为 0.72 万；初中与高中教师缺口峰值分别为 2024 年的 0.89 万和 2021 年、2023 年的 0.51 万。

四、 小结与政策建议

（一）小结

"十四五"时期要保障我国教育实现高质量发展，需要做好系统规划和精准测算，强化教师的有效和精准供给，合理配置教师资源，优化教师队伍结构。深化供给侧结构性改革，加大教职工统筹配置和跨区域调整力度，有助于切实解决教师结构性、阶段性、区域性短缺问题，推进管理精准化和决策科学化。在区域协同发展背景下，统筹不同省市的师资配置标准，充分实现教育的自身价值，从而更好地满足人民群众对优质教育资源日益增长的需求。

基于人口预测模型，课题组对上海、江苏、浙江、安徽一市三省在"十四五"期间各学段的在校生规模进行了预测，并按照保持本省市生师比不变的方案，对"十四五"期间的长三角各省市教师需求进行预测。分析发现，"十四五"期间，各学段在校生规模稳步增长。其中，上海小学、初中、高中在校生数将在 2025 年末分别达到 87.54 万、58.21 万、20.79 万；江苏小学、初中、高中在校生数将在 2025 年末分别达到 579.45 万、238.22 万、125.18 万；浙江小学、初中、高中在校生数将在 2025 年末分别达到 443.13 万、184.89 万、87.71 万；安徽小学、初中、高中在校生数将在 2025 年末分别达到 496.93 万、241.12 万、138.47 万。

若以各省市保持现有生师比为标准估算，上海市的小学、初中、高中的专任教师缺口在"十四五"期间峰值年份分别达到 0.41 万、0.70 万和 0.23 万人；小学、初中、高中的专任教师缺口在 2025 年底分别达到 0.11 万、0.70 万、0.08 万人。江苏省的小学、初中、高中的专任教师缺口在峰值年份达到 1.21 万人、1.28 万和 0.96 万；小学、初中的专任教师缺口将在 2025 年底分别达到 0.38 万、1.29 万。浙江省的小学、初中、高中的专任教师缺口在"十四五"期间峰值年份分别达到 1.62 万、1.32 万和 0.37 万人；小学和初中的专任教师缺口将在 2025 年底分别达到 0.37 万、1.31 万。安徽省的小学、初中、高中的专任教师缺口在"十四五"期间峰值年份分别达到 1.78 万、0.89 万和 0.51 万；小学、初中、高中的专任教师缺口将在 2025 年底分别达到 0.72 万、0.84 万、0.41 万。值得注意的是，在"十四五"期间，长三角一市三省均存在相对较大的初中师资缺口，初中师资缺乏问题在"十四五"周期内持续存在。

（二）政策建议

根据以上预测分析结果，建议如下。

1. 把握长三角区域的学龄人口规模变动趋势，统筹规划师范院校招生规模，完善多渠道师资动态供给机制和教师队伍补充机制

"十四五"期间，长三角一市三省在人口导入区域面临着更大的学位压力，在部分学段和区域则呈现先增后减趋势。在现有学龄人口监测系统内，动态监测流动人口规模变化趋势，对未来在校生规模进行预测，基于常住人口规模，周期性测算和监测本地义务教育和高中阶段教育的师资供给能力。

在师资配置方面，须提前布局，统筹规划师范院校招生规模，完善多渠道师资动态供给机制。中小学学校和教育行政部门既要前瞻性地考虑因在校生规模增加所带来的教师增量需求，也要关注因教师退休、流动所引发的存量流失。要采取扩充增量、盘活存量、专兼结合、多措并举的方式对教师队伍进行规划和调整。在持续性教师缺口较大的区域，加大新教师的引进力度，完善人才激励措施，在工资待遇和落户政策上予以优惠，及时补充高质量教师。而对于未来师资需求呈现先增后减趋势的学段和地区，可采用"银龄计划"等弹性补充机制，在一定时期内缓解师资配置不足的问题。

2. 探索长三角师资共享的制度创新，盘活存量人力资源储备，提高师资配置效率，减少财政负担，实现教师队伍一体化均衡发展

"十四五"期间，长三角一市三省师资缺口的峰值年份不同，这意味着存在长三角内部实现人力资源共建共享的可能性。尤其在师资缺口先增后减的地区，持续扩张教师队伍规模，在峰值年份过后可能带来一定程度的财政负担。探索长三角师资共享的制度创新，建立师资共享的激励机制，降低教师流动的制度壁垒，有助于盘活存量人力资源储备，在长三角区域内提高师资配置效率，灵活应对人口变动，减轻财政负担。

同时增进长三角师资共享、增强高质量教师在长三角区域内的流动，加快实现教师队伍一体化均衡发展。当前，长三角一市三省中小学阶段的生师比差别较大，上海的生师比已超过 OECD 大多数成员国，而安徽生师比与长三角平均水平相比还存在差距，尤其体现在高中阶段。探索三角一市三省师资配置标准一体化和跨区域学区化集团化办学等方式，通过构建联合教研、教师联动培训等资源共享平台，探索建立各级学校骨干教师交流挂职机制，鼓励区域内教师流动，促进师资配置的长三角区域内一体化均衡发展。

经费投入分析

7 长三角职业教育财政性经费投入分析

赵　慧

上海市教育科学研究院

一、导　言

职业教育是现代国民教育体系的重要组成部分，在实施科教兴国战略和人才强国战略中具有特殊的重要地位。党的十八大以来，党中央和国务院高度重视职业教育发展，以前所未有的力度推动职业教育发展，不断增强职业教育对经济社会发展需求的适应性。习近平总书记对职业教育工作作出一系列重要指示，强调"在全面建设社会主义现代化国家新征程中，职业教育前途广阔、大有可为"，强调要加快构建现代职业教育体系，培养更多高素质技术技能人才能工巧匠大国工匠。时任国务院总理李克强作出批示指出，职业教育是培养技术技能人才、促进就业创业创新、推动中国制造和服务上水平的重要基础。党的二十大报告指出，"办好人民满意的教育"，"推进职普融通、产教融合、科教融汇，优化职业教育类型定位"。2022 年 4 月 20 日，十三届全国人大常委会第三十四次会议表决通过新修订的《中华人民共和国职业教育法》，并于同年 5 月 1 日起正式施行。这是该法自 1996 年颁布施行以来的首次大修，内容从五章四十条完善至八章六十九条。新版职业教育法的颁布为构建现代职业教育体系、推动职业教育健康发展提供了有力的法治保障。由此可见，国家战略层面赋予职业教育前所未有的战略地位、法治保障和责任使命，这势必需要职业教育有全方位的大发展、大提升。

除了要破除职业教育改革发展中的深层次体制机制障碍以外，经费保障水平依然是影响职业教育发展最基本、最重要的物质基础，它不仅是衡量一个国家职业教育重要性及其发展水平的重要指标，从长远看也将对一个国家的产业发展以及整个经济社会发展产生深远影响。2019 年国务院公布的《国家职业教育改革实施方案》（以下简称《方案》）对中职、高职生均财政性拨款水平有明确的原则性要求，[①] 新修订的《中华人民共和国职业教育法》（以下简称《职业教育法》）进一步明确了各级人民政府对职业教育的经费投入职责，"省、自治区、直辖市人民政府应当制定本地区职业学校生均经费标准或者公用经费标准。职业学

[①] 《国家职业教育改革实施方案》提出：进一步完善中等职业学校生均拨款制度，各地中等职业学校生均财政拨款水平可适当高于当地普通高中。各地在继续巩固落实好高等职业教育生均财政拨款水平达到 12 000 元的基础上，根据发展需要和财力可能逐步提高拨款水平。

校举办者应当按照生均经费标准或者公用经费标准按时、足额拨付经费，不断改善办学条件……"。

长三角区域一体化上升为国家战略以后，"一体化"和"高质量"成为"十四五"期间长三角区域发展的关键词和着力点，各个领域都在积极探索、主动作为，为提升区域一体化水平贡献力量。在各级各类教育中，职业教育与社会经济和产业发展关系最大，肩负着培养高素质技术技能型人才培养、推动产业转型升级和技术创新的重要职责，担负着把"合格制造"变成"优质制造"的时代重任。因此，长三角一体化发展迫切需要职业教育高质量、一体化发展的匹配与支持。2018年沪苏浙皖四地共同签署《长三角地区教育更高质量一体化发展战略协作框架协议》《长三角地区教育一体化发展三年行动计划》等协定，在这些文件推动下，长三角三省一市将搭建职业教育一体化协同发展平台，推动落实中国长三角智能制造职业教育集团（浙江）、中国长三角软件职业教育集团（江苏）、中国长三角电子信息职业教育集团（上海）、中国长三角国际商务职业教育集团（安徽）等首批4家长三角地区联合职业教育集团，把政府部门、行业企业、职业院校以及应用型本科学校、专业学位研究生培养院校等整合进来，目的是构建长三角职业教育在资源共享、合作育人等方面优势互补的新格局。2020年8月，《长三角生态绿色一体化发展示范区职业教育一体化平台建设方案》出台，按照"信息共通、资源共建、人才共育、成果共享"的原则，构建职业教育一体化发展机制，推动示范区内职业学校在招生入学、学籍管理、教学实施、就业升学等方面实现一体化运行，标志着长三角一体化发展迈出了新步伐。着眼于长三角区域职业教育一体化发展愈加快速的发展态势，本研究从财政性经费投入保障的角度，对长三角区域职业教育整体水平以及区域内部状况作出系统分析，发现其优势和短板，并提出对策建议，促进长三角区域职业教育更高质量、更深层次的一体化发展。

依据《长江三角洲区域一体化发展规划纲要》指导精神、《职业教育法》规定和《方案》要求，本研究从职业教育财政性经费保障的视角，基于数据分析和区域比较的基本思路，采用数据趋势分析、数据对比分析和数据细分分析等方法，选取京津冀、长江经济带①、长江经济带（B）②等典型区域进行多维度比较，全面系统分析长三角职业教育财政性经费（以下简称职业教育经费）投入水平，包括财政性教育经费投入现状水平、近五年增幅、区域均衡状况、职业教育人员经费保障状况以及长三角区域内一市三省职业教育相关保障状况等内容。

在数据来源方面，主要依据教育部、国家统计局、财政部等三部委发布的《全国教育经费执行情况统计公告》中的公布数据，根据其对财政性教育经费的解释③、财政性教育经费

---

① 长江经济带：覆盖上海、江苏、浙江、安徽、江西、湖北、湖南、重庆、四川、云南、贵州等11省市。
② 长江经济带（B）：具体指江西、湖北、湖南、重庆、四川、云南、贵州等7省市。
③ 国家财政性教育经费，主要包括一般公共预算安排的教育经费，政府性基金预算安排的教育经费，国有及国有控股企业办学中的企业拨款，校办产业和社会服务收入用于教育的经费等。

各组成部分占比以及数据的权威可比性等因素，本研究选取一般公共预算教育经费作为财政性教育经费的主要考量指标进行分析，时间段为2016—2020年。

二、 长三角职业教育财政性经费投入水平

（一）长三角高等职业教育财政性经费投入水平

2020年，长三角高等职业教育财政性经费投入水平如图7-1所示。

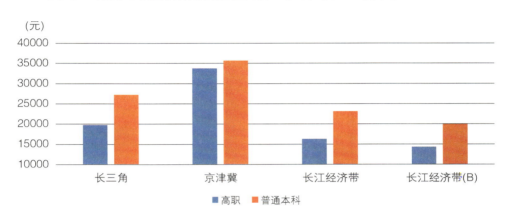

图 7-1 2020 年部分区域高职生均一般公共预算教育经费投入水平

从区域比较来看，长三角高职生均一般公共预算教育经费投入水平低于京津冀（相当于京津冀的58%），高于长江经济带和长江经济带（B）；与普通本科相比，长三角高职生均一般公共预算教育经费投入水平低于普通本科。

（二）长三角中等职业教育财政性经费投入水平

2020年，长三角中等职业教育财政性经费投入水平如图7-2所示。

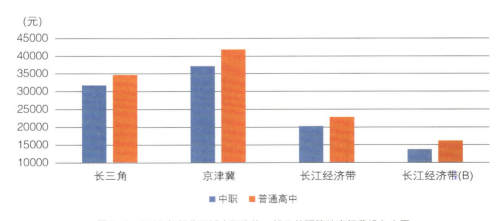

图 7-2 2020 年部分区域中职生均一般公共预算教育经费投入水平

从区域比较来看，长三角中职生均一般公共预算教育经费投入水平低于京津冀（相当于京津冀的85%），高于长江经济带和长江经济带（B）；与普通高中相比，长三角高职生均一般公共预算教育经费投入水平低于普通高中。

综合图7-1和图7-2，长三角高职生均财政性教育经费投入水平（19 705元）已经达到国家规定要求（12 000元/人），在主要区域比较中位居第二，但距离最高水平差距较大；长三角中职生均一般公共预算教育经费投入水平（31 669元）低于普通高中投入水平（34 560元），没有达到《方案》规定要求，在主要区域比较中位居第二，比较接近最高水平。

三、长三角职业教育财政性经费投入增长情况

本研究以2015年经费数据为基点，分析2016—2020年的五年间职业教育生均一般公共预算教育经费投入增幅，包括两个比较维度：一是长三角高等职业生均一般公共预算教育经费增幅与其他区域之间的比较；二是长三角高等职业生均一般公共预算教育经费增幅与区域内其他类别（普通本科、教育总经费）之间的比较。

（一）长三角高等职业教育财政性经费增长情况

长三角高等职业教育财政性经费投入增长情况如图7-3所示。

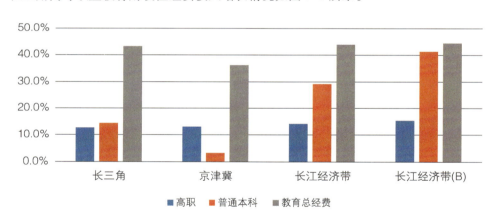

图7-3　2016—2020年部分区域高职生均一般公共预算教育经费投入增幅

从区域比较来看，长三角高等职业教育生均一般公共预算教育经费投入增幅最低，为12.7%。长江经济带（B）增幅最大，为15.4%；从高职、普通本科、教育总经费等类别比较来看，长三角高等职业教育生均一般公共预算教育经费投入增幅低于普通本科生均一般公共预算教育经费投入增幅，且大幅落后于教育总经费增幅（43.2%）。

（二）长三角中等职业教育财政性经费增长情况

长三角中等职业教育财政性经费增长情况如图7-4所示。

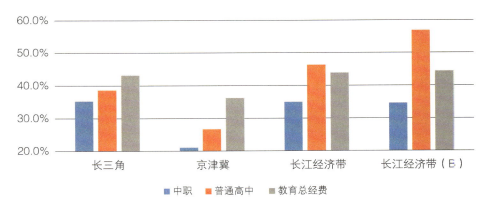

图7-4　2016—2020年部分区域中职生均一般公共预算教育经费投入增幅

图例：
■ 中职　■ 普通高中　■ 教育总经费

从区域比较来看，长三角中职生均一般公共预算教育经费投入增幅最高，为35.3%；从中职、普通高中、教育总经费等类别比较来看，长三角中职生均一般公共预算教育经费投入增幅低于普通高中（38.6%）和教育总经费增幅（43.2%）。

综合图7-3和图7-4，从区域比较来看，长三角高职财政性经费投入近五年增幅最低，而长三角中职财政性经费投入近五年增幅最高。但无论高职还是中职，长三角职业教育财政性经费投入增幅均落后于其他类别（普通高中、普通本科）和教育总经费增幅。

四、 长三角职业教育财政性教育经费投入均衡程度

职业教育财政性经费投入均衡程度指的是以2015年经费数据为基点，考察2020年职业教育财政性经费数据变化情况，扩大则为均衡程度下降，反之则为均衡程度提升。依据统计学原理，本研究使用标准差[①]和极差[②]来测度均衡程度，并通过区域比较的方式分析长三角职业教育财政性教育经费投入均衡程度。

（一） 长三角高等职业教育财政性经费投入均衡程度

长三角高等职业教育财政性经费投入均衡程度如表7-1和图7-5所示。

表7-1　部分区域高职生均一般公共预算教育经费投入情况（极差）（单位: 元）

	2015 年	2020 年
长三角	13 740	12 523
京津冀	47 580	56 323

---

① 标准差：离均差平方的算术平均数的算术平方根，概率统计中常使用作为统计分布程度上的测量依据。
② 极差：一组数据内最大值与最小值之间的差距，反映的是变量分布的变异范围和离散幅度。

	2015 年	2020 年
长江经济带	14 635	13 621
长江经济带（B）	4 589	3 179

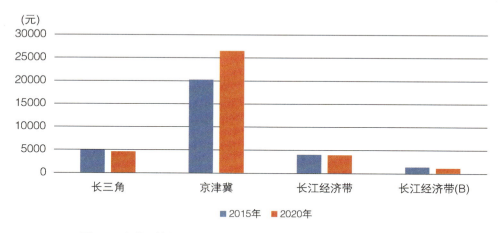

图 7-5　部分区域高职生均一般公共预算教育经费投入情况（标准差）

从表 7-1 和图 7-5 来看，2020 年长三角高职生均一般公共预算教育经费投入的均衡程度接近长江经济带，高于京津冀，均衡程度最高的是长江经济带（B）。从纵向的时间对比来看，从 2015 年到 2020 年，长三角高职生均一般公共预算教育经费投入的均衡程度有小幅提升。

（二）长三角中等职业教育财政性经费投入均衡程度

长三角中等职业教育财政性经费投入均衡程度如表 7-2 和图 7-6 所示。

表 7-2　部分区域中职生均一般公共预算教育经费投入情况（极差）（单位：元）

	2015 年	2020 年
长三角	36 539	46 421
京津冀	34 423	54 522
长江经济带	39 203	53 131
长江经济带（B）	5 529	7 145

从表 7-2 和图 7-6 来看，2020 年长三角中职教育生均一般公共预算教育经费投入的均衡程度仅高于京津冀，均衡程度最高的是长江经济带（B）。从纵向的时间对比来看，从 2015 年到 2020 年，长三角中职生均一般公共预算教育经费投入的均衡程度亦在降低。

综上，长三角职业教育财政性教育经费投入的均衡程度总体不高。2016—2020 年，高职教育财政性教育经费投入均衡程度有所改善，中职财政性教育经费投入均衡程度进一步降低。

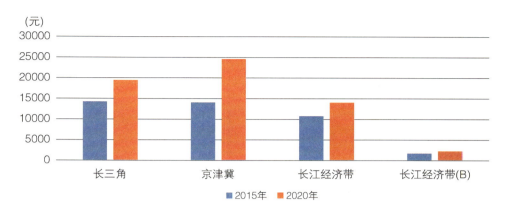

（元）

图 7-6　部分区域中职生均一般公共预算教育经费投入情况（标准差）

五、长三角职业教育人员经费保障水平

人员经费保障状况很大程度上反映了职业教育保持可持续发展的能力和潜力，也是最根本的保障要素。实现较高水平的人员经费投入水平是促进职业教育吸引高素质人才、全面提升职业教育教学与管理水平与素质能力的有效途径。因此，本研究在系统分析职业教育财政性经费面上数据的基础上进行数据细分，将职业教育人员经费投入状况单独做重点分析。

根据国家行政事业单位人员经费的现行规定，职业教育人员经费是指教育教学过程中一切与人员成本相关的费用，包括教职员工工资、补助、奖金、福利、社保、培训进修、工会经费等。据此内涵，并依照教育部等三部委进行教育经费统计的类别结构，将一般公共预算教育事业费支出中去除一般公共预算公用经费支出的剩余部分即为人员经费支出。

（一）长三角高等职业教育人员经费保障水平

长三角高等职业人员经费保障情况如图 7-7 所示。

图 7-7　2015—2020 年部分区域高职人员经费投入占比

从区域比较来看，2020 年长三角高职人员经费投入占比为 55.7%，处于最低水平，最高水平为京津冀 60.8%；从纵向的时间对比来看，从 2015 年到 2020 年，长三角高职人员经费投入占比呈上升趋势，增幅为 8.9 个百分点，位居第二，最高水平为京津冀，增幅为 13.9 个百分点。

（二）长三角中等职业教育人员经费保障水平

长三角中等职业人员经费保障情况如图 7-8 所示。

图 7-8　2015—2020 年部分区域中职人员经费投入占比

从区域比较来看，2020 年长三角中职人员经费投入占比为 67.3%，位居第二，最高水平为京津冀 70.8%；从纵向的时间对比来看，从 2015 年到 2020 年，长三角中职人员经费投入占比呈上升趋势，增幅为 4.7 个百分点，位居第二，最高水平为京津冀，增幅为 7.5 个百分点。

六、 长三角一市三省职业教育经费保障水平

为深入分析长三角区域职业教育财政性经费投入状况，本研究进行数据细分，在掌握长三角作为整体区域的特征基础上，逐个分析长三角区域内部一市三省的个性特征。在长三角区域内部，从职业教育财政性经费的投入情况和职业教育人员经费保障等两个维度来分析一市三省职业教育概况。

（一）长三角一市三省职业教育财政性经费投入水平

1. 一市三省高等职业教育财政性经费投入水平

一市三省高等职业教育财政性经费投入情况如表 7-3 和图 7-9 所示。

表 7-3　2020 年一市三省高职生均一般公共预算教育经费投入情况 （单位：元）

上海	27 113	浙江	18 167
江苏	18 950	安徽	14 590

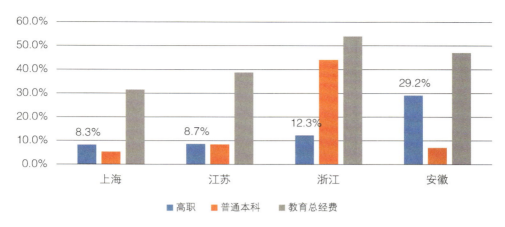

图 7-9　一市三省高职一般公共预算教育经费投入增长情况（2015—2020年）

综合表 7-3 和图 7-9，一市三省高职生均财政性经费投入均超过 12 000 元，达到了《方案》要求。其中上海投入水平最高，安徽投入水平最低，但安徽近五年经费投入增幅最大。从高职、普通本科、教育总经费等类别比较来看，一市三省教育总经费增幅均为最大，其中上海、江苏、安徽的高职增幅高于普通本科，而浙江的高职为三类经费增幅最低。

　　2. 一市三省中等职业教育财政性经费投入水平

　　一市三省中等职业教育财政性经费投入情况如表 7-4 和图 7-10 所示。

表 7-4　2020 年一市三省中职生均一般公共预算教育经费投入情况（单位：元）

	中　职	普通高中
上海	62 185	58 847
江苏	21 723	30 965
浙江	27 006	33 189
安徽	15 764	15 241

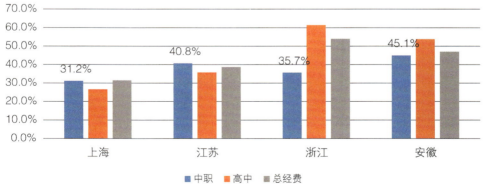

图 7-10　一市三省中职一般公共预算教育经费投入增长情况（2015—2020年）

综合表7-4和图7-10，从《方案》要求和投入水平来看，上海和安徽的中职生均财政性经费投入水平高于普通高中，达到了《方案》要求。上海投入水平最高，相当于最低水平安徽的近四倍，但安徽近五年的经费增幅最大；从中职、普通高中、教育总经费等类别比较来看，江苏中职增幅在三类经费类别中最高，上海中职增幅位居中间，而浙江和安徽中职增幅低于普通高中和教育总经费增幅。

（二）长三角一市三省职业教育人员经费投入水平

1. 一市三省高等职业教育人员经费投入水平

一市三省高等职业教育人员经费投入情况如图7-11所示。

图7-11　一市三省高职人员经费投入占比

由图7-11可知，2020年浙江高职人员经费投入占比最高，为60%，安徽最低，为49.1%；从近五年情况来看，上海增幅最大，为15.9%，而安徽增幅最低，为-0.2%，浙江和江苏均呈小幅增长趋势。

2. 一市三省中等职业教育人员经费投入水平

一市三省中等职业教育人员经费投入情况如图7-12所示。

图7-12　一市三省中职人员经费投入占比

由图 7-12 可知，2020 年江苏中职人员经费投入占比最高，为 70.2%，安徽最低，为 56.1%；2016—2020 年，江苏增幅最大，为 7.2%，浙江增幅最低，为 2%。

七、结论与建议

（一）研究结论

通过以上多维度分析，长三角区域职业教育财政性经费投入主要结论如下。

1. 长三角高等职业教育财政性经费投入没有明显比较优势

从以上比较可知，长三角高等职业教育财政性经费投入在以上所有维度中均没有明显比较优势。具体包括：长三角高等职业教育在生均财政性经费投入水平、人员经费投入占比增幅以及生均财政性经费投入均衡程度等方面位居中游水平；在生均财政性教育经费投入增幅、人员经费投入占比等方面存在突出短板。值得注意的是，长三角高职生均财政性经费投入均衡程度有小幅改善，另外，长三角高职生均财政性经费投入高于 12 000 元，达到了《方案》规定要求。

2. 长三角中等职业教育财政性经费投入仍有较大提升空间

从以上比较可知，长三角中等职业教育财政性经费在少数维度具有优势，同时短板也比较明显。具体包括：长三角中等职业教育仅在生均财政性教育经费投入增幅维度上居于最高水平；在生均财政性教育经费投入水平、人员经费投入占比及其增幅、生均财政性经费投入均衡程度等方面位居中游水平，并且生均财政性经费投入均衡程度有进一步下降趋势；财政性经费投入水平低于普通高中，没有达成《方案》规定要求，是一个明显的短板。

3. 长三角一市三省职业教育财政性经费投入各有优势和短板

从以上比较可知，长三角一市三省职业教育财政性经费投入特点如下所述。

上海：无论是高职还是中职，生均财政性经费投入水平均是最高水平；中职生均财政性经费投入水平高于普通高中，高职生均财政性经费投入水平超过 12 000 元，达到了《方案》要求；高职人员经费投入增幅方面位居最高水平。但是，在中职和高职生均财政性经费投入增幅方面均处于最低水平。在其余三个维度（高职人员经费保障水平、中职人员保障水平及其近五年增幅）处于中游水平。

江苏：中职人员经费投入占比及其增幅均是最高水平；高职生均财政性经费投入水平超过 12 000 元，达到了《方案》要求。但是在中职生均财政性经费投入水平低于普通高中，没有达成《方案》要求，是一个明显的短板。在其余六个维度（高职生均财政性经费投入水平及其增幅、中职生均财政性经费投入水平及其增幅、高职人员经费保障水平及其增幅）处于中游水平。

浙江：高职人员经费投入占比是最高水平；高职生均财政性经费投入水平超过 12 000

元，达到了《方案》要求。但是中职人员经费投入占比增幅最低，中职生均财政性经费投入水平低于普通高中，没有达成《方案》要求，属于明显的短板。其余六个维度（高职生均财政性经费投入水平及其增幅、中职生均财政性经费投入水平及其增幅、中职人员经费投入占比及其增幅、高职人员经费投入占比增幅）处于中游水平。

安徽：近五年高职和中职教育生均财政性经费投入增幅均是最高水平；高职生均财政性经费投入水平超过 12 000 元，中职生均财政性经费投入水平高于普通高中，达到了《方案》要求。但是高职和中职生均财政性经费投入水平、高职人员经费投入占比及其增幅、中职人员经费投入占比等维度均处于最低水平，属于明显的短板。剩下一个维度（中职人员经费投入占比近五年增幅）位居中游水平。

（二）政策建议

优化长三角职业教育财政性经费投入的总体思路：充分利用长三角区域一体化国家战略带来的机遇和优势，在体制机制联动创新、规划统筹、经验推介、政策突破等方面增强协同性，补齐短板，拉长长板，助力长三角区域高质量一体化发展。

1. 多措并举加大长三角职业教育财政性经费投入力度

地方政府明确对职业教育投入的责任，完善投入机制，在教育总经费中加大职业教育的投入占比，主要有以下五方面的思路。一是将各级政府对职业教育经费投入的责任细化，合理划分各级政府经费投入比例，落实到各级政府的公共财政支出，保障职业教育财政性经费投入。二是加大投入，提高职业教育生均经费标准。把生均拨款机制作为保运转、促发展的重要保障措施。三是扶强扶特，加大职业教育重点项目扶持力度。根据当地经济社会发展对技能人才的规模、结构和质量等需求，设立职业教育发展专项经费，重点扶持高职和中等职业学校重点项目和示范项目，比如对于理论实践为一体、生产教育相融合的运行效果较好的实训基地应当给予重点资助。四是全面落实国家、省、市有关学生资助政策，全力做好学生资助资金的配套工作。五是助推校企合作做大做强，充分鼓励经评审认定的实习实训企业与职业（技工）院校开展现代学徒制，明确补助标准，职业（技工）院校与该市企业合作开展现代学徒制的，每培养 1 名在当地就业的毕业生，给予企业和学校一定额度的补助。

针对财政保障能力不强的省份，要通过落实国家职业教育产教融合发展政策等途径，加大中央和省级的财政支持，合理分配并细化中央、省、市、区和县这几级政府的财政投入责任。同时，优化政府支出结构，新增教育经费向职业教育倾斜，增强公共财政统筹保障能力。针对财政保障能力强的省份，要不断推进财政创新，多渠道增加对职业教育的经费投入。就地区而言，上海需要优先考虑高职，从上述比较可看出，上海高职生均财政性拨款为 27 113 元，仅为中职（62 185 元）的 43%，悬殊很大，在教育费附加的使用上要统筹考虑高职和中职，同时保持中职财政性经费投入水平的领先。其他三省需要中、高职同步统筹考虑，并特别着眼于各自的短板弱项进行重点倾斜。在中职方面可重点研究上海做强中职的经验以及上海在中职财政性经费保障方面的创新举措。

2. 努力实现长三角职业教育财政性经费投入的高水平均衡

从前面的比较分析可知，就职业教育财政性经费投入均衡程度而言，长江经济带（B）是最高的，但其投入水平也是最低的，因此只能是一种低水平均衡状态，[①] 依据发展经济学理论，低水平均衡是经济不发达社会的一种发展状态或特征，这显然不是长三角职业教育所要追求的发展目标。

实现长三角职业教育财政性经费的高水平均衡的背后最基本、最主要的支撑是长三角区域经济的高水平均衡发展，主要有如下四个方面的考虑。一是加强统筹规划，职业教育资源的配置及职业教育设施的投入要列入产业生态链中、产业地图的编制中，包括正在推行的科创综合体、科创大走廊中，也有必要把相应的职业教育规划列入其中。二是扩大区域一体化领域范围。以城市群和都市圈为重点，加快推进区域产业发展、基础设施、公共服务、生态环境、社会治理等一体化，积极引导同城化发展。三是形成有层次的城市体系，扩大投资和消费、促进产业升级。要强化中心城市的引领、示范和辐射带动作用，推动形成全球中心城市（上海）、国家中心城市（杭州、南京、合肥）、区域中心城市（比如苏州、宁波、芜湖等）和地方中心城市和县城等五级中心城市体系，以城镇化带动城市之间的功能转移和产业扩散。四是依据各地区的比较优势，加强产业政策和产业布局的协同，推动产业链协调与集群跨界共建，共同制定前沿技术产业化的市场支持政策，共同建设新技术、新模式、新业态应用场景，切实增强区域产业链的整体效能。以 G60 科创走廊、环太湖科创圈、沪宁合产业创新带等跨区域平台建设为契机，打造一批空间高度集聚、上下游紧密协同、供应链集约高效、规模大且辨识度高的世界级产业集群，形成资源共享、政策共通的若干跨区域产业集群示范，有效放大长三角世界级产业集群市场一体化效应，实现长三角区域产业链、供应链、价值链的深度融合与系统重构。在经济水平均衡、产业结构协调、教育等公共服务一体化发展的基础上，长三角职业教育财政性经费投入实现高水平均衡是必然的。

3. 增强长三角职业教育人员经费保障能力

从前面的比较分析可知，长三角职业教育人员经费保障水平没有明显优势（高职处于最低水平，中职位居第二）。未来，就长三角区域而言，中职需要重点优化教育事业经费支出结构，适度增加人员经费投入比重，以保障中等职业教育可持续发展的能力；高职实现生均一般公共预算教育经费总量增长仍是非常必要的，在此基础上，在经费投入方面要做到有规划，要与普通本科生均一般公共预算教育经费、教育总经费同步统筹考虑，避免忽高忽低、大起大落现象，保障高等职业教育财政性经费投入的可持续、稳定增长。另外，需要维持持

---

① 低水平均衡是发展经济学里面的一个概念，由美国经济学家纳尔逊（R.R. Nelson）于 1956 年提出，描述了人均国民收入增长缓慢的情况下人口增长与国民收入的持久均衡状态。

续、高强度的高职教育人员经费投入，在补齐发展短板的基础上，从打造"双师型"教师队伍、全面深化产教融合等建设思路创新高等职业教育人员经费投入方式，多渠道拓展人员经费保障资源，带动长三角高职教育实现高质量发展。2019 年，教育部、发改委、财政部、人社部联合印发的《深化新时代职业教育"双师型"教师队伍建设改革实施方案》明确规定：职业院校、应用型本科高校校企合作、技术服务、社会培训、自办企业等所得收入，可按一定比例作为绩效工资来源；教师依法取得的科技成果转化奖励收入不纳入绩效工资，不纳入单位工资总额基数。各地要结合职业院校承担扩招任务、职业培训的实际情况，核增绩效工资总量。教师外出参加培训的学时（学分）应核定工作量，作为绩效工资分配的参考因素。可以看出这些规定为高职院校提升人员经费保障水平提供了创新思路方案。

对于长三角区域内部而言，上海在高职和中职生均一般公共预算教育事业费绝对数均领先于其他三省的情况下，人员经费投入占比却没有明显优势（高职排第三，中职排第二），说明上海亟须优化职业教育事业经费支出结构，加大经费总量中人员经费投入所占比重，同时提升高职教育事业经费总量；安徽的高职和中职人员经费投入占比均是最低水平，说明安徽在优化职业教育事业费结构的同时还需要增加总量；对于江苏和浙江两省来说，在一市三省相关比较中表现均衡，需要在保持现有职业教育人员经费保障水平的情况下，加大职业教育事业经费总量投入，以带动长三角区域达到领先水平。

总之，职业教育财政性经费投入对于职业教育高质量发展至关重要。基于职业教育与经济社会发展关联性强的特征，研究长三角职业教育财政性经费投入也是洞见长三角职业教育、长三角教育乃至其背后的长三角产业发展与经济社会发展一体化程度的重要抓手和体现，长三角职业教育财政性经费投入所暴露的突出问题也正是影响长三角一体化、高质量发展的重要障碍因素。因此，必须正视并高度重视这些突出问题，运用系统思维来解决，抓住关键环节和突破口，达到"一子落而满盘活"的效果，真正实现职业教育赋能区域产业优化升级，为区域经济社会高质量发展提供更多高素质技术技能人才支撑和智力支持，成为区域高质量一体化发展的示范样板。